据哈佛商学院调查,全球500强企业领导每天思考最多的问题是——

给你一个销售团队,你要怎么管

不会带团队,业务只能累到死

乔布云 ○ 著

立信会计 出版社
LIXIN ACCOUNTING PUBLISHING HOUSE

图书在版编目（CIP）数据

给你一个销售团队，你要怎么管 / 乔布云著. —— 上海：立信会计出版社，2015.6

（去梯言）

ISBN 978-7-5429-4535-8

Ⅰ.①给… Ⅱ.①乔… Ⅲ.①企业管理－销售管理－通俗读物 Ⅳ.①F274-49

中国版本图书馆CIP数据核字（2015）第055755号

策划编辑　蔡伟莉
责任编辑　方士华
封面设计　久品轩

给你一个销售团队，你要怎么管

出版发行	立信会计出版社		
地　　址	上海市中山西路2230号	邮政编码	200235
电　　话	（021）64411389	传　　真	（021）64411325
网　　址	www.lixinaph.com	电子邮箱	lxaph@sh163.net
网上书店	www.shlx.net	电　　话	（021）64411071
经　　销	各地新华书店		
印　　刷	固安县保利达印务有限公司		
开　　本	720毫米×1000毫米	1/16	
印　　张	18.25	插　页　1	
字　　数	243千字		
版　　次	2015年6月第1版		
印　　次	2018年5月第6次		
书　　号	ISBN 978-7-5429-4535-8/F		
定　　价	36.00元		

如有印订差错，请与本社联系调换

前言

在销售界流传这样一句名言："不想当将军的士兵，不是好士兵。"做一名销售经理，带领一支销售团队，开拓市场，创造辉煌业绩，是每一位在销售行业摸爬滚打的销售员的梦想。

然而，当有一天梦想如愿以偿，你受命走上了销售经理的岗位，面对着一张张熟悉而又陌生的面孔和由性格各异的人组成的销售团队，你要怎样去管理呢？

销售团队管理的工作纷繁复杂，涉及各个方面，大到销售的远景、目标、计划，小至人员招聘、内部沟通、促销服务等，林林总总，不一而足。作为新官上任的你，如果不能清楚认识到管理工作的艰巨，不能摆正自己在团队中的角色，不能熟悉销售人员管理的制度和流程，不能洞察团队中存在的种种细节问题，就会给自己的团队管理工作带来危机，使管理工作陷入进退维谷、举步维艰的境地，团队业绩将会无从谈起，个人的梦想更是无从实现。这就对销售经理提出了较高的要求和挑战。

销售经理首先要摆正自己在团队中的位置，承担应有的角色。销售团队通常由帅、将、兵组成：帅——用宏观战略的眼光去运筹帷幄、决胜千里；将——善于带兵拼杀，独当一面；兵——服从命令，完成任务。销售经理在团队中虽然有"帅"的工作职责与技能要求，但从严格意义上来说，销售经理应该是一个很好的"将"。带团队能当"帅"，实战能为"将"，则会攻必克、战必胜。

人格魅力是无形的领导力。销售经理要从思想、学识、言行等各方面来修炼自己的影响力，率先垂范，以自己的影响力来感召和号召下属，让下属自动追随你，进而带动整个团队，使团队自动自发地完成企业设定的销售目标。

一个销售团队，成员来自五湖四海，性格和为人处世方式都有较大差异，而在销售任务实施过程中，各种不确定因素随时会出现，矛盾和冲突在所难免。这就要求销售经理具备良好的沟通协调能力，根据不同的销售人员、不同的时机和场合，灵活运用沟通方式，化解团队内部的矛盾和冲突，形成一个沟通畅通的良好氛围，以提升整个团队的效率。一个优秀的销售经理，应该是能管理好自己及其属下，给企业和企业的员工带来好处的人，同时也是善于激励他人去积极承担责任和积极完成共同目标、共同任务的人。

作为一名销售经理，应当是个多面手，不仅是团队的指挥官，还应当是市场的开路先锋。既要做好团队内部的人员管理，又要做好团队外部的销售管理，人员管理和销售管理两手抓、两手硬。销售经理要依据公司整体策略，制订合理的销售目标和计划，将目标额分配到团队中基层、个人切实执行，引导和启发销售员积极开发客户资源，了解客户的心声，为客户提供最优质到位的服务，最终为公司带来可观的效益。

给你一个销售团队，你要怎么管？本书针对销售经理在团队管理中所遇到的各种情况，结合当今销售市场的现状，层层深入、全面系统地讲述了销售团队管理的程序、方法、策略、途径，语言通俗易懂，引用案例经典，观点逻辑严谨，说理细致透彻，将团队管理的要诀一一娓娓道来，手把手教你从零开始建立销售团队，梳理和解决销售团队管理各环节中的问题，打造出一支同心协力、所向披靡的有着强大执行力和战斗力的销售团队。

不会带团队，你就累到倒！本书是每一位有志于担任销售经理、即将走上销售经理岗位、正在从事管理的销售经理都要读的销售团队管理指南。一本书助你突破销售团队管理瓶颈，提升管理艺术，带出精英团队，登上销售巅峰！

目 录

第1章 不会当领导，你就累到倒——销售经理的十项修炼

摆正自己的位置——销售经理角色定位 /2

为团队奉献一切——销售经理职业精神 /5

承担责任和使命——销售经理职业观念 /7

铸造过硬的能力——销售经理职业技能 /12

智慧——修炼高屋建瓴的决断力 /15

威信——修炼人人追随的影响力 /16

仁爱——修炼体恤下属的包容力 /17

勇敢——修炼身先士卒的作战力 /18

严明——修炼令出必行的执行力 /18

善任——培养卓越的用人艺术 /19

第2章 好团队是设计出来的——销售团队的构想与设计

销售团队设计事关重大 /22

设计销售团队要着眼全局 /23

销售团队设计要综合考虑各方因素 /25

销售团队设计应遵循四大原则 /29

销售团队设计需注意的几点问题 /30

如何设计区域型销售团队 /32

如何设计产品型销售团队 /35

如何设计客户型销售团队 /37

如何设计复合型销售团队 /38

如何设计大客户销售团队模式 /39

用销售额法确定销售团队规模 /41

用边际利润法确定销售团队规模 /42

用工作负荷量法确定销售团队规模 /43

用销售能力分析法确定销售团队规模 /45

第3章 组建王牌团队——销售人员的招聘与选拔

做好招聘前的准备工作 /48

招聘时应注意哪些问题 /49

从公司内部招聘销售人员 /50

从公司外部招聘销售人员 /52

编写一份有吸引力的招聘广告 /54

设计一份完整严谨的应聘人员登记表 /58

甄别、核实、筛选应聘者材料 /60

对应聘者进行初步的筛选 /63

正式面试应聘者 /64

面试中向应聘者提问的技巧 /67

注重自身形象，控制好面试现场 /76

掌控好前后30分钟的评分差异 /77

面试中绝不要犯的错误 /78

留心观察应聘者的身体语言 /80

选拔应聘者，签约录用合同 /84

做好对新进员工的试用与观察 /86

第4章 把庸才训练成干将——销售人员的培训与提升

培训是销售经理的必修课 /90

销售人员培训需要把握好时机 /91

销售人员培训要遵守的五大原则 /92
掌握正确的培训流程及方法 /93
做好培训前的需求分析 /95
制订正确的培训计划和目标 /95
选择和任用合格的培训讲师 /97
确定培训的时间和地点 /98
因材施教，灵活选择培训形式 /99
培训实施过程中应注意的细节 /101
做好销售培训的效果评估 /102
进行受训总结，改善行动方案 /103

第5章 细节决定团队成败——销售人员的日常行为管理

运用销售管理表格管理销售人员 /106
销售管理表格设计五原则 /107
认识几种常用的管理表格 /109
月度工作计划表填写要点 /110
周工作计划表填写要点 /114
销售工作日报表填写要点 /115
督导销售人员填写管理表格 /118
销售人员工作述职需遵从的程序 /121
如何管理"推诿型"销售人员 /125
如何管理"模棱两可型"销售人员 /126
如何管理"满口应承型"销售人员 /128
如何管理"万事通型"销售人员 /128
如何管理"批评他人型"销售人员 /129
如何管理"害群之马型"销售人员 /130
如何管理"只顾眼前型"销售人员 /130
定期举行一次销售团队例会 /131

利用工作例会提升销售团队战斗力 /135

走出销售团队例会的误区 /140

第6章 给员工最好的礼物——销售人员的薪酬制订与设计

确定销售人员薪酬水准五原则 /146

依据公司情况确定薪酬水准 /148

依据客户情况确定薪酬水准 /149

依据市场情况确定薪酬水准 /151

依据销售人员情况确定薪酬水准 /152

划分销售人员薪酬的构成比例 /152

薪酬方案一：只给销售提成 /156

薪酬方案二：基本工资+销售佣金 /158

薪酬方案三：底薪+佣金 /160

指数佣金方案的设计 /162

佣金比例权重方案的设计 /163

如何选择最佳薪酬方案 /164

薪酬实施前要搞好预测和观察 /165

薪酬实施应当诚信、及时兑现 /166

销售经理要负责监督薪酬的实施 /167

第7章 业绩就是硬道理——销售人员的绩效考核与评估

绩效是衡量员工业绩的标尺 /170

推进绩效考核，提升个人和团队效率 /170

从德、能、勤、绩四方面来考核 /173

绩效考核六原则 /174

收集绩效考评相关信息 /175

建立绩效考评标准 /178

设计销售人员绩效考核标准 /181

销售人员工作绩效考核用表 /185

设计合理的绩效考核指标体系 /188

考核指标设计应避免的误区 /189

根据考评内容选择考评方法 /190

修正绩效考评中的误差 /196

实施考核过程中应注意的问题 /198

反馈考核结果，与销售人员探讨差距 /201

建立绩效考评档案，为下轮考评提供参考 /202

第8章 沟通力就是生产力——销售团队的沟通与协调

当好团队内部的"交警" /206

团队沟通三原则：准确、逐级、及时 /207

区分团队内部沟通两大渠道的优劣 /208

团队纵向沟通要则及注意事项 /210

团队横向沟通要则及注意事项 /213

团队内部沟通常用的三大方法 /215

拆除沟通壁垒，搭建沟通桥梁 /217

认识团队内部产生冲突的两面性 /218

查找导致团队内部产生冲突的原因 /219

根据冲突阶段的不同特点处理冲突 /220

方法招招见效，冲突一一化解 /223

第9章 激励产生正能量——销售团队的激励机制与方法

理解激励——梯子理论 /226

销售团队激励最常用十三大方式 /227

设定销售竞赛目标及奖励方式 /231

将销售竞赛开展得如火如荼 /232

竞赛激励中需要注意哪些问题 /234

做贴心的主管，当销售员的知心朋友 /235

做多面手主管，充当起多种角色 /236

做高品质的主管，灵活运用各项管理技能 /237

做开明的主管，以豁达的胸怀容人 /237

正面激励——赞美的技巧 /239

反面激励——批评的技巧 /240

做最伟大的教练式经理 /241

第10章　打造团队的生命线——销售团队的市场开拓与客户维护

设计销售团队目标管理框架 /244

制订正确而有效的销售计划 /247

将销售目标合理分配给销售人员 /248

全程监督销售计划的完成状况 /253

及时修订、完善销售计划 /255

把销售员训练成促销的尖兵 /256

优质的服务就是优良的销售 /260

全面撒网，开发客户资源 /262

建立客户信息档案，维护客户关系 /266

加强对各类客户的管理 /268

及时发现并处理客户的抱怨与投诉 /271

寻找客户流失原因，堵住客户流失缺口 /274

培育持久、稳定和庞大的忠诚客户 /279

第1章 不会当领导，你就累到倒

——销售经理的十项修炼

俗语说："火车跑得快，全靠车头带。"销售经理要想率领团队，就要具备让人人追随的领导者的风范、素养和能力。销售经理首先要树立崇高的职业精神和正确的职业观念，把自己的职业当做一种天职，对自己的职业具有神圣感和使命感，并将自己的生命、信仰与自己的工作联系在一起。这样的职业精神，是任何外界力量都难以撼动的。

作为销售团队的领军人物，销售经理必须要具备智慧、威信、仁爱、勇敢、严明、善任这六种素养和技能。因此，要想成为一位卓越的销售经理，其本身就需要在智、信、仁、勇、严、管这六项职业素养上加以修炼，才足以使自己成为卓越的领导者，自己所率领的团队最终从平凡走向卓越。

摆正自己的位置——销售经理角色定位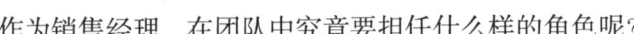

作为销售经理,在团队中究竟要担任什么样的角色呢?

1."头"的角色

这是销售经理所担任的最基本的、最简单的角色。经理由于其权威性,是一个部门的象征,必须履行许多职责。这些职责中有些是例行公事,有些带有鼓舞人心的性质,但全都涉及人际关系的活动,而没有一项涉及重大的信息处理或决策。在某些情况下,销售经理的角色是公司制度所要求的,如签署部门的文件;在另一些情况下,经理的角色则是一种社会的需要,如主持某些活动或仪式。

2.领导者角色

销售经理作为一个销售部的正式负责人,意味着要不断鼓励下属发挥出高水平的绩效,还需要有计划地培训、指导下级以促使他们发挥全部的潜能。要负责对下属进行激励和引导,包括对下属中的雇用、培训、评价、薪酬、提升、表扬、干预以致解雇。部门的节奏通常是由销售经理来决定的,销售部工作是否卓有成效,决定于销售经理向部门注入的力量和远见。销售经理的无能或疏忽往往使部门的工作处于停滞不前的状态。作为领导者的销售经理要把部门成员的个人需求同部门目标结合起来,以便促进有效的工作。

3.联络者的角色

联络者角色涉及的是销售经理同他所领导的部门以外的无数个人和团体维持关系的重要网络。销售经理通过各种正式的和非正式的渠道来建立和维持本部门同外界的联系。这些渠道有：参加外部的各种会议，参加各种社会活动和公共事务，与其他部门经理互相访问或互通信息，与销售有关的其他机构人员进行各种正式和非正式的交往等。

联络者角色代表着销售经理职务中一个关键部分的开始。经理通过联络者角色同外界联系。然后，通过信息传播者和谈判者这些角色进一步发展这种联系，并获得这种联系所提供的好处和信息。

4.信息接受者的角色

销售活动需要大量的信息支持，知己知彼，百战不殆！销售经理必须及时把握竞争者的动向、消费者的反应、创新的销售方法等情报。信息不充分或不准确，就无法实施对自己有利的销售行动。销售经理得到的信息大致有以下五类：

（1）内部业务的信息：通过标准的业务报告、下属的特别报告、对部门工作的检查等获得。

（2）外部事件的信息：如客户、人事联系、竞争者、同行、市场变化、政治变动、工艺技术的发展等，通过下属、同业组织、报刊等获得。

（3）分析报告：从各种不同的来源（下属、同业组织或外界人员）得到各种不同事件的分析报告。

（4）各种意见和倾向：销售经理通过许多途径来更好地了解他的环境和获得各种新思想。他参加各种会议，阅读客户的来信，浏览同业组织的报告，并从各种联系和下属那里获得各种意见和建议。

（5）压力：各种压力也是信息的来源，如下属的申请和外界人士的要求，其他部门的意见和社会机构的质问等。

此外，销售经理还应将收集到的信息及时反馈给有关部门，便于企业针对具体问题采取具体措施，生产适销对路的产品。

5.信息传播者的角色

这是指销售经理把外部信息传播给其部门，把内部信息从一位下属传播给另一位下属。这种信息可分为两种：

（1）有关事实的信息：这类信息可以用某种公认的衡量标准来判断是否正确。销售经理会收到许多有关事实的信息，并把其中的很大部分转给有关的下属。

（2）有关价值标准的信息：这类信息对信息传播者的一项重要作用就是在组织中传递有关价值标准的陈述，以便指导下属正确地决策。每当企业中对重要的问题进行讨论时，都可由各部门经理传递有关价值标准的信息。

销售经理向销售人员传播有关事实的信息或有关价值的信息，使下属了解情况，便于对他们的日常工作进行引导。信息传播者角色同授权问题有密切关系。因为，要把处理某些事务的职权委托给下属，就必须把处理该事务的有关信息传播给下属。

6. 发言人的角色

销售经理是生产厂家与消费者之间的桥梁和情感纽带，将客户信息和市场信息反馈给厂家，还需要及时将有关企业新产品信息、价格变动及其他经营活动方面的信息传递给客户，以便于客户了解、争取更多消费者。"向消费者传递信息"本身也是很好的沟通机会。

销售经理的信息传播者的角色所面向的是部门内部，而其发言人角色则面向外部，把本部门的信息向周围的环境传播。

销售经理发言人的角色要求他把信息传递给两类人：第一类是其直接上级；第二类是企业之外的公众。销售经理只有把自己的信息同他所联系的人共享，才能维持他的联系网络。同时，销售经理的信息必须是即时的。

在发言人的角色中，销售经理被要求在销售部门中是一位专家。由于他的地位和信息，销售经理也应该拥有在他那个部门和行业的许多知识。因此，部门外的各种人往往就销售部门的工作中的一些问题征求销售经理的意见。

为团队奉献一切——销售经理职业精神

一个企业成功的最核心的东西是什么？那就是必须具备火一样的精神。火一样的精神是什么？它就是职业精神。职业精神是与人们的职业活动紧密联系、具有自身职业特征的精神，它实际上就是一种职业化的精神，就是一种认真负责的精神。这种职业精神所表达出来的是一种态度，一种如何对待工作、对待社会的态度。这种态度蕴藏着创业精神、团结协作精神、知难而上精神、助人成长精神、举重若轻精神和船长精神等元素。

1. 创新精神

出色的销售经理知道"老办法"并非总是"最佳办法"。在一个日新月异的市场中尤其如此。XO白兰地酒，因为品质比一般白兰地好，多为高级宴会选用，怎样继续提高它的知名度，让它为更多的客户所熟悉呢？销售人员为此煞费苦心。后来他们的想法集中到了该酒瓶的设计上，既然它的品质高，其外观也应高出一等。他们沿着主思路，不断充实发展，终于设计出了现在看到的XO白兰地酒瓶，它的外观非常富有特征，显得不同凡响。酒瓶的颈部特别长，相比之下显出了一种与众不同的华贵气派。根据销售的要求，他们为XO白兰地酒做的广告口号也更加幽默——"长颈白兰地，高人一等级"，正好与它的形象彼此衬托，相得益彰。

从事销售工作，大至一个总体计划的制订，小到一份请柬、一张名片的印制，都可以有不同的做法。作为销售经理，首先要有唤醒自己的创造性天赋，要有一股"别出心裁"的创新精神，善于采用新方法，走新路子，这样才能引起广大客户的注意。

2.团结协作精神

没有任何一个销售团队能够靠某个员工来单独完成所有的销售任务。销售部门成功的关键是需要所有成员能够集思广益,群策群力地来完成销售计划,需要团队成员之间的协作。总之,协作永远可使自己受益也让别人受益。一个放弃协作的人,也会被成功所放弃。作为销售经理更要树立团队至上的意识。

3.知难而上精神——企业目标的分解者

销售部门是企业的龙头,是企业最直接的效益实现者,在企业中具有举足轻重的地位。销售工作的成功与否直接决定企业的成败。企业的各项工作最终是以市场为检验标准。销售是实现企业目标至关重要的一环。销售人员是企业"冲在最前沿的战士"。在瞬息万变的市场上,销售是连接企业与客户之间的纽带,不断地进行着创造性的工作,为企业带来利润,并不断地满足客户的各种需要。因此,销售经理应该无条件承担公司下达的销售任务。

4.助人成长精神——优秀销售员的培训师

如果一个销售经理不培养优秀的销售员,而总觉得部下做得不好,总是亲自披挂上阵,久而久之,不仅自己累得不行,而且属下也没有成长起来。所以优秀的销售经理一定是一个场外教练,不会什么事情都抢过来自己做。销售经理可以考虑从以下几个方面培养其销售团队:人品方面的培养、知识方面的培养、销售技能方面的培养和管理技能方面的培养。

5.举重若轻精神——重大问题的排除者

下属之间有可能发生冲突,如由于争夺资源的分配、个性之间的冲突或专业的重叠引起的冲突,如何处理和利用这些冲突是销售经理需要掌握的管理技能。在故障的排除中,时机是极为重要的。故障很少在例行的信息流程(如报告)中被发觉,而通常采取"紧急情报"的形式由发现故障的人上报给经理。销售经理则一般把排除故障置于较其他绝大多数活动都优先的地位。他重新安排自己的工作日程,全力投入故障排除工作,以期早日解决,争取有较充裕的时间拟定出一项改进性方案。经理的故障排除者角色有重大的意义。因为，排除故障的决策会树立一个先例，对部门今后产生或大或小的影响。

6.船长精神——塑造同舟共济的团队氛围

（1）销售团队的业绩完成总会遵循"二八原则"，也就是80%的业绩往往来自于20%的销售人员。对销售精英的管理，销售经理要花更多的时间去关注他们，为他们设定职业生涯的发展规划，保证他们的战斗力持久不衰。同时，对暂时处于困难的掉队者予以积极的鼓励。

（2）客户的分配：谁都希望能够拥有好的客户，所以在客户分配时一定要公平。

（3）压力管理：包括建立一套收集潜在客户最新信息的体系，保证公司能够及时准确地得到所有客户的信息。时间上和业绩上的压力，对于销售人员来说压力是动力的源泉。

（4）有效激励：对于销售人员奖金提成的激励是不能持久的，任何一个销售经理肯定不希望自己的属下永远都看着钱。实践证明，非现金形式的激励更为有效，如一次参加外面培训的机会、带家属的度假旅游等。

（5）授权：因人而异给予销售人员一定的权利，更能够鼓舞他们的工作积极性，培养他们承担责任的能力。

最后千万要注意的一点是：销售经理本身就是一面镜子，销售团队中的所有人都在看着他，他的一举一动都将直接影响到他的团队。

承担责任和使命——销售经理职业观念

今天中国企业的销售与10年前，甚至5年前已有很大的不同。中国的销售团队也有了长足的发展。但是，如果在观念上仍然把销售看成是"卖东西"，就很难有出色的销售经理。出色的销售经理应该能够使销售团队活力四射，激励他们达到看似不可能的目标，并确保销售流程运作正常。销售经理要有很强的使命感和目的性，并敢于创新。因此，销售经理要想取得自身职业生涯的成功，或者想凭自己的专业知识、技能来帮助企业取得成功，首先自己就要具有正确的、科学的职业观念，因为观念决定行动，行动决定结果。

1.大局观念

销售经理要根据市场和自身的实际情况来制订销售计划，不能靠想当然、拍脑门来决策，不可过多地玩艺术、玩灵感、玩感觉。销售经理在制订计划时，首先要从公司整体的战略角度出发，以公司的长远利益为关注点，以专业知识为操作背景，在科学决策的基础上，如实地提出销售建议，说明实施方案的优与劣、利与弊。只有这样，才能保证销售计划的科学性和有效性。

2.营销观念

在经历了生产观念、销售观念、市场营销观念和大市场营销观念之后，人们发现营销观念关系到企业活动全过程的成败，是企业能否在激烈的竞争中占据优势的关键。销售部门是现代营销观念的直接践行者，因此，销售经理要树立正确的营销观念，同时要以发展的眼光看待营销活动，这样企业才能够捕捉到市场机遇，为企业的兴旺打下良好的基础。

3.时间观念

企业的营销活动必须以充分利用时间为指导思想，以达到捕捉市场机遇的目的。现代企业的营销活动以市场需求为核心，而市场又是瞬息万变的，既为企业创造营销机遇，又给企业带来风险。在现代市场竞争中，企业要抓机遇，争取时间，因势利导，化险为夷，在竞争中取胜。时间就是金钱，时间就是财富，以快取胜，创造时间效用，不轻易放过任何机遇。作为销售经理，必须知道"马上"行动对把握机遇、留住业务的关键性。销售经理时刻要有一种紧迫感，这种时间的紧迫感就像一道巨大鸿沟，把出色的领袖与一般销售经理区分开来。但不要为紧迫而紧迫，并非每件事都很紧迫，对客户来说很紧急的事，对企业而言不一定也很紧急。

4.信息观念

企业营销活动必须以重视信息，充分利用信息为指导思想。市场信息是有关市场营销状况的消息和情报，是销售活动的重要资源。在销售活动中，从销售目标的确定到目标市场的选择，从产品设计到产品销售后的服务，从销售计划的制订到销售合同的达成，都要以信息为先导，以信息为依据，销售经理要善于捕捉这些信息。信息的这些作用无疑决定信息观念的重要地位。信息是销售经理的耳目。销售经理要捕捉到市场机遇，必须要有信息观念，要能掌握来自各方面的信息，知己知彼，方能取胜。

5.效率观念

衡量一家企业的优劣要看其从生产到营销、从雇佣到分销等的效率。例如，一个企业如能更快、更高效地生产某种产品，并将它以最快的速度和最好的服务提供给客户，那么它不用花费太多的时间与财力，就能战胜它的竞争对手。在现代市场营销活动中，"快"是一大特点，市场机遇来得快，消失得也快，消费者需求变化也快，竞争对手崛起快，这就要求销售经理捕捉市场信息快，进行市场决策快，组织销售活动快，归根到底要求销售部门效率高，这样才能抓住市场机遇，掌握营销主动权。"廉"是销售的一大优势，可以赢得客户，战胜竞争对手。而提高效率，就能减少劳动的支出，降低成本，为实施廉价策略创造条件。效果出自效率，效率要有速度。可以说，在企业的市场营销过程中，效率就是生命。因此，销售经理要树立效率观念，才能以快动作、低成本来捕捉到市场机遇，获得高收益。

6.竞争观念

俗话说，商场如战场。竞争的规律是市场经济发展的必然规律和客观要求，如果从市场营销的角度看，市场的本质不是交换关系，而是竞争关系。企业"在市场中搏击"，讲的就是企业间的竞争。逃避市场竞争就是自掘坟墓，营销其实就是一种竞争，就是要通过多种营销方式和手段击败竞争对手。销售经理时刻要意识到这一点，在市场上，要捕捉到市场机遇，就必须正确地看待竞争并积极参与市场竞争，在市场上争客户，争质量，争效益。

7. 质量观念

产品质量对于企业的重要性不言而喻，不注重产品质量，最终会寸步难行，功亏一篑。

在激烈的市场竞争中，市场营销活动处于主导地位，产品质量应服务、服从于市场营销的需要，这主要是因为市场营销活动是质量活动的基础和归宿。高质量的产品给企业的市场营销以十足的信心，是市场营销成功的保证。如果质量上不去，再有成效的市场营销也只能是前面开拓市场，后面丢失阵地，前面扩大销售，后面增加投诉。质量除了含有实物产品之外，还含有无形产品质量，即服务产品质量。对销售活动来说，售后服务在整个营销过程中具有举足轻重的作用，因此，作为销售经理一定要具备产品质量观念，树立服务意识，以此来指导实践，将质量视作企业的灵魂。

8. 风险意识

在企业市场营销过程中，由于各种事先无法预料的不确定因素带来的影响，使企业营销的实际收益与预期收益发生一定的偏差，因而有蒙受损失和失去获得额外收益的机会或可能性。企业是营销风险主体，风险损失是企业违背市场规律或自身失误所遭受的惩罚。一个营销风险的发生，就可能使企业一年的盈利荡然无存，甚至遭遇灭顶之灾。销售风险表现在如下几个方面：

（1）人员的流失会造成客户流失或账目混乱等风险。

（2）对销售客户的信誉考察也是十分必要的，如果对方是骗子，则这项风险带来的后果是惨痛的。

（3）对销售中货款的及时回笼风险也要考虑。卖出去的货，货款不回笼，那才是"赔了夫人又折兵"，不但没有要回钱，就连成本也搭进去了。

（4）对服务中的风险，如退换货制度的严密性要认真审查。

（5）对外部（公司以外）市场的市场风险也要进行比较和论证——最大的问题是：如何遏止竞争对手来分羹和如何从竞争对手处拦截客户。

（6）自身企业领导人的思维或志向改变也会导致销售风险。

（7）不可抗拒的自然风险，如地震等。

因此，回避营销风险就成为销售管理者的主要职责。在市场竞争中，处处存在风险和机会，企业不可能完全消灭风险，企业的营销活动必须以敢于承担风险、善于避开风险、减少风险、分散风险、化风险为机遇为指导思想。销售经理要懂得：在风险发生之前，从营销制度、销售手段、渠道上尽可能防范风险的发生；在风险来临时，要正确、客观地面对；在风险过后要及时总结经验、吸取教训防范类似事件的发生。

9.成本效益观念

在市场经济环境下，经济效益始终是企业管理者追求的首要目标，销售经理在工作中也应该树立成本效益观念，实现由传统的"节约、节省"观念向现代效益观念转变。特别是在我国市场经济体制逐步完善的今天，市场营销应以市场需求为导向，通过向市场提供质量尽可能高、功能尽可能完善的产品和服务，力求使企业获取尽可能多的利润。与企业管理的这一基本要求相适应，销售部门的管理也就应与企业的整体经济效益直接联系起来，以一种新的认识观——成本效益观念看待成本及其控制问题。企业的一切成本管理活动应以成本效益观念作为支配思想，从"投入"（成本）与"产出"的对比分析来看待"投入"的必要性、合理性，即努力以尽可能少的成本付出，创造尽可能多的使用价值，为企业获取更多的经济效益。

10.危机意识

物竞天择，适者生存。竞争已经无时不在、无处不在。营销工作要么做大要么回家，市场经济不存在等待，也不存在保持现状，今天保持现状，明天就会落后他人、后天就会被淘汰；营销人员也是一样，要么被人淘汰，要么淘汰他人，社会经济与大自然的竞争规律使所有事情都有竞争，销售经理必须与时俱进、不断进步,做任何事都想着创新,时时想着不被对手淘汰,否则就会真的被淘汰。

11.人才观念

销售业绩的提升要靠销售部门的每一位成员的共同努力,作为销售经理,要深刻认识人才在整个销售过程中的重要性,要树立爱才、聚才、育才和合理用才的观念;讲究选才之道,重视培养和使用,从精神与物质、制度与政策等方面采取措施,为每位员工提供公平的机会和条件,对员工绩效作出公正的评价;承认和尊重员工的个人利益,与员工分享企业发展带来的好处,以发挥人才的积极性和创造性。销售经理还要不断创新人才工作机制,积极探索适应销售工作要求的人才队伍建设新途径,使销售管理人才队伍建设不断加强。

12.社会责任观念

企业在人们的心目中似乎是一种唯利是图的野生动物。在现代社会中,人们的价值观念已发生了变化,在竞争中获胜,仅仅依靠金钱是办不到的。俗话所讲的"得人心者可以得天下",就是讲要树立社会责任观念。一方面,企业是社会的一部分,理所当然地履行其所应负的义务;另一方面,在履行义务的过程中,企业可以获得很多的机遇。一旦取得公众的同情和支持,从长期来看,企业的机遇之源就能永不枯竭。

铸造过硬的能力——销售经理职业技能

作为一个成功的销售经理除了要具备职业精神和职业观念之外,还需要掌握与该职位相关的各项技能。

总体来讲，销售经理的职业技能包括商务技能和管理技能。

作为销售部门各项工作的计划者、组织者、领导者和控制者，销售经理的管理技能包括：组织技能、策划技能、执行和变通技能、管理技能、斡旋客户技能等。

1.组织技能

销售经理的工作是开展与销售相关各项工作，而这些工作都需要周密地计划和认真地组织。因此强有力的组织能力对一个销售经理来说是十分重要的。

例如，广州中国大酒店于开业1周年之际照了一张2000多名职工的"全家福"，制作成明信片寄给每一位在酒店住过的客人。这种别致的设想产生于酒店公关销售人员严密的组织创意。

2000多名职工集中在同一运动场，排成整整齐齐的28排，其中还有一部分职工穿上白色制服，红白相间形成一个"中"字，这项组织工作并不亚于组织一场运动会。试想，如果销售经理没有一定的组织能力，这样的一项工作能在2小时内完成吗？

2.策划技能

根据管理学的观点，销售经理就是一个管理者，在进行任何一项工作之前，必须做好工作计划，包括执行公司既定的方案。根据营销学的观点，营销方案的具体化执行，必须根据市场实际情况，制定执行方案。因此，面对具体市场，销售经理首先必须有策划技能。

3.执行和变通技能

销售经理就是公司所派出的带着作战方案、征战疆场的将军。作为一名士兵，他首先必须是一名不折不扣的执行者，是公司作战方案的完美诠释者。

销售经理容易犯的错误是经常自以为是，认为公司的市场部或决策者不了解市场，乱做方案，乱下指令；即使很多认识是有价值的，但往往表现出本位主义或局域市场的片面性。在这种心理的指导下，销售经理在方案的执行上经常打折扣，影响了公司决策的效果。

但是，正如很多销售经理的认识一样，他们对市场直接的认识最深刻，有时候，市场的实际状况同公司的预设发生了很大变化，销售经理就应该在遵从公司指令的前提下，适度变通，提高执行的效果。例如，公司指令进行"五一大促销"，举行大规模路演，如果某市场当天下大雨，就应该及时变通为室内活动；公司主推保湿性护肤品，南方市场就应当适度变通，执行中的变通不是为了钻空子，而是为了更好执行；年度、季度、月度回款计划如何分解；通过何种方式实现回款，回款的节奏如何；公司的指导性市场推广方案，是否完全适合本地市场，哪些可以完全执行，哪些需要增加针对性；为了执行好公司的指标和方案，如何有效调配本市场的资源；本市场资源不足，如何向公司求助等。

一个合格的销售经理，面对公司的指标，必须迅速判断，拿出应对的策划方案，从而使公司的指令真正落到实处。

4.管理技能

常言道，将在外，君命有所不受。在这种状况下，销售经理的管理能力就非常重要。一个销售经理必须做好工作意识、工作状态、工作节奏、工作效率、工作目标、工作时间、工作作风和工作安全的管理。越是高级销售经理，面对的工作越是庞杂，面对的队伍也就越庞大，需要处理的事物就越多，需要达成的工作指标就越艰难，因此，团队和人员管理也就越发重要。科学的管理，不仅提高销售经理的工作效率，而且能够带动其团队，树立良好的企业形象。

5.斡旋客户的技能

客户是销售团队业绩产生的根本，销售经理虽然不是直接操作市场、管理客户，但也要通过自己的方式，达到影响和带动客户更好地销售产品的目的。销售经理作为团队的"幕后老板"和作战指挥员，只有更好地来斡旋客户，间接管理客户，才能实现掌控客户的目标。

总之，通过上述能力的培养和提升，作为销售经理就可以实现借别人之力，做自己之事的目的，在左右客户及下属的同时，更好地掌控自己的团队与市场，进而更好地实现企业以及自己的目标，让自己运筹帷幄，制胜千里，不断地挑战自己，迎来一个成功又一个成功。

智慧——修炼高屋建瓴的决断力

智，就是要有智慧。

对于率领销售大军驰骋在一线市场上的销售经理来说，要具备的智慧主要包括两层含义：

第一层含义，是要有知识。这里的知识包含专业性知识和复合性知识两大类。

专业性知识是指销售经理对所从事行业的了解与认知。如果是消费品领域的销售经理，就要通晓与本行业相关的宏观与微观方面的知识。如果是工业品的销售管理，也同样要了解工业品的相关知识。

例如，在宏观方面，需要了解行业的市场现状、市场规模、发展趋势等等。在微观领域，要掌握市场营销学的基本原理与方法，学会用SWOT分析所在公司、团队或所经营产品的优势、劣势、机会、问题，并科学客观地制定出相应的策略以及解决办法。

复合性知识是指专业性知识之外的，与销售本身并无直接联系的一种综合、系统性知识。对于销售经理来说，复合性知识主要是指开发（或学习）、交换、复制和管理的能力，这四种知识是在任何企业工作的销售经理都需要的能力。

例如，销售经理开发出一种新型的市场运作方法（如深度分销），通过交换（与销售人员及公司决策层的资讯交流、观念沟通）并实施，然后成功地复制此方法，在应用的过程中通过有效的管理（人事）而使销售团队产生更大的绩效。由于每一个行业所需要的知识不同，那么，若想成为一位卓越的销售经理，就必须了解在自己所从事的行业里，需要哪些知识，然后就不断地去充实，成为那个行业的专家。

第二层含义，是要有判断力，要深入细节、追根究底。

这是成为卓越销售经理的一个非常重要的素质。在工作中，我们常常遇见这样的现象：有些销售经理的知识的确很渊博，可一旦碰到判断事情时就很不客观、不全面、不准确。为什么没有判断力？就是没有深入细节。判断力不是魄力或者聪明不聪明的问题，而是有没有深入细节，有没有追根究底。要成为一个卓越的销售经理，一定要养成习惯，即无论碰到什么事，都要深入分析、追根溯源，从而养成敏锐的判断力。

销售经理培养自己充足的智慧和足以判断的能力，就完成了走向卓越的第一项修炼——智的修炼。

威信——修炼人人追随的影响力

"信"的第一层含义是指身为销售经理要守信。

守信就是要信守承诺，而一旦承诺了的事就是大事。百事可乐公司对这一点尤为重视，在业务培训中，每一次都会反复强调："不要轻易承诺你的客户，只要承诺了客户的事情就必须要做到。"做一个卓越的销售经理，一定要有守信的素质——因为承诺的事就是大事。

"信"的第二层含义就是要使下属信服。

要换位思考、感同身受。销售经理在销售团队中的地位很高、权力很大，所以在处理事情中就会比较顺利。有的销售经理常常因此会觉得很多事情下属怎么都做不好，但他没想到，这是因为手下的人没有他那么多资源，打电话不像他那么有效，事情做得自然不到位。所以，如果身为销售经理不能与下属易地而处，感同身受，而总是不断地指责下属的话，将很难使人信服。

因此，卓越销售经理的第二项修炼就是要守信用，让自己的部属信服。

仁爱——修炼体恤下属的包容力

每一个人都需要别人的关心，尤其是在高强度、高压力之下鏖战沙场的销售大军，更是渴望得到主管的体恤。而一个销售经理是不是仁慈，那就是看他有没有很关心他的部属。

身为销售经理，如何去关心你的部属呢？

一是工作上的关心，二是生活上的关心。例如，销售代表在工作中遇到某些难题时，销售经理要和他们一同找原因，不遗余力地去帮助他们解决问题。员工过生日时，销售经理别忘了送个礼物表示祝贺。逢年过节时发个短信，打个电话向员工问候一下。员工的家人有了什么困难，要在你的能力范围之内，尽可能给予他们无私的帮助……销售经理修炼"仁"的真正意义就是要做到和员工之间真正地产生了解。

你要了解他们想要什么？他们的需要有没有得到满足？你怎样才能满足他们这些需要？这些问题你都要去思考，若想得到完整的答案，你就必须去了解你的员工，去关心你的员工。

有一些经理、总监级别的高级销售经理往往给员工一种高高在上的感觉，经常不与基层销售人员沟通，甚至连一些销售代表的名字都叫不出来。试想一下，当经理连员工的名字都叫不出来，或者也不知道他们在哪个岗位负责什么工作的话，那么怎么可能有人会替你努力工作呢？

勇敢——修炼身先士卒的作战力

"勇"在这里是指身先士卒、勇于负责。

在现代的销售管理中，即使只是平常的业务运作，主管人员也必须起带头作用。作为销售经理，如果没有办法身先士卒，手下的人又如何能够全力以赴呢？因此，遇到棘手的难题要抢着冲上去。碰上强大的竞争对手，要冲杀在前。同时，作为销售经理除了要身先士卒之外，更要勇敢地负起成败的责任。

对于销售经理来说，"勇"的另一个意义就是负责。卓越的销售经理一定是一个身先士卒，负责到底，而不是一出了问题就把过错通通推给别人的人。

只有这样，销售经理在整个销售团队中才能真正成为"头"的角色，通过自己的个人魅力获得团队成员对你的信任，这样"权力"才是领导的艺术所在。

严明——修炼令出必行的执行力

"严"有两层含义，第一是对人要赏罚分明。

销售经理要向员工明确：在什么情况下会受到奖励，哪些情况下会受到处罚。然后，坚决做好评估与执行工作。例如，每月销售业绩第一名的员工会受到奖励，连续三个月销量最差的员工就会受到处罚，等等。奖励不仅有肯定部属功劳的作用，如果运用得法更可以起到安定整个销售团队的作用。反过来，对失职部属的处罚也很重要。在现代企业管理中，处罚有时远比奖励还困难，尤其是对自己器重的人，或难得的人才，施以严厉的处罚是非常困难的。

所以，销售经理在工作中要注意：有奖励，就要有处罚，赏罚一定要分明，激励与约束要并存，只有这样才会提升销售团队的士气，向预期的目标行进。

"严"的第二层含义，就是要养成对事情贯彻始终的习惯。

严不是刻薄地对待别人，不是一天到晚把部属叫来大骂一通，而是要把决定了的事情执行好、贯彻好。要知道什么事情是对的，就要达到那个目标。例如，这件事自己做错了，就要及时调整工作的方向或者方法，一点也不能耽误事情的进程，而这就应该是一个销售经理最基本的态度。

善任——培养卓越的用人艺术

人是销售环节中最重要也是最具能动性的因素，也是一切销售活动的基础和保证。销售经理要想带出一支能征惯战的高效团队，就要有知人善任的能力，充分发挥团队中每一个成员的潜能和才干。

1.选合适的人在合适的位置

每个企业都希望笼络优秀的销售精英，但实际往往事与愿违。首先，用什么样的人要与企业所能提供的资源相匹配，工作性质、薪资、职位、发展前景等都应该是要考虑的因素。其次，一个好的业务人员不一定能成为好的管理者，所以根据企业实际情况选择使用合适的人在合适的位置，才能为其搭建更好发挥才能的平台。某些公司在开拓市场初期挑选一线业务人员时，经常会选择那些出身农村的刚走入社会的中专生或大专生，一是他们比较珍惜这份工作，同时比城里的孩子更具备吃苦耐劳的精神和进取心。再次，关注那些具有发展潜质的基层人员，为其提供更多的发展空间。销售管理是动态的管理，公司的不同发展阶段、市场环境的变化、人员的资历与技能的提高等，都是进行岗位设置和人员调整的基础，但敬业、勤奋、专业性、再学习能力永远是应首先考核的基础。

2.学会放权，并使下属承担责任

当初，管理之父泰勒通过工人姿势、动作、步骤的调整使生产效率大为提高，并由此创立了科学管理的理论，但销售人员的管理不同于制造企业，制造企业可以通过目视和现场管理来督促员工行为，而销售是一种流动性和自主性很强的工作，特别是那些驻外人员，使销售成为一种个人能动性很强工作。另外，一线人员直接面对客户，既是产品的销售者，也是企业文化的传播者，每天都会遇到许多急需解决的问题，如果公司没有给予其适当的权利，反面设计出许多审批的障碍，既降低销售人员在客户心中的地位，更影响市场反应速度，贻误时机。一个没有任何权利的销售人员只能是一个既不自信，又不能为客户提供任何帮助的机器。管理实际是权利与责任的统一，是可信与可控的结合，责任是权利使用后结果的承担，企业可以通过流程制度、权限设置、激励机制、效果评估、市场走访等手段来考核。最后，销售员工的自我管理才是管理关键，公司为员工营造良好的工作氛围，使其建立对企业的忠诚度和责任心，发挥最大潜能，因为他人的管理永远是被动的。

第2章 好团队是设计出来的
——销售团队的构想与设计

销售团队模式的选择要受到企业人力资源、财务状况、产品特性、消费者及竞争对手等因素的影响，在设计销售团队模式时应根据自身的实力及企业发展规划，精心"排兵布阵"，量力而为，用最少的管理成本获得最大的经济效益。

对销售团队设计产生影响的因素众多，不同的因素会产生不同的结果。所以，在进行销售团队设计时，要对各因素综合考虑，做好整体设计工作。

销售团队设计事关重大

在日益激烈的竞争环境中,企业必须意识到只有建立完善的销售团队、保持通畅高效的销售渠道,才能有力地配合整个营销活动,才能在竞争中取得胜利。

企业销售团队设计目标通常从三个方面考虑:对市场需求做出快速反应;使市场营销效率最大化;代表并维护消费者利益。

销售团队的设计合理与否对企业实现组织目标有重要影响。

1. 对企业满足客户需求的能力有重要的影响

销售团队首先应该是一个市场管理组织。只有通过这个市场管理组织的良好运用,企业的销售目标才有可能完成。很多企业想走捷径,只问结果,不问过程,走进了建立销售团队的最大误区,最终影响了企业为客户服务能力的提高。

2. 影响到企业的运营成本

任何一个企业的组织结构对其运营成本都具有很重要的影响,对于销售部门也不例外。如果销售团队的结构设计不合理,机构臃肿,人员冗余,不仅会影响到整个部门的运行效率和最终的效果,而且企业还必须支付必要的管理费用和人员费用,这对企业来讲无疑是增加了不必要的成本负担。企业资料显示,目前我国家电业的成本构成现状为:原材料的制造成本占总成本的53%,而营销成本则占46%。因此,销售团队结构的设计是否合理,对企业的运营成本和利润率都会造成很大的影响。

3.影响部门内部人与人之间的关系

在有的销售团队中，一些人为了维护自己的地位、获得职位的升迁，采取拉拢领导和下属的办法，试图得到领导的偏爱，而受到不公正待遇的员工心存抱怨或消极应付。团队的激励机制没有做到赏罚分明，或者奖惩机制没有做到客观公正，也会影响到员工积极性，造成员工关系紧张。这样，整个销售团队的资源和力量就不会朝向同一个目标。沟通难度加大容易导致大家对一件事情互相踢皮球，领导决策需要认真平衡各方利益，否则工作效率必然受到影响。

设计销售团队要着眼全局

销售发展的趋势是由个人销售发展为团队销售，企业销售团队的设计与建立成为必然。销售团队的设计应富于弹性，因企业性质的不同而不同，因销售性质的不同而不同，但基本上都是由销售人员和有关职能人员组成。

IBM、DEC等公司销售的产品是按客户要求定制的电脑硬件和软件，公司的销售团队由销售人员和技术人员组成，始终保持与客户的紧密联系。IBM公司的一个客户经理所辖的销售团队除了销售人员外，还包括产品代理商、系统工程师和咨询师。在3M公司，每一销售区域都建立跨职能的销售团队，团队成员包括后勤人员、信息系统管理人员和销售人员。Black & Decker公司的销售团队中包括销售人员、营销人员、信息系统专家、销售预测人员和财务分析人员，他们共同致力于为沃尔玛和Home Depot这样的大客户提供服务。

销售团队近来发展的趋势，是吸收来自客户公司的代表。通用电气公司为了更好地为重要客户服务，成立了跨职能和跨公司的大型销售团队。针对南加州爱迪生公司从通用公司购买蒸汽涡轮发电机项目，通用公司专门成立了140人的跨公司团队以减少停工期。这个团队包括60名来自通用的员工，其他成员则来自爱迪生公司。Baxter公司更为超前，他们甚至与客户共同协商设立组织目标，并分享与之有关的成本和盈余。

一个企业在选择采用团队销售团队时，必须考虑很多的因素，诸如确定团队的规模和职能，以及团队整体和个人的薪酬机制问题。这些决策在很大程度上取决于团队的战略目标。如果团队的主要任务是提供大量的售后服务，通常在团队中要包括支持人员，因为支持人员能更好地理解售后服务的需要，促进销售的完成。另外，随着销售团队规模的增长，个人有减少努力的倾向，因而有必要限制团队的规模。

M品牌销售团队的使命，是通过建立销售渠道和建设销售团队，达到公司营销目标，并推动生意的持续发展。销售团队的整体架构为"3+3"模式，即3大硬件：销售领导小组、销售部秘书组、实地销售团队。3大软件：品牌销售模式、销售团队操作系统、计划与评估体系。

销售领导小组由总经理、销售总监和销售副总监组成，负责整个销售团队建设的领导工作。销售部秘书组负责销售部订货—发运—结算的运作和协调，以及信息交流体系的运转。实地销售团队由市场经理、区域经理、客户经理、销售代表组成，负责各个地区的具体销售运作。

品牌销售模式指销售团队负责建立并管理整个销售渠道的运作。销售团队操作系统是销售团队组织结构的管理系统，包括整体架构、部门及人员的角色和职责、订货—发货—结算系统、信息交流体系以及规章制度。计划与评估体系包括按月度、季度、年度对销售团队各个部门和层次的计划制定、分析和评估。

销售团队设计要综合考虑各方因素

销售团队设计工作千头万绪，需要综合考虑各方因素。具体来说，从以下几方面因素来设计团队模式。

1.市场类型对销售团队设计的影响

根据购买者及其购买目的的不同，营销学将市场分为两大类：消费者市场和组织市场。消费者市场是为了消费而购买的个人和家庭，购买者的数量大，购买的规模小、品种多、频率高。组织市场是指为生产、转卖或公共消费而购买产品的各种组织机构、制造商、中间商、政府等，购买者的数量少、购买的规模较大，多为专家购买。

企业的销售团队可能面对不同的市场，而这意味着在不同市场上从事销售活动的销售人员需要扮演不同的角色。销售经理必须深刻理解这些市场的具体特征，只有这样，才能明确销售团队应发挥的作用，合理地设计销售团队。

2.销售类型对销售团队设计的影响

对销售工作进行分类的一种比较好的方法是看它们在销售过程中遇到了什么样的问题，问题的数量有多少，问题的难度有多大，这些因素决定了销售工作的难易程度，并据此可以将销售工作分为以下几种类型。

（1）开发性销售。开发性销售人员是企业销售收入的主要创造者，他们接收客户订单，也创造客户订单。他们所面临工作的难度是最大的，他们必须向新客户说明和展示企业的产品和服务，说服老客户购买更多的企业产品，或者激励老客户购买新产品。这项工作非常具有挑战性，为了从竞争对手那里争取到更多的客户，他们必须为客户所面临的问题提供更好的解决方案，这无疑需要销售人员具有高超的解决问题的技巧及较强的创新精神。

（2）支持性销售。支持性销售人员为实际销售人员所进行的销售活动提供支持，他们所从事的主要工作包括进行促销及对客户进行培训和教育。在大多数情况下，支持性销售人员是销售团队中不可或缺的组成部分，虽然他们并不负责具体的销售。所有支持性销售人员工作的核心都是提供技术帮助和信息服务，并解决客户所面临的问题，从而满足客户需要，达到争取新客户和维系老客户的目的。

（3）维护性销售。维护性销售人员是对客户订单进行处理及负责产品运输等后勤服务与保障的人员，有时将他们称为司机销售人员或者是订单处理员。例如，可口可乐公司的销售代表的职责就是将产品送到零售商或连锁店。至于销售及销售后所出现的问题，他们是不负责的，全部交给组织中更高一级的全国性客户管理人员来处理，地方性销售代表的工作就是保证货架面积和促销工作到位。

开发性销售人员、支持性或维护性销售人员都是企业销售团队的重要成员。在建立销售团队时，需要考虑不同类型销售人员的规模及比例。

3.销售方式对销售团队设计的影响

从销售渠道环节和销售的组织形式来看，销售方式有直销、代销、经销、经纪销售与联营销售等：

（1）直销。直销是指企业自己直接把产品销售给最终的目标市场，而无须通过中间商的销售方式。直销可以通过自己设立的专卖店或特许经营连锁专卖店进行，也可以自找零售商，设立店中店或专柜。直销有利于减少销售环节、降低销售价格，并能及时地反馈市场信息，但也分散了企业的精力、增加了企业的投入，不利于社会专业化分工的发展。直销往往被一些专业性很强的企业或对销售策略有特殊要求的企业采用，如一些开展名牌战略的高档服装企业、要求现场咨询的化妆品企业、彩卷及专业冲扩企业等，往往在严格的销售培训后，通过有专业服务的直销网络来确保销售服务的质量与效果。

（2）代销。代销是指企业将产品委托给中间商代理销售的方式。代销商不承担资金投入和销售风险，只按协议领取代销佣金。我国正处于市场经济初级阶段，面对买方市场的我国零售企业很多实行代销制。卖不出去的商品原封退还，这是一种利用买方市场向企业转嫁商业经营风险的错误策略，不但使企业有苦难诉，资金被严重挤占，而且也会导致商业企业放松经营管理，并最终丧失市场竞争力。代销是可以开展的，尤其是对一些有一定经营难度的新产品，是可以经双方协商而采用代销方式的。代销应以商业信誉为本，在互利互助下求得共同发展。

（3）经销。经销是一种通过中间商向企业买断产品所有权而开展商业经营的销售方式。在市场经济成熟的国家，中间商向企业买断产品经销是较为通行的做法。买断产品经.销的实质，是工商企业按照各自的市场分工，建立的一种风险共担、利益共享的合作关系。开展规范的经销方式，可以促使商业企业研究市场，慎重进货，努力提高自己的经营与管理水平，增强市场竞争力。

（4）经纪销售。经纪销售是指供货商与销售商利用经纪人或经纪商沟通信息，达成交易的销售方式。经纪商不直接管理商品，对商品没有所有权，更不承担风险，只是通过为购销双方牵线搭桥、协助他们进行谈判，向雇用他们的一方收取"佣金"。

（5）联营销售。联营销售是由两个以上不同经营单位按自愿互利的原则，通过协议或合同，共同投资建立联营机构，联合经营某种销售业务，按投资比例或协议规定的比例分配销售利益。联营各方共同拥有商品的所有权。

4.产品销售范围对销售团队设计的影响

产品销售范围不同，对销售团队也有很大影响。有些产品受其自身特征的影响，只能在有限的区域内销售，并形成一定的销售区域。产品的销售区域小，其销售团队相对简单些；产品销售区域大，其销售团队相对复杂些。

区域销售团队不是租一个办公室，招一个经理、一个主管、两三个业务员就够了。销售团队的设计涉及销售区域如何划分、费用如何投入、人员如何安排等一系列问题。同时，销售团队组建起来后，如何运作、如何管理、如何控制及如何达到组织目标，这些问题还需要进行周密的思考。

2004年，万家乐公司打破多年来销售区域一成不变的格局，历史性地将原来的18个销售区域拆分成34个销售区域。销售区域的拆分，意在扩大市场份额、拓展销售市场。近几年，公司销售区域主要集中在省区市场、靠近大客户的地方，这容易造成地（市）、县级以下市场的空缺。拆分为34个区域后，将几个大区域进一步划分，原粤琼区域1分为7，并新设了一个太阳能项目。公司提出了精耕细作的销售渠道策略，将市场营销工作向深度和广度同时推进。销售区域拆分后，依靠"万家乐"品牌、产品质量等优势，落实务实的管理政策，以及进一步调整新产品的开发策略，可望挖掘更大、更广的商机，取得更大的经济效益。

5.市场环境的变化对销售团队设计的影响

销售团队是一个开放的系统，它一定要与所处的市场环境进行物质和信息的交流，因而在构建销售团队时一定要考虑外部环境的影响，并与之保持平衡。市场环境处于不断变化之中，特别是随着技术的进步、市场需求的多样化，企业面对的销售环境的变化日益加剧，客户主导、反应迅速成了新的销售团队必须具有的特征。企业外部环境的变化导致企业营销战略管理的改变，随之而来的是实现企业目标的形式和方法的调整，这必然使销售团队根据具体的情况做出适当的调整。

传统渠道日落西山，单店产出不断减少，而商场、超市等现代主流销售渠道的重要性越来越突出，从而引发销售急剧向终端寡头集中的倾向，企业销售渠道变得越来越僵化，变革刻不容缓。为解决这个问题，宝洁公司最早推出了基于DOS系统的分销商生意管理系统（DBS），主要帮助分销商管理其进销存，它包括进货，销售，库存以及简单的应收账款管理等模块。以及基于DBS系统的订单生成系统（EDI），其主要的功能是帮助分销商自动生成建议订单。宝洁公司还面向分销商管理，为了提供给分销商管理人员及时准确的报表建立了分销商一体化运作系统（IDS）。

在此基础上，2001年，宝洁携手富基公司建立了更为先进的DMS分销解决方案。该方案是一个完整的供应链协作与控制系统，包括：规范分销商行为的覆盖流程、高效分销商补货系统、考虑周全的订货管理、科学有效的信用控制，以及面向分销商提供宝洁系统专业化所需的接口编码和数据转移程序的文件和工具。

正是由于渠道信息化的独特魅力，不仅使分销商可以自动管理库存、自动填单订货、自动缩短订货周期、自动加快订货频率，而且使宝洁和联合利华总部可以更加透明地了解产品在渠道内的流向和频率，从而不费吹灰之力地进行有效的实时监控，这大大提高了公司渠道的竞争力，也真正体现了与分销商发展战略伙伴关系的战略构想。

销售团队设计应遵循四大原则

根据销售管理的需要和销售团队的目标特征，在设计销售团队时，必须遵循下列原则。

1.客户导向的原则

在设计销售团队时，管理者必须首先关注市场，考虑满足市场需求，服务消费者。以此为基础，建立起一支面向市场的销售团队。

2.精简与高效的原则

精简与高效是手段和目的的关系，提高效率是组织设计的目的，而要提高组织的运行效率，又必须精简机构。具体地说，精简高效包含三层含义：一是组织应具备较高素质的人员和合理的人才结构，使人力资源得到合理而又充分地利用；二是要因职设人而不是因人设职，组织中不能有游手好闲之人；三是组织结构应有利于形成群体的合力，减少内耗。

3.管理幅度合理的原则

管理幅度是直接向一个经理汇报的下属人数。管理幅度是否合理，取决于下属人员工作的性质，以及经理人员和下属人员的工作能力。正常情况下，管理幅度应尽量小一些，一般为6~8人。但随着企业组织结构的变革，出现了组织结构扁平化的趋势，即要求管理层次少而管理幅度大。

4.稳定而有弹性的原则

组织应当保持员工队伍的相对稳定，这对增强组织的凝聚力、提高员工的士气是必要的，这就像每一棵树都有牢固的根系。同时，组织又要有一定的弹性，以保证不会被强风折断。组织的弹性，就短期而言是指因经济的波动性或业务的季节性而保持员工队伍的流动性。

销售团队设计需注意的几点问题

合理的销售团队不一定能保证销售的成功，但不合理的销售团队一定会阻碍成功。有许多企业受到销售团队问题的困扰。

1.效率低下

有些企业在发展壮大的过程中，销售团队迅速扩张，但效率却日渐降低，最突出的表现就是人均销售额的下降。例如，某著名家电企业最近3年负责销售和营销方面的人员增加了15%，而销售额却下降了12%。在效率降低的同时,企业对市场的反应也变得迟钝,整个销售体系就像一个老态龙钟的老人一样举步维艰。

2.管理失控

有些企业在组织迅速扩张的过程中出现了管理失控的现象。如财务失控,营销费用持续上涨,但销售额并没有增加。有的销售人员或地区销售经理将产品销售收入挪作他用,形成体外资金;还有一些企业销货款大量呆滞,逐步形成死账、坏账。如信息失真,有些销售人员没有向总部及时传递市场和客户信息,甚至谎报军情,夸大竞争对手的竞争实力和促销力度,推卸责任,以掩盖自己的无能;有的甚至乘机要求公司提高奖励的比例,或要求加强广告或降价促销力度。如人员失信,有些销售人员功高自恃,把持客户和经销商,建立私人关系,形成独立王国;有的甚至在向总部施加压力,要求降价和促销的同时,还向经销商要回扣,损公肥私。如关系失控,有些企业规模大了之后,不注意与经销商和其他相关部门建立长期的合作关系,也没有建立一套市场危机处理系统,结果出现某些地区的经销商集体反水、消费者信用危机,这些情况直接危及整个销售体系和企业的形象。管理失控的结果使企业难以有效地运作,也难以快速地对现有的组织加以改造,最终使企业付出巨大的代价。

3.沟通不畅

由于企业发展速度很快,导致地区差异、客户差异的出现,企业缺乏相应的反应能力,导致对市场信息把握不准,完全依赖于道听途说。例如,销售部门总是认为广告不够多、新产品入市不够快、价格不够低、质量不够好,却对客户需要什么样的东西并不清楚,也不知道广告能产生多少效果、降价能产生多少销售增长。由于企业并不太清楚市场的情况,具体的销售人员和分销商往往对企业的销售政策起巨大的影响,从而使企业的销售政策具有极大的随意性和盲目性。极少有企业进行长期系统的调研和客户档案资料的积累,当然对竞争对手信息也基本上是事后的了解。有些公司虽有这方面的资料,又不知道如何加以利用。掌握信息的人不做决策,决策者得不到真实的信息,部门的利益冲突又会导致信息封锁。由于信息沟通不畅及部门间利益冲突,各种销售措施总是前后矛盾,影响销售效率的提高。

4.追求短期利益

由于企业在发展过程中,首先发展的是销售团队,企业也逐渐倚重于销售团队,但销售人员一般追求的是短期利益,结果导致企业整体销售追求短期利益,既不重视整体战略的发展,也不重视企业产品和服务的创新。当短期利益追求到一定程度,企业就面临困境,销售人员也会发现自己的传统技能已经不能适应新形势的需要。这样,当企业试图加强控制时,就会面临遭受巨大损失的风险,有时会导致企业内部人事上的巨大震荡和财务上的严重损失。

如何设计区域型销售团队

这种结构是指将企业的目标市场划分为若干个地理区域,每个销售人员或销售小组负责在一个区域内全权代表企业进行销售活动(结构如图2-1所示)。

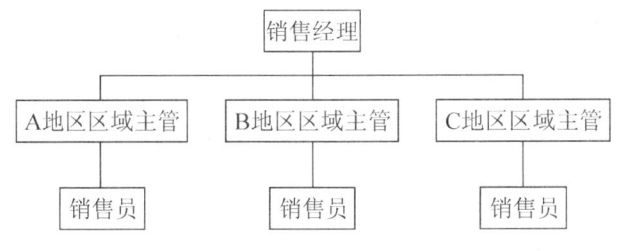

图2-1 区域型销售团队模式

在该团队模式中，区域主管权力相对集中，决策速度快；地域集中，相对费用低；人员集中易于管理；在区域内有利于迎接挑战。

区域负责制提高了销售员的积极性，激励他们去开发当地业务和培养人际关系，这对于销售代表的销售效果和个人生活都会有所帮助。但销售员要从事所有的销售活动，技术上不够专业，不适应种类多、技术含量高的产品。

具体来讲，区域性销售团队模式具有以下优点：

（1）它对销售人员的职责有明确的划分，一个地区仅有一位销售人员，其工作任务明确，职责清楚。一方面，公司根据该地区的销售潜力，可以规定该销售人员应完成的工作量，并能有效地考查该销售人员的工作量完成情况。作为该区域唯一的销售人员，因人员销售效益的不同，他可能独享荣誉，但也可能因该地区销售不佳而受到指责。另一方面，也可激励销售人员努力工作，完成所规定的工作量，并千方百计地超过工作量。

（2）有利于节约交通费用。由于每个销售人员的销售范围较小，交通费用也相对减少。

（3）由于每一个销售人员的销售范围固定，销售区域内客户的关系如何将直接影响销售效果。因此，销售人员必然会自觉地以追求销售的长期效果为目标，在努力增加销售量的同时，也会努力关心客户的需要，帮助客户解决困难，取得客户的信赖，与客户建立良好的关系。

在划分销售区域范围时，可以有不同的标准，不一定按照行政区域来确定，但企业要分析一些地区特征：该地区便于管理；销售潜力易估计；能节省出差时间，使销售费用降到最低；每个销售员都要有一个合理充足的工作负荷和销售潜力。

总体来讲，在设计区域型销售团队模式时，要考虑以下影响因素。

1.区域规模

地区分支机构可以按销售潜力或工作负荷加以划定。每种划分法都会遇到利益和代价的两难处境。具有相等的销售潜力的地区给每个销售员提供了获得相同收入的机会,同时也给企业提供了一个衡量工作成绩的标准。各地销售额长时期的不同,可假定为是各销售员能力或努力程度不同的反映。销售员受到激励会尽全力工作。

但是,因各地区的消费者密度不同,具有相同潜力的地区因为面积的大小可能有很大的差别。在大城市地区,消费者在较小的区域内高度集中,该地区的销售潜力就相对要大。被分派到大城市的销售员,用较小的努力就可以达到同样的销售业绩。而被分到地域广阔且人烟稀少地区的销售代表,就可能在付出同样努力的情况下只取得较小的成绩,或做出更大的努力才能取得相同的成绩。

一个较好的解决办法是,给派驻到边远地区的销售员以较高的薪酬,以补偿其额外的工作。但这削减了边远地区的销售利润。另一个解决办法是,承认各地区的吸引力不同,分派较好或较高级的销售员到较好的地区。

此外,可以按照相同的工作负荷标准来划分区域。每个销售代表都能到他能够胜任的区域,然而,这种方法可能会导致区域销售潜力的不一致。若销售团队的工资是固定的,这就不成问题,但若销售团队的工资是和他们的销售额挂钩时,尽管各地区的工作负荷一致,但吸引力也会不同。可以向具有较高销售潜力地区的销售代表支付较低的工资,或分派业绩较好的销售人员到销售潜力大的地区。

2.销售区域的形状

销售区域的形状,一般是由一些较小的单元组成,如市或县,这些单元组合在一起就形成了有一定销售潜力或工作负荷的销售区域。划分区域时要考虑地域的自然障碍、相邻区域的一致性、交通的便利性等。许多企业喜欢区域有一定形状,因为形状的不同会影响成本、覆盖的难易程度和销售团队对工作的满意程度。比较常见的销售区域的形状有圆形、十字花形状和扇形。企业可以使用电脑程序来划分销售区域,使各个区域在客户密度均衡、工作量或销售潜力和最小旅行时间等指标组合到最优。

（1）圆形区域。销售人员坐镇中心，作普遍拜访时，依圆周的路径拜访，无须重复往返，拜访终止时即可返回原地。需要拜访某一特殊客户时，由于销售人员的住地在中心，距客户的路程均相等，到每一个客户处距离都不太远，费用也不会太高。因此，这种销售区域形状，无论是对普遍拜访还是对个别拜访都比较有利。

（2）十字花形区域。销售人员坐镇中心，除具有圆形区域的特点之外，销售人员依十字花形路径拜访，还可以有计划地规划时间，拜访完一个花瓣上的客户以后，如到规定的休息时间可回原地休息，然后再拜访另一花瓣上的客户。

例如，若规定对销售区域内的客户，每月作一次常规拜访，即可定出每周拜访一个花瓣上的客户，周末即可返回原地休息。这样，从原地出发至花瓣的起点，以及从花瓣的终点返回原地的距离都更短，有利于节省销售费用。

（3）扇形区域。它是由一个大的圆形区域分成若干个区域，分别由几个销售人员负责销售时所选用的销售路径。这样划分销售区域，使每个区域既包括中心附近的都市地带，又包括离都市较远的边远地带，以保证每个区域的销售潜力和销售人员的工作负荷达到均等。但由于边远地区离销售人员驻地太远，若须作特殊拜访时，费用过高。

销售区域的形状的确定，可综合考虑区域的自然形状、区域内客户的分布状况及潜在购买能力、销售成本、人员销售的便利程度等因素，进行综合比较，然后做出最后决定。

如何设计产品型销售团队

产品式结构是指企业的销售人员按照产品来执行其任务的一种组织结构

设计（结构如图2-2所示）。在这种结构中，企业的产品被分成若干品种，每个销售人员或销售小组负责一种或几种产品的销售。销售员对产品理解的重要性，加上产品部门和产品管理的发展，使许多企业都用产品线来建立销售团队结构。当企业的产品技术复杂、专业性较强、产品线较多且产品之间联系少或产品数量众多时，按产品专门化组成销售团队就较合适。这样可以使企业的销售人员专门集中销售所负责的一种或几种产品，收到专业化经营的效果。但是这种结构也存在一定的缺陷，比如可能发生不同销售人员向同一客户销售企业的不同产品的情况，这显然是不经济的。

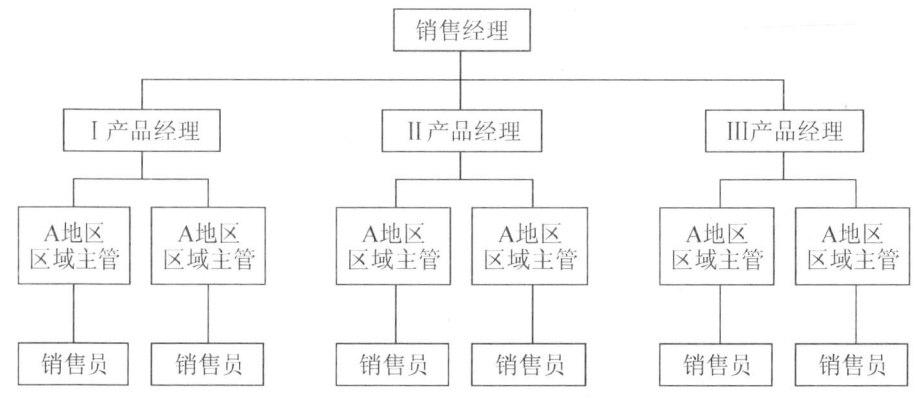

图2-2　产品型销售团队模式

这种结构方式生产与销售联系密切，产品供货及时，适合技术含量高、产品种类多的企业。但由于地域重叠，造成工作重复，成本高。

当企业的产品种类繁多时，不同的销售人员会面对同一客户群。这样不仅使销售成本提高，而且也会引起客户的反感，产品型组织显示出极大的不足。例如，庄臣企业有好几个产品分部，各个分部都有自己的销售团队。很可能，在同一天好几个庄臣企业的销售员到同一家医院去销售。如果只派一个销售员到该医院销售公司所有产品，可以省下许多费用。

如何设计客户型销售团队

客户型组织模式是指企业销售人员按客户的不同分别执行销售任务的一种组织结构设计（结构如图2-3所示）。在这种结构中，企业首先要对其客户进行分类，然后不同的销售人员负责向不同类型的客户进行销售活动。

客户的分类依据可以是行业、客户规模、销售渠道的种类等，甚至可以针对个别重要客户进行分类。例如，国际商用机器公司在纽约专为金融界和经纪人客户建立销售处，在底特律专为福特汽车设立了销售处。使用这种结构最为明显的优点就是销售人员能充分了解他所服务的客户的特定需求，从而开展有针对性的有效的销售活动。有时还能降低销售团队的费用支出，更能减少渠道摩擦，为新产品开发提供思路。其缺点是当同一类型的客户比较分散的时候，会增加销售人员的工作量，从而增加销售费用。当主要客户减少时会给公司造成一定的威胁。

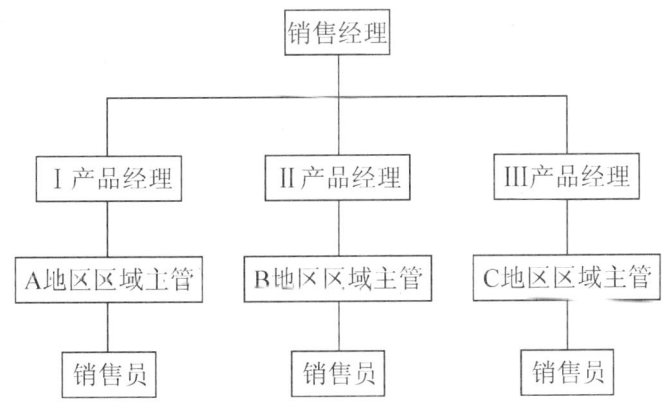

图2-3 客户型销售团队模式

按市场来划分建立销售团队的企业逐渐增多,而产品专业化组织在某些行业已经减少了。这种趋势还在蔓延,因为市场专业化与客户导向理念一致,都强调了营销观念,按市场划分销售团队著名的公司有施乐、IBM、NCR、惠普、通用食品和通用电气公司等。

如何设计复合型销售团队

前面几种销售团队建设的基础都是假设企业只按照一种基础划分销售团队,如按区域或产品或客户。事实上,许多企业使用的是这几种结构的组合(结构如图2-4所示)。

复合式组织结构是指企业混合使用以上三种组织结构进行产品销售,如地区—产品、产品—客户、地区—产品—客户等组合模式。如果企业在一个广阔的地域范围内向各种类型的消费者销售种类繁多的产品时,通常将以上几种结构方式混合使用,一个销售人员可能同时对一个或多个产品线经理和部门经理负责。

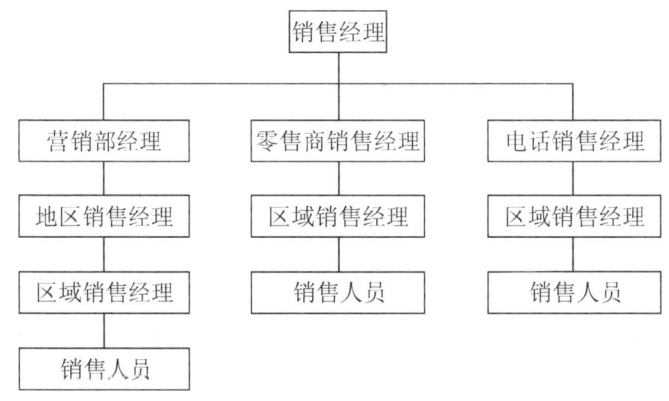

图2-4 复合型销售团队模式

复合式组织结构模式具有较大的机动性和适应性，能够充分发挥每一位团队成员的潜力，避免重复劳动，节约时间和成本，企业可以根据自身的实际情况进行选择。这种组织结构模式能够克服各种单一结构的缺陷，比较适合于产品类型繁多、客户类别多且分散的企业。

正如我们所看到的那样，销售团队专业划分的趋势仍在继续，销售团队划分的基础——区域、产品或客户或者其组合会因企业而异。

如何设计大客户销售团队模式

企业的大部分销售额来自少数的大客户。这些交易量大的客户对企业显然非常重要，企业在设计销售团队时必须予以特别关注。大客户组织模式是指以客户的规模和复杂性为划分依据的市场专业化销售团队，企业设专门的机构和人员来负责大客户的销售业务（结构如图2-5所示）。

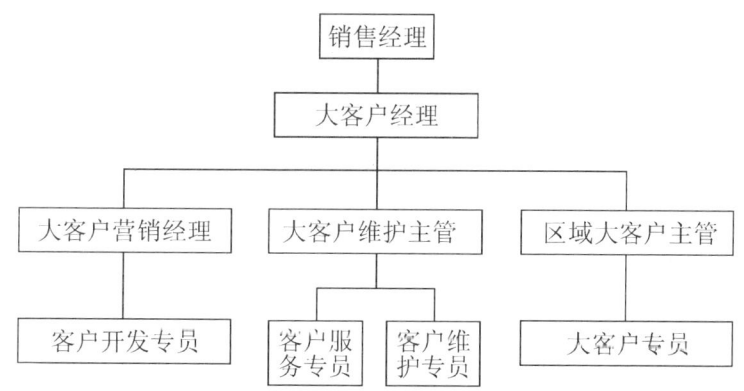

图2-5 大客户销售团队模式

大客户是指购买数目大且购买情况复杂的客户，当一个客户符合下列情形时，可以被视为是大客户：

（1）采购职能是集权化的。

（2）高层管理者能够影响组织的购买决策。

（3）存在多种购买影响因素。

（4）购买过程复杂且存在较大差异。

（5）要求企业提供特殊的价格折扣。

（6）要求企业提供特殊的服务。

（7）购买定制化的产品。

对大客户的销售业务管理，企业通常实行销售人员负责制。建立一支独立的大客户销售团队，由专门的销售人员专门负责对大客户的销售和服务，给大客户提供一些特殊的关照。每位大客户销售人员通常负责一个或多个大客户，并且负责协调企业与大客户的关系。

于2002年进入上海市的花旗银行浦西支行让很多中国人大跌眼镜。与国内银行不同的是，上海花旗银行浦西支行的营业厅分为上下两层，现金柜台被安排在了二楼，而方便大众服务的一楼则被设置成"一对一"理财咨询服务柜台和VIP服务。这样一来，那些只想存取现金的人只能花点时间爬到二楼去了，而相对有闲钱有投资理财欲望的客户则可以在一楼享受"一对一"的个性化服务。同时，花旗银行还规定，总存款低于5000美元的客户还要收取每月6美元的服务费用，这样的策略显然和中国银行传统的服务是截然不同的。可以预见，个性化的营销模式将成为营销的主流方式，而个性化的核心就是从传统的"市场份额"转变成实用的"客户份额"，所以加强管理这20%的大客户将是营销的重点。

用销售额法确定销售团队规模

销售人员是企业生产效率最高也是成本最昂贵的资产。销售团队规模的大小是设计销售团队结构的基本条件。然而,确定销售人员的数量却是一个两难的问题:随着销售团队规模的扩大,一方面可以创造更多的销售额,另一方面又会增加销售成本。但是,销售量的增加和人员销售费用的增加并不成线性关系。在这两方面寻求平衡显得困难而且重要,因为它决定了销售利润水平。因此,科学合理地确定销售人员的数量,对提高企业的营销效率有直接的影响。

根据预期销售额的大小来确定销售团队人员数量的一种方法。

使用这种方法确定销售人员数量时,首先要确定每位销售人员平均每年的销售额,并预测每年企业的销售额,然后计算所需的销售人员数量。其计算公式是:

销售人员数量=企业年销售总额/个人的年平均销售额

假定一家公司预测明年的销售额为5000万元,如果销售人员平均完成的销售额为200万元,那么该公司需要25位销售人员来实现5000万元的销售额,即5000÷200=25(人)。

在这种方法的应用中,关键问题是如何合理制定每人每年的平均销售额指标。这一指标的确定,可根据企业销售人员前几年的工作情况,再考虑市场环境的变化对销售工作的影响。但需要注意的是,新增加的销售人员往往开始并不一定能像老销售人员那样工作卓有成效。

销售额法是相对简单的确定销售团队规模的方法。但是,这种方法在概

（2）建立销售人员数量变化与成本变化之间的关系。

（3）计算有不同数量销售人员时的边际利润额（销售额增加额−成本增加额）。

这样，大于零的最小的一个边际利润额所对应的销售人员的数量即为最佳销售人员数量。

用工作负荷量法确定销售团队规模

根据销售人员需要完成的工作量的大小来确定销售团队数量的方法。主要是利用拜访潜在客户的次数，以相同工作量的原则来决定团队中销售人员的数目。在实际应用中还是工作量法的应用比较普遍，应用这一方法的步骤如下。

1.确定总工作量

首先将所有的客户进行分类，然后再确定每类客户每年需要进行访问的次数。根据客户的分类和每类客户每年约访问次数，即可知道企业每年应进行的总访问次数，根据总访问次数即可确定企业销售人员的总工作量。

2.确定每位销售人员的年工作负荷

根据不同客户的分布情况、每访问一个客户需要花费的时间等因素，确定每位销售人员每年的平均访问次数，以此平均访问次数作为每位销售人员的年工作负荷。

3.确定销售人员数量

企业每年销售人员的总工作量除以每位销售人员的年工作负荷，即为企业所需的销售人员数量。

用公式表示如下：

企业所需的销售人员数量=（第1类客户的数量×第1类客户每年的平均访问次数＋第2类客户的数量×第2类客户每年的平均访问次数＋第3类客户的数量×第3类客户每年的平均访问次数＋……）÷每位销售人员每年的平均访问次数。

例：某企业共有各种客户1200个，这些客户可分为三类，其中第一类客户有200个，每年需进行24次访问；第二类客户有400个，每年需进行18次访问；第三类客户有600个，每年需进行12次访问。如果每位销售人员每年的平均访问次数为300次，该企业共需销售人员多少名？根据公式：S=（200×24+400×18+600×12）÷300＝64（名），即该企业需要64名销售人员。

企业每年销售人员的总工作量，也可根据每类客户访问一次所需的时间，将总访问次数折算成总访问时间，然后再根据每位销售人员每年可用于访问的时间，最后算出所需的销售人员数量。美国销售人员平均每天大概要进行4次访问，国内平均只有1~1.5次。因此，需要引进培养合格、高效的销售人员。

虽然工作量法相对而言比较实用，但是，它并没有说明访问次数是如何确定的，也没有把销售团队的规模当成能为企业带来利润的一项投资。实际上，企业利润同销售团队的规模、薪酬、预算等紧密联系在一起。如果假设最佳的销售团队规模达到最大化，那么在利润最大化水平下，确定销售团队的规模问题也就迎刃而解了，这就是市场—反应模型。实际上，在许多行业，市场反应模型已经成为制定营销决策时普遍使用的工具。数据采集和计算机技术的快速发展使市场—反应模型在实际应用中更加可行和更易操作。

用销售能力分析法确定销售团队规模

销售能力分析法,即指通过测量每个销售人员在范围大小不同、销售潜力不同的区域内的销售能力,计算在各种可能的销售人员规模下,公司的总销售额及投资薪酬率,以确定销售人员规模的方法。

销售能力法的分析有三个步骤。

1.测定销售人员在不同的销售潜力区域内的销售能力

销售潜力不同,销售人员的销售绩效也不相同。销售潜力高的区域,销售人员的销售绩效也高。但是,销售绩效的增加与销售潜力的增加并非同步,前者往往跟不上后者。例如,通过调查发现,某公司销售人员在具有全国1%销售潜力的区域内,其销售绩效为16万元;而在具有全国5%销售潜力的区域内,其销售绩效为20万元,即每1%平均绩效仅为4万元。因此,必须通过调查测定各种可能的销售潜力下销售人员的销售能力。

2.计算在各种可能的销售人员规模下公司的总销售额

这种方法的基本计算公式如下:

公司总销售额=每人销售额×销售人员数

例如,公司配备100位销售人员在全国范围内进行销售。为使每位销售人员的销售条件相同,可将全国分成100块具有相当销售潜力的区域,每块具有全国的1%的销售潜力,其销售绩效为16万元。依以上公式计算可得,该公司的总销售额为:1600万元(16万元×100)。公司若配备20位销售人员在全国范围内进行销售,即可将全国分成20块具有相当销售潜力的区域,每块具有全国的5%的销售潜力,其销售绩效为20万元。依公式计算可得,该公司的总销售额为：400万元（20万元×20）。如此类推，可以根据各种可能的销售人员规模，测算出每个销售人员在不同销售潜力的区域内的销售绩效，从而计算出各种可能的销售人员规模的总销售额。

3.根据投资薪酬率确定最佳销售人员规模

根据上述方法计算所得的各种可能的销售人员规模的总销售额（即销售收入），以及通过调查得出各种相应情况的销售成本和投资情况，即可计算各种销售人员规模的投资薪酬率。

其计算公式如下：

投资薪酬率=（销售收入−销售成本）/投资额

其中，投资薪酬率最高者即为最佳销售人员规模。

运用这种方法来确定销售人员规模，首先必须有足够的地区来做相同销售潜力的估计，运用时比较困难。另外，在研究中仅将地区的销售潜力作为影响销售绩效的唯一因素，忽略了地区性客户的组成、其地理分散程度及其他因素的影响。

因此，只有当其他因素相当，且各种可能的销售人员规模的销售潜力资料很容易取得时才用此法。

第3章　组建王牌团队
——销售人员的招聘与选拔

要想有效发挥销售团队在企业经营中的作用，让合适的人做合适的事，其中关键一点就是找到合适的销售人员，并发挥其潜能来为企业创造效益。世界著名管理学者吉姆·科林斯在《从优秀到卓越》一书中特别提到，要"将合适的人请上车，不合适的人请下车"。

优秀的销售经理所做的第一件事不是决定去哪里，而是决定哪些人去。他首先要挑选合适的人上车，然后将合适的人安排到合适的位置上。因此，销售经理的首要工作之一就是建立一支合格的销售团队，这就必须要从销售人员的招聘与选拔上下工夫。

做好招聘前的准备工作

招聘新的销售人员加入企业，对企业来说是其新陈代谢和成长的一个必经过程。

为使招聘富有成效，要做好招聘前的以下几项准备工作。

第一，要做好销售人员需求计划。在企业进行招聘工作之前需要明确几个问题：需要多少人？需要什么样的人？将在什么时候需要他们？将从什么地方获得这些人才的供给？将如何获得这些人才？需求计划就是要对上述问题做出解答。

第二，对招聘工作职位进行分析，包括要招聘的销售人员是什么层次，他要做的具体工作有哪些，他在组织中的位置是怎样的，具备什么样素质的人才能胜任。

第三，根据企业的实际情况有效地选择招聘形式和招聘媒介，并做好招聘广告的设计。

在确定了以上问题之后，销售部门要向人力资源部门提交销售人员招聘申请表，以获得人力资源部门的协作。

招聘申请表中应说明需要招聘的人数、性别、年龄、学历、工作经验等要求。

招聘时应注意哪些问题

为了获取优秀的销售人员，不少公司已经采取了常年招聘的措施，但是能否招聘到优秀的员工取决于很多方面的因素，招聘工作本身的质量也是一个重要的因素。下面就是招聘过程中应该注意的七个问题。

1. 简历并不代表本人

最通俗的一种说法是：简历的精美程度与应聘者的个人能力无关。招聘者可以通过简历大致地了解应聘者的情况，初步判断出是否需要安排面试。但招聘者应该尽量避免通过简历对应聘者做出深入地评价，也不应该因为简历对面试工作产生影响。虽然我们不能说应聘者的简历会有虚假的成分，但每个人都有美化自己的愿望，谁都希望将自己的全部优点（甚至夸大）写到简历中，同时将自己的缺点深深隐藏。

2. 工作经历也很重要

对于销售这个职业来说，工作经历远远比他的学历重要。他以前的工作经历能够反映他的能力特征。特别是一些从事过较长时间销售工作的人，他们身上都会积累一些为人处世、与客户打交道的技巧，如果和他以前不是同一个行业的销售工作，那他只需了解一些公司和产品的知识，就会很快进入状态。但这并不是说学历不重要，也不是说销售行业排斥应届毕业生，只是说在销售行业来说，学历不是那么重要。

3. 不要忽视求职者的个性特征

对于岗位技能较为适合的应聘者，我们要注意考察他的个性特征。首先要考察他的个性在销售这个岗位上是否有发展潜力，有些应聘者可能在其他方面适合销售这一职位的要求，但个性特征却会限制他在该岗位上的发展。此外，由于销售工作并非一个人就能完成，需要团队合作，所以，团队合作精神已经越来越重要了。如果应聘者是一个非常固执和偏激的人，在招聘的时候就要慎重。

4.让应聘者更多地了解公司

招聘和求职是一个双向选择的过程，招聘人员除了要更多地了解应聘人员外，还要让应聘者能够更充分地了解公司的情况。应该注意的是，当应聘者与公司进行接触时，因为公司的宣传材料或招聘人员的介绍，应聘者一般都会对公司有过高的估计，这种估计会形成一个应聘者与公司的"精神契约"。招聘人员让应聘者更多地了解公司的目的之一就是打破这种"精神契约"（而不是加强）。

应聘者对公司不切实际的期望越高，在他进入公司后，他的失望也就会越大。这种状况可能会导致销售人员对公司的不满，甚至离职。所以，让应聘者在应聘时更多地了解公司是非常重要的。

5.给应聘者更多的表现机会

招聘人员不能仅根据面试中标准的问答来确定对应聘者的认识。招聘人员应该尽可能为应聘者提供更多的表现机会。比如，在应聘者递交应聘材料时，可让应聘者提供更详尽的能证明自己工作能力的材料。另外，在面试时，招聘人员可以提一些能够让应聘者充分发挥自己才能的问题。如："如果让你做这件事，你将怎么办？""在以前的公司里，你最满意的是什么？"等等。

从公司内部招聘销售人员

内部招聘，就是从企业内部人员选聘具有销售人员特质的人来充实销售团队。在企业内部某些具有销售能力的人员，尤其是一些年轻人员，可能在其他岗位工作。当销售岗位需要补充人员时，在本人自愿的情况下，可以通过一定的测评方式，把具备销售能力的人充实到销售团队中。

找寻新的销售人员时，经理人首先应该从公司内部找起。考察现有的员工，包括销售部以外的人选。很多人希望调升到销售部门，他们也有销售潜质。他们对公司的产品非常了解，对公司运作情况非常熟知，修护工程师懂得设备的操作；行销人员知道该如何使用公司的产品；秘书人员在长期组织材料中，对公司产品的优点也会有所了解。由于长期在公司工作，他们的品质、个性也有目共睹。因此，他们的确是最好的选择。内部升迁的影响是，它给员工一个公司升迁渠道畅通的印象。

1.内部招聘的优点

（1）应聘者熟悉产品类型。应聘者中相当一部分人来自于生产一线，他们对产品的生产工艺流程、产品的包装、产品的规格等方面非常熟悉，所以他们从事销售工作不需要这方面的专门培训。

（2）比外部招聘成本低。内部招聘可以使企业节省诸如广告费、会务费、代理费等直接费用的开支，如果把一些间接成本考虑进去，节省的费用可能就更多。

（3）招聘的成功率较高，风险较小。由于对企业员工的各种能力非常熟悉，且员工愿意从事这种工作，所以这种招聘形式比外部招聘的成功率要高。同时，有调查表明这种方法比其他方法招聘来的员工任职时间更长，员工更忠诚于企业。

（4）树立了企业提供长期工作保障的形象，也有助于人员的稳定。这种招聘方式向员工传达了一个信息：企业会对每一位员工负责，会把他们放到最适合自己的工作岗位。

2.内部招聘的缺点

（1）内部招聘可能会造成部门与部门之间的矛盾。应聘者在原来的岗位可能很出色，但他更爱销售工作，所以他才会应聘到销售部门来。但原部门会认为销售部门是在挖他们的墙脚，从而会产生一些不必要的矛盾。

（2）容易出现近亲繁殖的弊端。员工在内部招聘时往往推荐与自己关系密切的人，时间久了，员工中可能会出现一些小团体，这样非常不利于销售工作的开展和企业文化的融合。

（3）更换岗位的员工可能会有一个困难的适应期。销售工作是一项具有挑战性的工作，尽管有些销售人员在这方面的潜力很大，但一开始的工作表现可能不尽如人意，会受到本部门一些人员的非议。所以，如果应聘者没有一个良好的心态，就会产生悲观情绪，从而影响他目前的业绩。

从公司外部招聘销售人员

外部招聘就是根据企业的需要，以公开的形式通过全面考核来录用销售人员。

外部招聘对企业有很多好处，它可以利用外部候选人的能力与经验为企业补充新的生产力，而且能够给企业带来多元化的局面，可以避免近亲繁殖。

外部招聘的方法很多，有刊登广告、借助互联网、校园招聘、举行招聘会等，企业可以根据自己的实际情况做出灵活的选择。

1. 人才交流中心

目前，在全国各大中城市，一般都会有人才交流服务机构。这些机构常年为企事业用人单位服务。他们一般都建有人才资料库，用人单位可以很方便地在资料库中查询条件基本符合的人员资料。通过人才交流中心选择被选人员，其优点是针对性强、费用低廉。

2.招聘洽谈会

人才交流中心或其他人才服务机构每年或定期都要举办很多场人才招聘洽谈会。在洽谈会中,用人企业和应聘者可以直接进行洽谈和交流,节省了企业和应聘者的时间。随着人才交流市场的日益完善,洽谈会呈现出向专业方向发展的趋势。有很多地方针对不同的工作性质组织专场招聘会。对于销售部门的招聘来讲,营销类专场招聘是不错的选择。

通过这种招聘形式,招聘人员不仅可以了解当地的人力资源的素质和走向,还可以了解同行业其他企业的人事政策和人力资源的需求情况。

3.传统媒体

在传统媒体上刊登招聘广告可以减少招聘的工作量,广告刊登之后,只需在公司等待应聘者上门即可。在报纸、电视中刊登招聘广告费用较大,但容易体现公司形象。现在很多广播电台都有人才交流的节目,在广播电台播出招聘广告的费用会相对少一些,但效果似乎也要比报纸、电视广告差一些。

此外,还有店头广告、传单广告等等不一而足,不少企业根据自己的实态,对各种渠道进行整合,如果运用巧妙,也能收到不俗的效果。

4.校园招聘

这是招收应届毕业生和暑期临时工的主要途径,用人单位可以有选择地去学校物色人才,派人到各个有关学校召开招聘洽谈会。此外,还可以直接粘贴招聘广告,或者由学校毕业生就业指导中心进行推荐。为了让学生增进对企业的了解,鼓励学生毕业后到本企业工作,用人单位还可以印发公司简介的小册子,或制成录像带等进行宣传,树立企业形象。

5.网上招聘

通过因特网进行招聘是近几年来新兴的一种招聘方式,它具有费用低、覆盖面广、广告周期长、联系快捷方便等特点。但是由于许多企业没有上网条件,并且很多应聘者也无法上网,所以网上招聘目前还有一定的限制。

6.通过内部员工

内部员工既可以自行申请适当职位，又可以推荐其他候选人。员工的情绪可以由此得到改善，同时也能降低招聘成本费用。但是内部来源如果处理不当，容易引起各种纠纷。所以招募时，一定要有相对固定并且严格的标准，以免招募人员徇私舞弊、送人情或受制于人。

许多规模较大、员工众多的公司都可以定期让内部职员动员自己的亲属、朋友、同学、熟人介绍别人加入公司的销售团队。据了解，美国微软公司40%的员工都是通过员工推荐的方式获得的。利用这种途径有许多优点，如由于被介绍者对工作以及公司的性质有相当的了解，工作的时候可以减少因生疏而带来的不安和恐惧感，从而降低了辞退率。特别是有时因为录用者与大家比较熟悉，彼此有责任把工作做好，相互之间容易沟通，这样可以提高团队的整体效率。但是，如果利用不好这种方式的优点，这种招聘方式也会带来诸多的弊端。为了鼓励员工积极性，企业可以设立一些奖金，用来鼓励那些为公司推荐优秀人才的员工。

7.猎头公司

对于高级人才和管理人才，用传统的渠道往往很难获得，但这类人才对公司的作用是非常重要的。通过人才猎取的方式招聘人才可能会更加有效。人才猎取需要付出较高的招聘成本，一般委托猎头公司的专业人员来进行，费用原则上是被猎取人才年薪的30%。目前，在北京、上海和沿海地区猎头公司较为普遍。

编写一份有吸引力的招聘广告

招聘广告对于销售人员的招聘至关重要。一份出色的招聘广告可以吸引更多的招聘者，从而为企业带来更多优秀的销售员。

1. 招聘广告的编写原则

（1）真实。真实是招聘广告编写的首要原则。招聘的企业必须保证广告的内容客观、真实，并且要对虚假广告承担法律责任。对广告中涉及的对录用人员的劳动合同、薪酬、福利等政策必须兑现。

（2）合法。广告中出现的信息要符合国家法律和地方的法律、法规和规章。

（3）简洁。广告的编写要简洁明了，重点突出招聘岗位名称、任职资格、工作职责、工作地点、薪资水平、社会保障、福利待遇、联系方式等内容。对公司的介绍要简明扼要，不要喧宾夺主。

2. 招聘广告的内容

招聘广告的内容包括以下几个方面：

（1）广告题目。一般是公司招聘、高薪诚聘等。

（2）公司简介。包括公司的全称、性质、主营业务等，文字要简明扼要。

（3）审批机关。发布招聘广告一般要经过人力资源主管部门审批，一般是当地的人才交流中心。

（4）招聘岗位。包括岗位名称、任职资格、工作职责、工作地点等内容。

（5）人事政策。包括公司的薪酬方案、社会保障政策、福利政策、培训政策等内容。

（6）联系方式。包括公司地址、联系电话、传真、网址、电子邮箱、联系人等内容。

3. 广告里不能遗漏的信息

假如招聘广告发布出去后，有很多感兴趣的人打电话询问，如果大部分人问的问题都一样，那就说明广告没有写好，遗漏了一些重要信息。

（1）工作性质。即工作的主要内容到底是什么，是做渠道还是做推广，主要销售的产品是什么等。

（2）工作地点。是在北京还是在外地，如果在大城市工作还要说得更具体点，比如在北京，就要说清是在海淀区、朝阳区还是东城区。这样就方便应聘者在同等的情况下选择一家离家比较近的公司。

（3）基本待遇。包括实习期（实习期的淘汰标准和转正标准）、底薪（底薪是责任薪资还是无责任薪资）、月度奖金、季度奖金、提成、其他福利和考评标准等。

总之，不能糊里糊涂地招人进来，等到员工发现公司提供的待遇或其他条件不合适的时候，才闹着要走，那就浪费了公司的大量时间和金钱。

4.招聘广告刊出方式

招聘广告的刊出方式一般有两种：表明式招聘和隐蔽式招聘。

（1）表明式招聘，即在刊登的广告词上载明企业名称及职位、应聘条件，甚至说明条件不适者请勿前来应聘。一般此类广告应聘者数量较少，但素质较高。不过招聘主管在招聘时应注意：先求应聘者数量的增加，再求应聘者素质的提高。

（2）隐蔽式招聘，即不写明招聘企业的名称及招聘的职位，只表明企业欲招聘男女员工若干名、升迁机会和收入、待遇，凡有干劲、能吃苦耐劳者均可报名。把工作机会写出，但不明确地说明，有意者只有亲自联系才能获知详情。这是一般小型企业在职位不够吸引人时而采取的做法，想多次刊登招聘广告的企业有时也采用这种做法。用人企业的名称多次见报可能会破坏企业形象，因为若非企业有问题、人员流动率高，企业怎么会经常招人呢？

【招聘广告示例】

××网招聘广告销售人员

××网是在××省委宣传部领导下，××省广播电影电视局主管，与××日报、××电台、××电视台处于同等地位的省级权威主流媒体。

××网站以新闻、宣传为核心，融合互联网、手机媒体等平台，以各类图文资讯、音视频信息以及丰富的无线产品组成多媒体门户平台，以论坛、博客、社区等互动板块为用户提供互动与交流的空间，立足××省，面向世界，努力打造××省信息资讯最权威、最及时、最准确、最全面的新闻网站。××网主要分为新闻信息、资讯服务、互动交流等3大版块，拥有48个频道，重点打造原创新闻、民声热线、汽车、房产、数码IT、人才、健康、旅游、论坛博客、新视听等特色频道和栏目。××网覆盖广阔，××网网民阅读覆盖人数超过1000万，仅××省的用户就接近900万。现根据网站发展需要招聘广告销售人员若干名。

报名要求：

1.大专及以上学历，一年以上广告营销或销售工作经验；

2.熟悉广告销售运作模式，有丰富的市场推广/品牌经验者优先；

3.熟悉广告营销及电话销售的流程和技巧；

4.优秀的文字能力和策划能力，形象好、气质佳、成熟稳重、韧性好；

5.优秀的沟通技巧和谈判能力，出色的对内对外协调能力；

6.敬业、认真、学习能力强、团队合作好；

7.能承担较大的工作压力，能适应经常出差。

见习期待遇：无底薪，奖金+提成。见习期结束后特别优秀的予以录用。

报名方式：有意者请将个人简历、近期照片发至人力资源部邮箱ads@hubei.com.cn。本招聘长期有效。

公司地址：长沙市×路×号

咨询电话：

传真：

邮编：

设计一份完整严谨的应聘人员登记表

应聘人员登记表是应聘人员登记个人信息的表格,是招聘中的必备的材料。应聘人员登记表设计时要做到完整严谨,清晰明了,这样就为后续的招聘工作带来了方便。

1.设计应聘人员登记表的必要性

应聘者的简历往往是各式各样、五花八门。为了便于管理,很多企业都使用标准化的应聘者申请表。这样做可以方便简历的管理,可以控制申请者提供的信息内容,也可以使不同应聘者之间的比较更加容易。

一般的招聘申请表上填写的都是个人的一些基本信息,如姓名、性别、年龄、学历、经验等。在实际销售工作中,这些表面因素和销售人员的业绩并没有太大关系,所以这样的申请表不能帮助我们鉴别谁才是优秀的销售人员。所以,要重新设计招聘申请表。

2.优秀和普通销售人员在应聘人员登记表填写上的差异

优秀销售人员和普通销售人员的差别就体现在他们对这些内容的不同认识上,具体来说有几个方面:

(1)内容的完整性。优秀销售人员填写的内容完整性较好;而没有被录用的应聘者或者是普通销售人员则完整性较差,有些明显是敷衍了事。

(2)核心要点的把握。优秀销售人员能够把握问题的本质,掌握回答的核心要点,答案真切、生动;而其他人可能只是在讲理论,或者是闭门造车。

(3)笔迹是否工整,字迹是否向上。优秀销售人员的笔迹往往比较工整,结构严谨,字体向上偏。

（4）笔记是否偏重。优秀销售人员的笔迹偏重；而没有被录用的应聘者或者是普通销售人员则笔迹较轻。

为了全面了解一个人，除了要设计好招聘申请表的正面，还要把背面设计好。因为从正面我们只能获得一些基本信息，而背面的内容才是真正区别优秀者和普通者的关键。

3.如何设计应聘人员登记表的背面

应聘人员登记表背面的内容主要可以从以下5个方面着手设计：

（1）对销售工作的认识。优秀的人大多对自己将要从事的工作有比较深刻的认识，而普通人的认识则很肤浅。

（2）如何规划自己的未来。优秀的人往往为自己设定了短期目标、中期目标和长期规划；而普通人则大多是得过且过，没有长远目标。

（3）胜任这份工作的理由。优秀的人对自己有比较清醒的认识，他知道自己的长处在哪里，是善于谈判还是善于销售，普通人则很少考虑这些问题。

（4）工作中的最大长处。结合自己的特点和工作的性质，优秀的人能够在工作中发挥自己与众不同的优势。

（5）工作中的最大不足。除了认识到自己的优势以外，优秀的人对自己的劣势也有清醒的认识。

这5个因素综合起来和销售人员将来取得的业绩有密切的关系，通过这些因素公司也能更深入、更全面地了解应聘者。相比之下，单纯的履历表里则不能反映优秀人员和普通人员的差别。

登记表最好是统一的格式，可以传真、网络下载、总台索取。

另外，设计的应聘人员登记表里最好能有证明人的签字，在备注一栏中再添加一条："如果公司核实的情况和您填写的内容不一致，将取消录取资格。特此说明。"有了这样的警示性说明之后，应聘者就会认真填写申请表，不敢再掉以轻心，也不敢再弄虚作假。

公司应聘人员登记表如表3-1所示。

表3-1 公司应聘人员登记表

填表日期：　　　年　　　月　　　日

姓名		性别		出生年月		照片
最高学历		婚否		民族		
专业		毕业学校				
健康状况		户籍所在地				
政治面貌		身份证号码				
参加工作时间		薪金要求		英语水平		
联系电话		电子邮箱		手机		
联系地址						
现工作单位						
离职原因						
主要学习、工作经历	起止时间		学习/工作单位		专业/职位	证明人
家庭情况	姓名	关系	文化程度	年龄	现工作单位	
自我评价						
特别提示	请如实填写，并保证所填写资料的真实性。保证遵守公司招聘有关规定和国家有关法规。					

甄别、核实、筛选应聘者材料

　　文凭所代表的是一个人受教育的程度，与文凭相对应的，应该是持文凭者的学识和能力。

据报道，在中国估计有50万人持有假文凭。假文凭所带来的危害不仅仅是伪造学历本身，它会降低一个人的诚实度和进取心。对于持假文凭应聘者，公司一旦发现就应无条件地取消面试资格，因为对公司来讲，员工的诚实对公司才是最重要的。任何一家公司都不会接收不诚实的员工来公司工作。持假文凭者一般都没有进取心，这些人所持的假文凭一般都是大专或本科文凭，还有不少是自考和成人教育文凭。根据目前我国的高等教育体系，只要一个人有进取心，通过自己的努力来获取文凭的途径是非常多的。

持假文凭的人在学习方面肯定是没有进取心的，特别是当他拿着假文凭偶尔得逞的时候，他的不劳而获的欲望就会越来越强烈，不仅学习没有进取心，做其他事情也会没有进取心。久而久之可能会做假成瘾，甚至不惜在生活中作假，在工作中作假。对应聘者的假材料，作为用人单位并非束手无策，一般可以采取以下办法：

第一，观察法。

观察法是指通过肉眼观察和与真文凭对比来识别假文凭。有些假文凭做工比较低劣，比如纸质硬度不够、没有水印、学校公章模糊、钢印不清等都可以用肉眼来识别。当然，现在的一些假文凭制作得比较逼真，水印、公章、钢印等一应俱全，通过肉眼很难识别。如果周围有真文凭，可以将它与需识别的文凭进行对比，这时往往可以很快发现文凭的真伪。如果假文凭做工精细，并且没有真文凭作为参照，可以使用提问法或核实法来进行识别。

第二，提问法。

通过对应聘者的学识、常识和能力的提问来鉴别文凭的真假是最有效的方法。根据文凭中的专业，面试人员可以提一些专业性的问题，这些问题有的可能非常肤浅，有的甚至是错误的，通过应聘者对问题的反应就可以初步判断文凭的真伪性。

如果面试人员对应聘者的专业不甚了解，可以使用一些提问技巧。面试人员可以假装和文凭中的学校很熟的样子，随便聊一些学校里的事情，比如："我有一个朋友叫×××，就在你们专业，还是学生会副主席，你应该很熟吧？"（其实，面试人员根本就没有这个朋友）"×××学校的科技楼现在盖好了没有？"（没有人知道×××学校是否在盖什么科技楼）等等，根据应聘者的反应可以轻而易举地判断出文凭的真实性。

第三，核实法。

通过观察法和提问法都没有办法确定文凭的真伪性时，可以采用核实法。面试人员可以与文凭所在学校的学籍管理部门取得联系，让他们协助调查该文凭的真伪性。一般而言，学校都能积极协助。

识别假材料通常有以下步骤：

（1）将应聘者材料中的内容分为两类。一类是客观内容，如学习经历、工作经历、专业知识、技术经验等；另一类是主观内容，如个人兴趣、爱好、性格等。

（2）将无法证实的主观内容忽略掉，认真分析客观内容。

（3）将客观内容分为两类：常规客观内容和关键客观内容。常规客观内容是指普通的客观内容，如中小学学习经历、计算机的普通操作技能、普通的工作技能等；关键客观内容是指与应聘岗位直接相关的客观内容，如与岗位相关的知识、技术、工作经验等。

（4）由于应聘者是否能够通过面试，关键取决于关键客观内容的真实性，所以它也是识别假材料的重点内容。

（5）对关键客观内容进行认真分析，估计材料的可信度。

（6）以可信度最差的内容对应聘者进行提问。

（7）提问采用"步步紧逼"法，尽可能对其中的细节问题进行连续提问。

（8）面试人员不一定需要了解相关的技术知识，仅需要根据应聘者的反应就可以判断他是否在撒谎。

（9）一旦发现应聘者有撒谎行为，则立即停止面试，按未通过处理。

念上是有缺陷的。这种方法的基础是销售额决定所需销售人员的数量，本末倒置了，应该说销售人员的数量是决定销售额的重要因素。销售额应建立在既定的销售团队规模的基础上，增加销售人员将增加销售预期，而减少销售人员会降低销售预期。

虽然销售额法有这样的缺陷，但它仍然是最常用的确定销售团队规模的方法。这种方法尤其适用于相对稳定的销售环境，销售变化缓慢并且可以预测，没有重要的战略调整。组织使用佣金作为薪酬方案，可保持较低的销售成本。

用边际利润法确定销售团队规模

这种方法的基本概念来自于经济学。其基本思想是根据销售人员创造的边际利润决定销售团队人员数量。

使用这种方法决定销售人员的数量时，只要增加销售人员后增加的利润大于零，就应该增加销售人员的数量。一般而言，销售人员数量与销售额之间存在较为密切的关系。因增加一位销售人员而增加的销售额部分受以往所雇用的销售人员数量的影响。换言之，若销售人员从10位增至11位，其销售额的增加量与销售人员从20位增加至21位时是不同的。其次，企业要决定在销售人员不同数目时增加一位销售人员所增加的不同的销售额。最后便是要决定增加一名销售人员时所增加的边际收益。这个数值应该是边际销售额与销售成本之间的差额。

这种方法的应用过程如下：

（1）建立销售人员的数量变化与销售额变化之间的关系。

（10）如果通过提问还是很难估计材料的真伪性，人力资源部门可以与应聘者原单位进行联系，调查应聘者的实际工作表现。

核实法虽然比较复杂一些，但准确率可以达到百分之百。用人单位还可以登录中国高等教育学生信息网（网址：http://www.chsi.com.cn），进入中国高等教育学历证书网上查询系统进行查询。

对应聘者进行初步的筛选

通过多种途径获得的候选人通常比岗位所需要的人数要多，也免不了鱼目混珠。为了防止明显不合格的人员继续参加以后各阶段的选拔，以节省时间、费用和提高效率，要对应聘者进行初步淘汰。初步的筛选可以分为两种情况。

第一，直接在现场对应聘者的筛选。

对于直接到现场的应聘者，可以先由负责派发申请表的人员对明显不适合做销售工作的应聘者予以婉言拒绝（不发申请表）。对初步印象（如年龄、性别、外貌、体格等）合格的应聘者发给申请表。发给申请表后，要让应聘者据实填写，必要时请他们出示有关证件资料。负责招聘的人可根据申请表的资料进行初步淘汰。淘汰标准可按销售工作的需要事先确定，衡量时可参考一些必备条件，如年龄、学历、工作经验等。

每个人都是有感情、有偏好的。大部分人认为帅哥、靓女做业务的能力会好一点，而看到一个相貌不好的人则可能从心底里不喜欢，实际上这些都是错误的看法。所以，在初步筛选的环节，要防止因个人的情感因素而导致偏差。

第二，间接对应聘者的筛选。

发布了招聘信息或者参加各种招聘活动，可以得到众多应聘者的简历，对这些应聘者的简历根据销售岗位的需要进行认真的筛选，确定初步符合条件者进入下一个程序。

应聘者的简历往往是各式各样、五花八门。为了便于管理，很多企业可以使用标准化的应聘者申请表。这样做可以方便简历的管理，可以控制申请者提供的信息内容，也可以使不同应聘者之间的比较更加容易。

正式面试应聘者

面试是招聘工作中非常重要的一环，也是企业能否招聘到合适的销售人员的关键所在，总体来说，面试有如下的作用：

（1）核实申请表上的资料，询问相关情况。

（2）通过应聘者的表现，判断其未来实际工作的效果。

（3）使应聘者加深对企业和应聘职位的了解。

（4）可以听取应聘者对将来工作的设想。

依据不同的标准，面试可以有不同的分类方法。

根据面试达到的效果，可以将面试分为初步面试与诊断面试。

（1）初步面试。初步面试类似于面谈，比较简单、随意。它主要用来增进用人单位与应聘者的相互了解，起初步筛选作用。

（2）诊断面试。诊断面试是对经初步面试筛选合格的应聘者进行实际能力与潜力的测试。这种面试对应聘者能否被录用至关重要。

根据参与面试过程的人员构成，可以将面试分为个别面试、小组面试、集体面试和流水式面试。

（1）个别面试。个别面试是一对一的面试，这种形式有利于双方深入了解，但结果易受面试人员的主观因素干扰。

（2）小组面试。小组面试是多对一的面试，可提高面试结果的准确性，可以克服个人的主观偏见。

（3）集体面试。集体面试是多对多的面试，通常是由主考官提出一个或几个问题，引导应聘者回答、讨论，从中发现、比较应聘者的表达能力、思维能力、组织能力、解决问题能力、交际能力等。集体面试的效率较高，但对面试主考官的素质要求也高，并且每位主考官在面试前对每位考生的情况要大致了解。

（4）流水式面试。流水式面试是每一个应聘者按次序分别与几个主试者面谈，面试结束后，主试人聚集在一起，汇合及比较对应聘者的观察与判断意见。这种方法能对应聘者所具有的兴趣、特质加以全面考察，具有较大的优越性。

根据面试组织形式标准化和程序化程度，可以将面试分为结构化面试、非结构化面试和半结构化面试。

（1）结构化面试。结构化面试是指依据预先确定的内容、程序、分值结构进行的面试形式。面试过程中，主试人必须根据事先拟定好的面试提纲逐项对被试人测试，不能随意变动面试提纲，被试人也必须针对问题进行回答，面试各个要素的评判也必须按分值结构合成。也就是说在结构化面试中，面试的程序、内容以及评分方式等标准化程度都比较高，使面试结构严密，层次性强，评分模式固定。结构化面试减少了主观性，对考官要求较小，不足是难以随机应变，收集信息的范围受限制。这种方法成功的关键在于事先要做充分准备。

（2）非结构化面试。非结构化面试也称开放式面试，没有固定的面谈程序，面试者提问的内容和顺序都取决于面试者的兴趣和被试者现场的回答，不同的被试者所回答的问题可能不同。这种面试的优点是灵活，获得的信息丰富、完整和深入，但是同时也具有主观性强、成本高、效率低等弱点。

（3）半结构化面试。半结构化面试是介于开放式面试和结构化面试之间的一种形式。它结合两者的优点，有效避免了单一方法上的不足。总的说来，半结构化面试有很多优势，面试过程中的主动权主要控制在主试者手中，具有双向沟通性，可以获得比申请表中更为丰富、完整和深入的信息，并且，面试可以做到内容的结构性和灵活性相结合。

大部分的面试都包括五个阶段，在不同的阶段中，适用的面试题目类型也有所不同。

第一个阶段是关系建立阶段。这一阶段的主要任务是创造一种轻松、友好的氛围，便于双方在后面的面试过程中更好地沟通。在这一阶段通常讨论一些与工作无关的问题，如天气、交通等，这部分内容大致占整个面试内容2%的比重，在这个阶段主要采用一些简短回答的封闭性问题。如"今天天气真冷，是吧？""我们这个地方容易找吗？""路上堵车吗？"等等。

第二个阶段是导入阶段。在导入阶段主要问被面试者有所准备的比较熟悉的题目，以缓解其紧张的情绪。这些问题比较宽泛，有较大的自由度，如让面试者介绍一下自己的经历、介绍自己过去的工作等。导入阶段占整个面试的比重大致为8%，这一阶段最适用的面试题目是开放性的题目，比如，"你能介绍一下你现在工作的主要职责吗？"、"请你介绍一下你在市场营销方面的主要工作经验"、"让我们从你最近的一份工作开始讨论一下你的工作经历吧，在这家公司，你主要负责哪些工作？"等等。

第三个阶段是核心阶段。这一阶段是整个面试中最为重要的阶段，在核心阶段着重收集关于应聘者关键胜任能力的信息，并依据这一阶段的信息在面试结束后对被面试者做出是否录用的决定。核心阶段占整个面试的比重为80%，在这个阶段可以将开放性问题、探索性问题、假设性问题、封闭性问题和行为性问题结合起来，这将会有效得出关于面试者的关键胜任能力的信息。

第四个阶段是确认阶段。在这一阶段要对应聘者关键胜任能力的判断进行确认，确认阶段在整个面试中所占的比重为5%。这一阶段所使用的问题最好是开放性的问题，例如："在刚才的那个例子里，你妥善地处理了客户的异议，你能不能概括一下处理客户异议的基本步骤？"

第五个阶段是结束阶段。在结束阶段，主考官检查自己是否遗漏了关于那些关键胜任能力的问题，并加以追问，而且应聘者也可以借这个机会来销售自己，表现职位所要求的关键胜任能力。结束阶段占整个面试的比重为5%，在这个阶段，可以适当采用一些关键胜任能力的行为性问题或开放性问题。例如："你能够再举一个例子，说明一下你是怎样对待一个比较难对付的客户吗？"

面试中向应聘者提问的技巧

在面试中，一般应注意面试提问的技巧。主要包括以下几点：

首先，最好不要提出那些让被面试者直接描述自己能力、特点、个性的题目，因为对于他的回答无法判断真假。例如，假设问一名应聘者："你认为自己最主要的优点是什么？"他可能回答："我很善于沟通。"这样的答案不能提供任何有价值的信息，因为无从验证他回答的真实性。比较好的一个解决办法就是追问一个行为性的问题，例如："请你举出两个例子来说明你在工作中是怎样有效地与人打交道的？"这样，应聘者就必须讲出自己经历中的实例来证实自己的答案。

其次，要注意问话中的取悦性。考官在面试时最好能从头到尾一直保持微笑。因为人只有在最放松的情况下才祖露自己的真实想法。如果考官很严肃，应聘者就会打起十二分的精神，不敢有一丝松懈；如果考官满面笑容，应聘者就会很放松，说话时就会不自觉地表达真实情感。所以，一定要让应聘者彻底放松。

在面试过程中，不能给应聘者任何信号，只有在取悦他的情况下，他才会暴露自己最真实的一面。要做到这一点并不难，考官问话的时候可以扶在桌子上，不管应聘者回答的是对是错，都点点头。考官一点头，应聘者就误认为考官非常满意他的回答，说不定会兴奋起来滔滔不绝讲个不停，但说得越多，暴露得越多。总之，考官任何不满意的手势、表情，都会让应聘者隐藏自己。所以，考官从头到尾都要微笑，不给应聘者任何反感的眼神、信号，要让他始终感觉状态良好。

最后，应该避免封闭式的问题，尽量采取开放式的问题。封闭式问题有点像对错判断或多项选择题，回答只需要一两个词。例如："你是哪里人？""你经常跑步吗？"通过这类问题，应试者可能会对主试者的意图做出猜测。如果单纯地使用封闭式问题，也会导致谈话枯燥，产生令人尴尬的沉默。因此，应该将这些问题改成开放性、诱导性的问题，并适当采用探寻式追问。在你提出开放式问题时，别人会感到放松，因为他们知道你希望他们参与进来，充分表达自己的想法。比如"你和朋友发生矛盾的时候你是怎么做的？"等应试者回答完了之后还可以追问他："这件事对你们以后的交往有什么影响？"

在实际面试中，对应试者的提问不外乎关于工作经验的提问、关于工作动机的提问、关于进取心的提问、关于工作态度的提问、关于分析判断能力的提问、关于人际交往与适应性的提问等等。

1.针对工作经验提问

近年来的工作经历，从事某项工作的经验及其丰富程度，工作职责的重要性，工作成就、职务的升迁状况以及工作的变换情况，工作后的收获与体会等都是工作经验提问的要点。从被试人所述工作经历中，可以判断其工作责任心、组织领导能力、开创精神与工作业绩等素质特征。

【问题举例】

- 你毕业以后都做过什么工作？请谈谈工作的具体情况？
- 你现在或最近所做的工作是什么？你担任什么职务？
- 请谈谈你在这家单位的工作情况和受到的奖励与惩处。
- 你认为你在工作中的成就是什么？
- 在你主管的部门中，遇到过什么困难？你是如何处理或应付这些困难的？
- 你认为该工作的难点或挑战性在什么地方？
- 你在工作中有什么收获和体会？
- 请谈一下你在这个组织中的职务升迁和收入变化情况。

2.针对工作动机提问

工作动机评价要点是：过去和现在对工作的态度，对所从事工作的评价，离职的原因，求职的目的，对所求工作的期望，对个人发展的打算，对个人收入的要求等，考官可从中了解本单位提供的岗位或工作条件是否满足应聘者的要求和期望。

【问题举例】

- 请谈谈你现在的工作情况。包括待遇、工作性质、工作满意度等。
- 你对现在的同事和主管怎么看？你认为他们有什么优缺点？
- 你为什么决定调换工作？你认为原单位有什么缺点，你认为什么样的工作比较适合你？
- 你为何选择来我公司工作？
- 你对我公司了解有多少？
- 你对我公司提供的工作有什么希望和要求？
- 你为什么要报考这个职位？
- 你认为有哪些有利条件？还有哪些不利条件？怎么克服不利条件？
- 你在生活中追求什么？

- 近来个人有什么打算？如果你被录用，由于工作需要，领导（主管）把别人不愿做又瞧不起的工作交给你做，这时你怎么办？

- 请结合这次报考，谈谈你在选择工作时考虑哪些因素？如何看待物质待遇和工作条件？

- 你所要求的工作条件和待遇大致是什么？如果相差很大，你怎么办？

- 你喜欢什么样的领导与同事？

- 对你来说，赚钱和一份令人满意的工作，哪一个更重要？

- 你认为在一个理想的工作单位里，个人事业的成败是由什么决定的？

3.针对进取心提问

奋斗目标、理想抱负及为之努力的程度，对现状的满意程度，工作的积极性、主动性、创造性，对工作是否严格要求等，通过这些方面了解被试人事业心和进取心。对自信心的判断主要靠身体语言，而并非靠回答的内容，主要依据是：

（1）目光：被试人目光是否敢于正视主试人，目光是否平视、坦然。

（2）姿势：是否有小动作或不自然的举动，坐立不安或胆怯、拘谨。

（3）语言：表达是否声音低、弱、颤抖，语调平淡，情绪化，表达不流利。

【问题举例】

- 你在工作中追求什么？你个人有什么抱负和理想？准备怎样实现自己的理想？

- 你对现状满意吗？为什么？

- 你认为现在的工作有什么需要改进的地方？

- 你经常向领导提合理化建议吗？

- 你怎样看待你们部门中的应付工作、混日子的现象？

- 你的职业发展计划是什么？如何去实现这个计划？

- 你认为这次面试你能通过吗？

- 你对自己有什么工作要求？

- 领导交给你一项很重要但又很艰难的工作，你怎么去处理？
- 你认为成功的决定性因素是什么？

4.针对工作态度提问

考察被试人工作态度如何，谈吐是否诚恳实在，是否遵守纪律，是否热爱工作、奋发向上？

【问题举例】

- 你们单位管得严不严？迟到、早退、怠工现象是否经常发生？你在这方面表现怎么样？
- 你认为单位管得松一些好，还是严一些好？
- 你在工作中看到别人违反规定和制度，你怎么办？
- 你最喜欢这个工作的哪个方面？最不喜欢哪个方面？
- 你经常对工作做些改进或向领导提建议吗？
- 除本职工作外，你还在其他单位兼职吗？做什么第二职业？
- 你在工作中常与主管沟通，向他汇报工作吗？
- 你对自己现在的工作状况满意吗？为什么？
- 如果我们雇用你，你准备为我们工作多长时间？
- 你认为你能对我公司做什么贡献？
- 你如何看待加班？

5.针对分析判断能力提问

考察被试人对主试人所提问题是否能够通过分析、判断，抓住事物本质，说理透彻，分析全面，条理清晰，逻辑性强，是否能将自己的思想观点、意见用通顺、畅达清楚、明白的语言表达出来，口齿是否伶俐，音调、音量、节奏是否正确。

【问题举例】

- 你认为大学生活和学习对你的工作有什么影响？
- 你认为怎样适应从学校到社会的转变？

- 你认为怎样才能跟上飞速发展的时代而不落后？
- 你认为如何解决我国的下岗待业问题、治安问题？
- 你认为成功的关键是什么？怎样才能做好本职工作？
- 你认为自己适合做什么样的工作？
- 提出一些小案例，要求其分析判断或简述。
- 案例一：吸烟有害健康，但烟草业对国家税收有很大的贡献，人们对政府采取措施禁烟各有不同的看法，你如何看待这个问题？
- 案例二：有句名言：失去监督的权力，必然产生腐败。对这句话你怎样理解？
- 案例三：请你谈谈近年来走私贩私屡禁不止、屡打不绝的原因是什么？

6.针对应变能力提问

考察被试人头脑的机敏程度，对突发事件或意外事件的应急处理能力，对主试人提出的问题是否迅速、准确地理解，并尽快做出合理、准确的回答。

【问题举例】

- 我们认为你的条件与其他人相比并没有很大的优势，你怎样证明你能做好这项工作？
- 我们凭什么录用你？
- 案例一：你有个朋友生病，你带了礼物去看他，正好碰上你的领导，他认为你是来看他的，因此他接下礼物连连致谢，这时你如何向你的领导说明你是来看朋友的，而又不伤领导的面子？
- 案例二：在实际生活中，假设你做了一件好事，不但没有人理解，反而还遭到周围同事的讽刺挖苦，这时你会如何处理？
- 案例三：在一次重要会议上，领导作报告时将一个重要的数字念错了，如不纠正会影响工作，遇到这种情况你应怎么办？
- 案例四：在实际工作中，你的某个观点同事们非常赞同，而你的上级却不满意，这时你会怎么办？

- 案例五：王科长不苟言笑，平时神情很严肃，没有人不怕他。一天，你正和同事小张议论他，谈完一转身发现王科长就站在你们旁边，对此你怎么办？
  - 请说出一块砖头的各种用途，越多越好。
  - 请你谈谈蚊子和老虎的共同之处，越多越好。

7.针对自知力与自控力提问

考察被试人是否能够通过经常性的自我检查，发现自己的优缺点，正确地认识评价自己，在遇到批评、受到委屈、遭遇挫折、打击以及有工作压力时，是否能够克制、宽容、忍让、理智地对待与处理。

【问题举例】

- 你认为自己的长处和短处是什么？怎样做到扬长避短？
- 你认为自己的工作有什么不足或欠缺？
- 你认为在你选择的工作领域里，要想取得事业的成功，自己的哪些个性和素质是必需的？
- 你的上级主管和同事怎么评价你？你认为评价得准确吗？
- 领导与同事批评你时，你如何对待？你听见有人背后议论你的不是或说风凉话，你怎么处理？
- 在部门大会上，领导当众错误地批评了你，你如何处理？
- 最近一段，你发脾气或与人争吵是什么原因？
- 你工作很努力，也有许多成果，但你总是没有别的同事收入高，你怎么办？
- 在一次处务会上，对你的讲话，领导非常不满意并当众批评你，你会怎么办？
- 假如这次考试你未被录取，你今后会作出哪些努力？

8.针对人际关系与适应性提问

考察被试人是否乐于、善于与人交往，参加社交活动的频率和社交范围、人际关系处理艺术如何，有无人缘，对新环境、新工作的适应性如何，等等。

【问题举例】

- 你担任过什么社会工作？你喜欢去做一种常与陌生人会谈的工作吗？
- 你经常参加哪些社团活动，喜欢哪种集体活动和聚会？
- 在聚会或集体活动中，你一般扮演什么角色？
- 你经常和同学、朋友聚会吗？你常常发起这样的聚会吗？
- 你喜欢和哪些人交朋友？你和同事之间相处得很好吗？
- 你习惯与陌生人交谈吗？是否只习惯和关系很亲密的人相处？
- 从一个熟悉的环境转入陌生的环境，你是否感到不适应？你能很快适应吗？
- 你是否愿意与不同地位、职业、年龄、经历、性格的人打交道？
- 你在单独外出旅行时，是否感到孤单？是否常能结识一些朋友？
- 你怎样与你不喜欢的同事安然相处、共同合作？
- 近来你有没有同朋友或同事闹过别扭？如果有，是什么原因？
- 你们处的副处长周某安排你撰写一项季度工作计划，当你完成后，送交副处长审阅时，他很不满意，但你计划中许多想法得到处长的赞同，遇到这种情况你该怎么办？
- 你是否认为自己是一个比较受欢迎的人物？
- 你在单位里的朋友多吗？
- 如果让你带队赴国企了解下岗再就业工作情况，你将如何组织？
- 如果你父亲过70寿辰，由你负责筹备和主持生日宴会，你会怎么做？
- 假如你被录用后不久，接到上级机关电话，通知你单位派人参加会议，你在电话中应问清哪些注意事项？
- 假如让你接待一起群众上访工作，你应考虑从哪几方面做好这项工作？
- 当你被安排做一件事，一把手和主管你的副手对这件事的意见不一致时，你该怎么办？
- 如果由你牵头，组织有关处室制定2011—2015年五年发展规划，你应该如何开展工作?

- 你喜欢做什么运动?经常参加锻炼吗?你上班是坐车还是骑车?一般你什么时候休息,什么时候起床?
- 你在很疲惫的情况下,多长时间能恢复过来?
- 请谈谈你休病假的情况。
- 你业余时间怎么度过?你喜欢看什么电视节目?喜欢读哪些书籍?
- 你喜欢什么娱乐活动?有什么爱好?
- 你每月抽烟、喝酒、打麻将的消费是多少?
- 你常和朋友一起玩到很晚才休息吗?

9.针对专业知识及特长提问

专业知识及特长评价要点是:学习经历,专业,学位,主修课程,接受过的专业训练,做过的专业研究,专业特长等。掌握专业知识的深度和广度及灵活运用的能力,了解被试人是否具有本岗位所需要的专业知识和专业技能。

【问题举例】

- 你在大学里学的什么专业?专业课程有哪些?该学校的本专业科研教学水平在全国处在什么位置?
- 你在大学的成绩怎样?哪些课程学得好?对哪些课程感兴趣?
- 你接受过哪些特殊专业训练?在哪里接受的训练?训练了多长时间?有什么收获?
- 你认为你有什么样的专业特长?你做过什么样的专业研究项目?
- 你有什么级别的专业资格证书或能力证明?
- 近年来你阅读、写作、发表了什么专业文章或书籍?是否参加过什么专业学习?
- 你对本专业的现时发展情况了解多少?
- 有关专业术语和有关专业领域的问题。
- 专业领域的案例分析或现场操作。
- 单位主管和同事对你的专业特长和能力如何评价?

注重自身形象，控制好面试现场

在面试中，作为销售经理一定要控制好现场，为此要注意以下事项：

第一，面试安排要周到。

为了保证面试工作的顺利进行，面试安排非常重要。首先是时间安排，面试时间既要保证应聘者有时间前来，也要保证公司相关负责人能够到场。其次是面试内容的设计，比如面试时需要提哪些问题，需要考察应聘者哪些方面的素质等等，都需要提前做好准备。最后是要做好接待工作，要有应聘者等待面试的场所，最好备一些公司的宣传资料，以备应聘者等待时翻阅。面试的过程是一个双向交流的过程，面试安排得是否周到体现了一个公司的管理素质和企业形象。

第二，要注意自身面试时的形象。

在面试时，招聘人员也应该注意自身的形象。前面已经讲过，面试的过程是一个双向交流的过程，不仅是公司在选择应聘者，也是应聘者在选择公司。特别是那些高级人才更是如此。招聘人员首先应注意的是自己的仪表和举止，另外要注意自己的谈吐。在向应聘者提问时，应该显示出自己的能力和素养。因为招聘人员代表着公司的形象，所以面试不应该过于随便，更不能谈论一些有损公司形象的内容。

第三，在招聘的过程中一定要尊重应聘者。

在面试的时候要提前关闭手机，拔掉电话线，并通知助理人员不管发生什么事也不能影响面试。这一方面是对应聘者的尊重，另一方面也保证了考官能够集中精神做好面试工作。

第四，面试时，座位的布置也很重要。

考官应该坐在桌子的后面，与应聘人员保持两到三米的距离。这个距离使应聘者只能看到考官的上半身，而看不到下半身，但考官可以看到应聘者的全身。如果考官和应聘者坐得太近，考官就丧失了威严；相反，坐得太远考官又看不清应聘者的表情。只有在距离两到三米时，应聘者才会处于一个开放式的、暴露式的环境里，使考官清楚地看到应聘者的全身，以便观察他的坐姿、说话时的身体语言、表情等。

另外，还需要注意的是给应聘者准备的椅子最好不要有扶手，因为扶手会遮掩应聘者的一些动作，还要尽量把椅子固定下来，因为有20%的应聘者有取悦性，他会主动把椅子搬得离考官近一点。

掌控好前后30分钟的评分差异

"不识庐山真面目，只缘身在此山中。"说的是人们在身处其中时，往往会被当时的环境、情感所迷惑，丧失了原有的分析能力和判断能力。面试评分也是一样，现场评分往往要高于事后评分，这就是因为考官被当时的气氛干扰，不能做出比较客观的估计。所以建议不要给应聘人员现场打分，最好等30分钟以后，比较冷静清醒的时候再评分。事后评分就要求我们做好现场记录，将面试的点点滴滴都认认真真、仔仔细细记录下来。等面试结束后，休息20到30分钟，出去抽抽烟，喝喝茶，回过头来再打分。这样，评分的准确性就会大大提高。

要想提高评分的准确性，还要注意不能一个人评分，因为每个人都有偏好，结果难免有失偏颇。最好是由一个招聘小组集体打分，这样的结果会更客观，准确度也能大大提高。

招聘小组里最好有一个30岁以上的女性。女性，尤其是30岁以上已经结婚生子的女性更擅长考核应聘者。这是由生活习惯形成的。男人通常不带小孩，小孩的吃喝拉撒大多都是女人的事，所以做过母亲的人只要抱起孩子就知道他为什么哭闹，是饿了，要玩具，还是想让妈妈抱抱。在没有语言的时候女性就能够通过表情和身体语言判断一个孩子的需求，所以做了母亲的女性在评价人时准确率很高。招聘小组里最好有一个30岁以上的女性，这样可以大大提高评分的准确性。

面试中绝不要犯的错误

在销售人员的招聘中，销售经理是至关重要的一个角色，但在实际当中，销售经理总会犯这样或那样的错误。销售经理在招聘中容易犯的错误主要有以下几种：

第一，按个人喜好招聘新人。

在评价求职者时不同的人有不同的偏好，有人喜欢阳光型的，有人喜欢沉稳型的。销售经理也是一样，他们倾向于招聘一些自己喜欢的人。但这种做法显然是错误的，因为一个人是否优秀不能以衣着打扮、文凭经验为评价依据，为公司选拔人才必须符合公司的要求而不是招聘者个人的喜好。

第二，匆忙招聘销售新人。

每个单位都应该建立人才库，一旦发现优秀的人才就要立即聘请，不能等到职位空缺时再慌慌张张地进行招聘。匆忙招聘会降低选人的标准，从而使公司招不到真正符合要求的人。

第三，销售经理是万能的。

有些经理认为自己无所不能，招聘来的销售人员不够好也没关系，只要经过自己半年的调教、指导就能成为顶尖业务员。这样的想法大错特错。一个人从小到大，由父母教育十几年，学校教育十几年还未必能成才，单凭一个人的力量是不可能在短短的时间里转变一个人的性格和行为模式的。因为这些东西往往是天生的，改变的难度很大。

第四，找不到高手。

有些公司没招到优秀的人才就找借口说我们公司既没品牌，也没名气，薪水还不高，当然吸引不到优秀人才。这种说法也是错误的。人才不是没有，而是缺乏选拔人才的好制度、好标准。

销售经理在招聘前应该先自我反省是否有下列情况：

（1）对应聘者是否尊重，是否对每个应聘者都起立询问，"先生（女士）您好，这里是简历表，请您填一下"。相反，如果不尊重应聘者，"如果大学没毕业，我们公司是不要的"，这样就会伤害应聘者的感情。

（2）对公司内部员工怀有成见，也不尊重他们。

（3）绝对不招比自己能力强的人。"比我还厉害，那我还有饭吃吗？这样的人我可不敢用，还是招那些不如我的吧"。

如果销售经理存在以上错误行为的话，公司的情况一定是越来越糟，会逐渐形成恶性循环。实际上，对公司来说再没有比招聘更重要的事情了。不要过于相信销售经理有能力招到顶尖的销售人员，他的地位决定了他的局限性，必须靠有效的流程去辅助他。

第五，自己的话太多。

有些销售经理的话很多，把一个招聘会变成了说明会。不管应聘者愿不愿意听，自己哇啦哇啦先说半天。实际上，有效的招聘是多听少说，通过应聘者的语言、表情等，考察他适不适合公司的岗位，是否具备这个岗位所需的天赋和才能，这才是最重要的。

留心观察应聘者的身体语言

面试时除了仔细倾听应聘者的回答,还要特别观察应聘者的身体语言,这一点非常重要。一般来说,观察身体语言有以下几个步骤:

第一步:扫描。即全身扫描,主要观察应聘者的着装服饰是否专业,体现出什么样的审美和气质。

第二步:聚焦。全身扫描后,要将目光聚焦到对方的眼、嘴、手。眼睛是心灵的窗户,从眼睛能看到人的内心世界,而且,不同的眼神能传达不同的信息。嘴唇也能透露人的信息,大张着的嘴和紧闭着的嘴表达的情感肯定不一样。手势也会说话,不同的手势、动作表达了人当时的心态、情绪等等。

第三步:放大、分析和判定。通过聚焦我们已经看到一个人主要的身体语言,那么接下来就是分析和判断这些身体语言传达的信息是什么,是否在说谎,情绪如何。

身体语言作为人的一种表达方式,在更大程度上较为真实地反映了人们的想法和意图,暴露出一个人很多潜在信息。从某种意义上说,甚至可以认为口头语言是身体语言的补充。故而在面试的过程中,主试者要注重对应试者身体语言的解读,这样才能更深入地了解他们的真实想法。那么如何通过身体语言识别一个人呢?

1.空间语言

在面试的时候取悦性很强的人会把椅子向考官移一移,而有些人又可能把椅子朝后移一移,所以从应聘者移动椅子可以判断一个人。

2.眼神

正如前面所说,眼睛是心灵的窗户,它不会欺骗人。所以观察一个人的眼神是否自然、专注还是游离不定就能知道他是否自信，是否坚定，是否在说谎。

应聘者在面试刚开始的时候都会有点紧张，这一点也可以从他们的眼神里看出来。这时考官要尽量缓解应聘者的紧张情绪，和他们随便聊几句，"路上还顺利吧，不堵车吧"，你的简历我们看过了，还不错"。等三五分钟后，应聘者彻底放松了再开始面试。

3. 手掌语言

有的销售人员在应聘时，整个手掌放在前面，呆若木鸡，自始至终不动一下，就像听报告；有的人在应聘时则有很丰富的肢体语言，这种人通常比较积极、有冲劲，而且对别人也有较好的影响力。

手掌语言有丰富的含义：指责、控制、摊牌。在面试的时候，一些应聘者被考官紧紧追问，或者是销售人员在和客户谈判的时候，被客户逼得很紧，就双手一摊，"事实确实如此，我已经无能为力了，这是公司的原因造成的"，这说明他已经说真话了。

需要注意的是，撒谎的时候人往往也会用手掌来掩饰。举个简单的例子，小孩子说谎的时候往往有捂嘴的动作，成年人说谎的时候则是不自主地擦擦汗、摸摸头、扶扶眼镜或者是拧拧领带。手掌语言的一个重要的作用就是检测应聘者有没有掩饰撒谎。

还有一种手掌语言是抱胸，这种动作有几种含义。第一，排斥。如果应聘者有这样的动作，则说明他对公司不感兴趣；领导在听下属汇报工作时有这种动作，也说明他对员工的话题很没兴趣。第二，防备。举个简单的例子，在电梯里，一个女性遇到一个男性的时候，百分之六七十都会有这样的动作，她会把包抱在胸口，以防备坏人。

4. 握手语言

握手是一种见面打招呼的常用礼节，面试时考官与应聘者第一次见面经常都要握手以表示礼貌。在我们的现实生活中经常见到以下几种形式的握手：

（1）上下级之间。如果面试的时候应聘者盖住考官的手，那这个人一定是狂妄自大。所以从握手的方式也能看出销售人员的自信程度。

（2）平级之间。平级之间的握手是垂直的。与考官握手的正确方式是向后面偏一点，有一定的力度，但不能用力过大，也不能左右摇晃。考官也应该注意自己握手的方式，要有礼貌，尊重应聘者，且不能伸出一双没有任何感觉的手。在销售人员离开的时候，考官通过握手完全能感觉到应聘者的自信度以及他对考官的尊重程度。

5. 手势和臂语言

常见的手势和臂的语言有塔形手，防备型的，焦虑型的和决定型的。塔形手是专家常用的手势，我们在各种招标会、研讨会上能经常看到。如果在面试过程中，应聘者也摆出这种手势，那他就是把自己当成专家了，这是一种自大的表现；两只手交叉则说明人很焦虑；还有一些手势代表应聘者对这个职位很感兴趣，想说服考官；应聘者决定性的手势表达的意思是他太想得到这份工作了，这份工作太有诱惑力了。

6. 评价性手势

评价性手势也很重要，通常领导在讲台上讲话的时候，通过评价性手势我们可以了解人们当时的情绪：

（1）呆若木鸡，两眼垂直，一副不愿意听的表情。这就暗含着因为是领导讲话，不得不听，但是又不愿意听，所以假装听的意思。

（2）身体前倾，两眼发光。这表明听课的人对领导所讲的信息感兴趣或者非常重视。

（3）当听者跷二郎腿，身体向后倾斜的时候，代表的意思就是"怎么还没讲完，还要多久啊"。

7. 座位的选择

我们还可以根据应聘者臀部坐在椅子上的位置判断他的性格。一般有三种方式：朝后仰，坐在中间和向前倾斜。有的人是坐满整个座位，然后靠在椅背上，这是一副无所谓的样子；有的人警惕性很高，只坐了一半；还有的人只坐了三分之一到四分之一，而且身体前倾，反映出他在认真倾听，想问话，想得到答案，这样的人往往是很积极的。一般来说，坐的位置越靠前代表他的亲和力和进取心越大。

8.视线的秘密

眼睛是心灵的窗户，透过窗户向内窥视，可以从中感受到对方的情绪和性格。正所谓："语意不同，详焉各异。"人的眼神和视线往往是内心世界的反应，会透露出无法从语言观察出来的信息。

（1）视线朝下是怯懦的证明。一般而言，视线略微朝下，或一接触对方的眼睛就悄然地移开视线，是认为在年龄或社会地位上对方处于高位或认定对方为强悍之人，因而在谈话时多半会有一种紧张感。在这种场合下，手、脚的动作或坐的姿势会显得别扭，这种人多半是属于温和而内向的性格。

应聘者在面对考官时多少会有些紧张，这是难免的，因此，作为面试官，要懂得掌握好说话的技术，尽量让应聘者放松，这样才能看出他们的真实水平。

（2）笔直的视线是敌对的表示。牢牢地盯住某一点而凝视不动的眼神具有非常深刻的含义。当受到严重的打击或者带有强烈的敌对心理时，往往会出现这样的眼神。

（3）焦点不定是情绪不安的表现。当人们心不在焉或失去安定感的时候，就会出现茫然呆滞的眼神。而对他人的谈话毫不关心时，也会出现这种眼神。

（4）朝上的视线是自信的表现。谈话时视线略微上扬的人通常对自己的地位或能力充满自信，性格也属于外向而开朗的类型。政治家通常会表现出这种视线。视线略微上扬的人多见于官员或公司主管。

9.脚的前后幅度和摆放

身体语言的最后一个方面是脚的前后幅度和摆放。我们在地铁里、公交车上、家里基本上是怎么舒服怎么坐。但是在面试招聘的时候任何细微的动作都会收入考官的眼里。正确的应聘方法是尊重人，双脚平放，身体前倾，并用感兴趣的眼神注视对方，还要做一些记录，认真回答考官的提问。

事实上，在面试的过程中，销售人员说的话反而是次要的，更重要的是观察他的身体语言，注意看他谈话时的整个面部表情、手势、脚的摆放等等。通过这些信息，考官可以判断应聘者有没有撒谎，是否在积极倾听。

选拔应聘者，签约录用合同

经过面试，把具备销售人员素质的应聘者选拔出来。接下来的工作就是对录用的应聘者办理好各种入职手续并签订劳动合同。

销售人员聘用合同范本

甲方：

乙方：

为拓展甲方产品市场，甲方现聘乙方为甲方在外地区的产品销售员，为互惠互利，促进销售，经双方商议，协议如下，望双方共同遵守。

一、聘用期：　　年　月　日——　　年　月　日止（共　年，含三个月试用期）。

二、基本指标任务：

从受聘之日起，乙方每月需按不低于甲方规定底价价格销售，并完成每月的基本定量任务，其他任务根据人员及市场实际情况确定。

三、底薪工资：

乙方完成月指标任务（以货款到账为准），甲方发给底薪工资__元／月（按照员工试用期合同标准）。

四、销售对象：按公司规定的产品及产品型号而定。

五、业绩提成：

1.所有产品原则不能低于底价销售，特殊情况需经甲方同意后方可实施，否则计入业绩，余后平衡处理。

2.超过每月销售任务的部分按2%提成。

3.原属甲方用户业务不计入提成。

六、结算：按月考核结算，以货款到账为准。

方法：扣除规定的月基本指标任务后，余额部分按计提方法结算并一次性支付乙方，特殊情况由甲方作出支付时间，但不超过1个月。若乙方未完成指标任务，可暂由甲方预支费用，由余后业务冲抵，但不超过3个月。

七、其他要求：

1.所有产品实行全额货款到账后发货，不赊账欠款，特殊情况经甲方批准后，方可实施。

2.乙方不得在甲方产品用户中进行促销，否则将解除协议，造成损失甲方有权追究乙方经济责任。

3.乙方须服从甲方安排的临时性任务，如：内务、送货、接货、催款等。

4.礼貌待人，仪表端庄，遵守法律法规，工作任劳任怨。

5.严守甲方商业机密，不得出卖、泄露甲方商业机密。否则甲方有权解除协议及有权追究乙方经济和刑事责任。

6.乙方不得利用甲方名义，从事非甲方所供产品销售和非甲方工作范围的其他事情，否则造成损失乙方自行承担，甲方有权追究责任。

7.所收货款（支票、汇票、现金）原则必须当天交予甲方财务主管和负责人，并办理交接手续，否则，造成损失乙方自行承担。

8.乙方连续3个月完不成甲方指标任务，甲方有权解除协议。

9.本合同未尽事宜由双方协商，并由甲方酌情处理。

10.甲乙若一方要求解除协议（不含试用期），需提前1个月通知对方，甲乙方须积极配合，5日内完成交接好一切工作手续；否则，造成损失甲乙双方有权追究对方经济责任。协议解除后，乙方业务当属甲方所有，乙方不再计提。协议一式两份，甲、乙双方各持一份，具有法律效力，未尽事宜，协商解决。此协议自签字之日起生效。

甲方：（盖章）　　乙方：（签字）

法定代表人或委托代理人（签字或盖章）

签订日期：　　年　月　日

做好对新进员工的试用与观察

任何新工作，第一周都是比较紧张和不舒适的。销售经理的任务就是确保第一周尽可能有成效或忙碌。这听起来简单，但有这样的现象：公司雇用了新人，然后因为销售经理忙于处理危机，而让他们第一周没有任何事情做。

在开始的几天，给新雇员分派一位指导或客户，直到他们对公司感到适应。也可以在前几周为他们准备系列活动，目的就是使你的新职员能有效地很快融入到新的环境中去。一个销售人员在为公司工作的头一年，连续的指导很重要。高级销售人员在第一周担任新雇员的指导者，也可作为非管理上的辅导教师，帮助新人理解公司文化。对新雇员每个月要有一次会议，以确保对他们的行为满意，让销售人员了解他们自己正在做什么。为帮助新雇员度过工作的第一周，下列建议可让新销售人员感到适应，也可帮助他们调整自己的新工作。

（1）如果是一家小公司，考虑做一本小册子，包括在公司中的每个人的照片、姓名、部门工作职责。新雇员将能够很快知道其他人的名字和如何使自己适应这个组织。

（2）安排和直接主管、部门经理、高级雇员一起午餐，这可使关键的人物能给新人提供建议和指导。

（3）让新招聘的销售员在每个部门工作一天的时间，这样一旦他开始进行销售，就可以对他要打交道的人比较熟悉。

（4）在经历了几个月工作后，一定要给新业务人员确切地评价反馈，无论是肯定的还是否定的。许多销售经理心里知道新人现在干得不错，什么也不说，也不给予鼓励。其实，对新雇员进行及时肯定很重要。

（5）尽可能让现有的业务代表和新人见面，这能使新雇员对销售情形有更广泛的考察和了解，也使他们熟悉其他团队成员。

（6）记住已经雇佣了这些人来担当销售职位，要不断地培训他们，使他们在销售过程控制、业务实践和技术上都有提高。许多公司雇佣销售人员，头几个星期就让他们处理产品问题，而不是集中于销售问题，这是不对的。

招聘到一个差的销售人员，即便只有很短的时间，也会给公司带来巨大损失。公司除了要付给他一定的工资外，还要支付相关的电话费、办公费、差旅费等管理费用。除此以外，公司因为用错人，还可能丢掉客户，这一项机会成本是非常可观的。其实，只要通过一周的培训就能判断一个人到底适不适合做销售。因为在这一周5天的工作日里，80%的本性都会暴露出来，这是绝佳的观察日期。

（1）着装的清爽。有些人在面试的时候还是职业套装，培训的时候就走了形。作为销售人员最低要求是整洁、大方。衣服要洗干净，头发要梳理干净，胡子也要刮干净。如果连最基本的礼貌都没有，又怎么会去尊重客户。

（2）时间的先后。培训时每天早上8点半准时上课。有些人总是8点一刻就到教室，帮老师架笔记本，给老师倒水，准备白板刷，非常勤快；另一些人永远是8点半准时到；还有一些人永远是8点35分进来。这反映了销售人员做事态度是否积极，也是我们考察的重点。

（3）座位的先后。在单位开会的时候，关心老板、关心课程的人会坐前面，随时举手回答问题。而有些人永远都坐在后面，一会出去抽烟，一会去洗手间，不停地开小差。坐在后面的人常常是回避老师的眼光，怕老师提问。事实上，上课提前来的永远是那几个人，开会坐在前面的也永远是那几个人。这就是态度不同、人性不同的表现。

（4）眼神的好奇。当培训师站在讲台上的时候，能够直接观察每个人，他一眼就能看出来谁是真点头，谁是假点头，有没有认真听课。认真听课的人头部都是倾斜的，假装听的则是呆头呆脑，眼睛乱转。有好奇的眼神的人代表他态度认真，有求知欲。

（5）提问和回答问题。在课堂上讲课，永远都存在一个2/8定律：20%的人在积极回答提问又积极发表意见，80%的人永远是一言不发，回避提问，不想发表意见。这也是我们考察的一项重要内容。

（6）最后离开的人。吃快餐和公司聚餐不一样，快餐是工作餐，越快越好；而公司聚餐是个团聚，是大家相互交流、培养感情的好机会。这里要考察的是谁能留到最后。

在日常的公关活动中，每个人的心态会全部表现出来，是否乐意帮别人，是否有礼貌，做事是否主动积极，是否善于回答问题，是否尊重别人，这些问题对销售人员来说非常重要。如果你的公司没有条件做心理测试、现场招聘，那么就要做好新员工一周的考察工作。只有这样，招聘工作才会改善，才能选拔出顶尖的销售人才。

第4章　把庸才训练成干将

——销售人员的培训与提升

在实际工作中，没有多少人是天生的销售员，所有优秀的条件也很难都体现在一个人身上。所以，公司就面临这样的选择：要么下力气培养一支精干而卓越的销售团队；要么将一群蹩脚的销售人员推到客户面前，任由他们败坏企业的名声。明智的管理者会毫不犹豫地选择前者。尽管看起来要多花一点钱，但这么做带来的成果是不容忽视的。

对员工的训练是销售经理一项非常重要的工作。作为销售经理，要建设一支高效的销售团队，你就必须重视并能够培训好你的销售人员。

培训是销售经理的必修课

销售业绩决定企业的成败。没有销售就没有企业，而要提高销售额，必须对销售员进行培训，以提高销售员的工作能力。但销售人员培训的具体目的并不仅限于提高销售额，还有以下的特殊作用。

1.减少业务员的流动率

如果能给予充分而完整的培训，业务员既不用花很长的时间和很大的代价，又可学习发展得很快且具有相当实力。好的培训使销售人员具备信心、知识、能力和热情，这样士气高昂，销量自然好，收入也就多，自然降低了人员的流动率。由此形成一个良性循环，保证销售团队的稳定。

2.满足员工需要

从员工的角度来看，培训可以满足销售人员的基本知识和销售技能的需要，为其发展奠定基础。只有经过严格及系统培训的销售人员才能很好地掌握销售的基本知识和技能，才能有效地开展销售业务，不断提升自己的销售业绩。

3.企业发展需要

从企业的角度来看，培训是企业长远战略发展的需要。可想而知，一个没有经过培训的销售团队怎能领会管理层制定的销售战略与策略？怎能与整个企业的发展战略相衔接？

4.适应环境需要

从适应环境的角度来看，培训有利于销售人员不断更新知识，不断提高销售技术，与不断变化的竞争环境相适应。即使对最有经验的、熟练的销售人员，培训也是很必要的，因为市场环境在不断变化，新产品不断出现，客户在不断变化。

5.企业管理的需要

从管理的角度来看，很多时候销售员都是处在独立作战的环境中，所以很多销售员都有孤立无援的感觉。而培训就像精神的兴奋剂，缺乏培训将使销售员士气不振。培训是改变员工的工作态度和组织态度的重要方式。培训是提高员工销售技能的需要，更是让销售人员理解企业文化与价值的需要，从而改善销售人员对待工作的态度，增强企业的凝聚力。

销售人员培训需要把握好时机

通常在下列情况下，对销售员进行培训比较合适。

（1）新的销售人员刚刚招聘到本企业时。

（2）新的销售工作或销售团队刚刚成立时。

（3）旧工作将采用新方法、新技术来执行时。

（4）改进销售人员的工作状况时。

（5）当客户不满增加，客户抱怨员工对待他们的工作方式是明显错误的时候。

（6）使员工在接触不同的工作时，都能保持一定的工作水准。

（7）现有的销售人员以缺乏效率的方式执行目前的销售任务时。

（8）当公司推出新产品，或改变营销策略时。

（9）销售团队的整体士气低落、缺乏战斗力时。

（10）销售人员现有的能力不足以完成销售任务时。

销售人员培训要遵守的五大原则

在销售人员的培训过程中,要注意把握好如下原则。

1.学以致用原则

企业的培训要有针对性,要根据企业的实际需要进行培训,一切从岗位的要求出发,既不能片面强调学历教育,又不能急功近利,盲目追求立竿见影。应该缺什么,补什么;学什么,用什么。

2.尊重差异的原则

从普通的销售员到各级销售主管,他们的工作性质不同,创造的绩效不同,能力与达到的工作标准也不相同。在培训中应充分考虑他们各自的特点,做到因材施教。

3.有效学习的原则

企业的员工都是成人,成人学习与未成年人不同,他们在培训中更知道有效地学习。

(1)有学习欲望时才能学习,没有学习欲望几乎不能学习。

(2)通过实践活动较易学习。

(3)联系过去的、现在的经验较易学习。

(4)联系未来情景,有指导意义的内容较易学习。

(5)在非正式的、无威胁的环境中学习,效果更佳。

4.效果反馈与结果强化的原则

在培训过程中要注意对培训效果的反馈和结果的强化。反馈的信息越及时、准确,培训的效果就越好。对结果的强化,不仅要在培训结束后马上进行，还应在培训后的工作中对培训的效果给予进一步强化。

5.激励原则

培训也是一种激励，目的是让员工参与培训，感受到组织对他们的重视，提高他们对自我价值的认识，增加他们职业发展的机会。

掌握正确的培训流程及方法

对销售员的培训，可以在公司由各级主管定期或随时进行，也可以让他们参加社会性及大专院校的培训学习，资金允许的话，最好委托专业培训机构完成，这样效果最好。

但很多时候，对于公司培训的效果评价并不好。主要原因是作为领导者没有真正重视培训，或培训仅是泛泛而论，不合销售员需要与水平，脱离实际工作。作为销售经理，是负有提升与锻炼销售员实力的责任的。所以，销售经理应了解掌握正确的培训流程及方法。如图4-1所示。

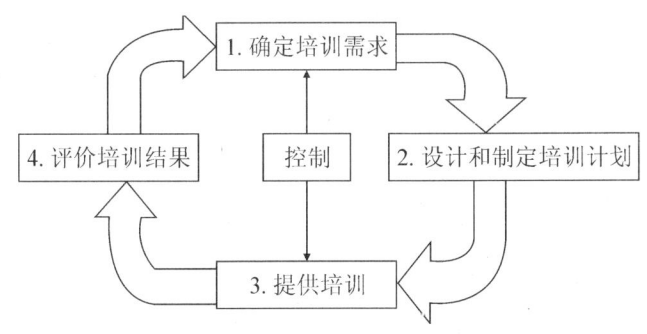

图4-1 培训流程图

一般来讲，销售人员培训的全过程包括：确定培训需求、制订培训计划、实施培训、培训反馈四个部分。

1.培训需求分析

需求分析的目的就是要确定员工是否真的需要培训，哪些人员需要培训，哪方面需要培训。要求和现实之间的差距可能是由很多种因素造成的，并非都是人的素质和能力问题。所以，要对产生差距的原因进行全面的分析，如果不是人的因素就要排除培训的意向。如果是人为因素而产生的差距也要充分考虑现有人员是否具备销售工作的能力，培训教育费用的高低，或者在短时间内能否达到培训目标的要求。

2.制订培训计划

有计划地培训是做好培训工作的重要环节，主要解决以下问题：谁来进行培训，何时培训，何地培训，培训什么内容，采用何种方式培训，等等。

3.实施培训

这是培训的中心环节，这个环节主要在企业培训管理部门的组织下，由专门的教师实施培训，并由该培训项目的责任人组织考核和考评。

（1）培训。培训教师在规定的时间和场所内对所确定的受训人进行培训。

（2）受训考核。受训考核就是考核受训人员对受训内容的接受情况，也是督促受训人员认真接受培训的一种方法。

（3）培训奖惩。它是督促受训人员接受培训的一项激励措施，也是保障培训效果良好的一种重要手段。

4.培训反馈

这是培训的最后一个环节。它是对培训进行控制的一种手段，通过它来对培训进行修正、完善和提高。具体来讲，培训反馈包括以下几个内容：

（1）培训教师考评。

（2）培训组织管理的考评。

（3）应用反馈。

（4）培训总结、资料归档。

做好培训前的需求分析

销售经理在没有对培训需求作清楚界定的情况下,就确定了培训的具体内容,如课程、时间安排等,并以自己的经验和理解作为取舍的主要标准。这种过于浮躁的做法往往导致培训效果的不理想。

一般的销售培训从确定培训需求开始,销售经理要站在公司战略的角度审视销售,从公司发展找出销售人员面临的未来挑战,培训不仅是解决你的眼前问题,更是为了你的销售团队赢得未来竞争优势。对每一次销售培训,为了真正达到效果,在实施培训前,一定要先弄清楚如下几个问题:

(1)这次培训你想让销售人员做些什么。

(2)需要什么知识。

(3)需要什么技巧。

(4)需要销售人员采取什么态度。

做培训需求分析时,可以通过对销售员观察、面谈、问卷调查、自我诊断、调查等多种方式进行,以了解销售员在哪些方面需要通过培训加以提高。

制订正确的培训计划和目标

销售人员培训计划是根据企业的近期、中期、远期的发展目标对企业销售人员培训的需求进行预测，并制定培训活动方案的过程。培训计划是一个系统工程，它包括确定培训目标、分析现阶段差距、确定培训范围、制定培训内容、选择培训方式、确认培训时间以及培训计划的调整和组织管理等工作。

一般而言，目标不能太笼统，应当针对具体任务。对销售人员培训目标的设计，往往定位于提高销售效率、增加销售额。但是，一个有效的培训计划的目标，还应包括其他内容，如提高销售效率、降低离职率、提高士气、促进沟通、改善客户关系、加强自我管理等。

1.提高销售效率

企业通过培训来提高销售效率，进而提高销售利润率。经过培训的销售人员可以提高人均销售额，也可以降低销售成本。

2.降低离职率

良好的培训计划可以降低离职率，培训有素的员工很少失败。设计良好的培训计划为受训者模拟真实的销售生活，包括销售早期可能遭遇的打击与失望。能解决这些问题的受训者失去信心和辞职的可能性很小。

3.增强士气

离职率与士气密切相关。没有经过适当培训就进入商界的销售人员可能会遇到士气低落的困境。目标不明是士气低落的重要原因，因此，销售培训计划必须要让受训者明确他们在企业和社会中的目标。

4.促进沟通

培训还能使销售人员明确为企业提供客户和市场信息的重要性。他们应该了解企业是如何使用这些信息的，以及这些信息是如何影响企业销售业绩的。

5.改善客户关系

良好的培训计划能帮助受训者明确建立与保持良好客户关系的重要性。他们应该学会如何避免过度销售，如何确定客户需要什么产品，如何解决客户投诉。

6.加强自我管理

管理层越来越关心员工如何利用时间,如何用有限的工作时间获得更多的销售额。销售人员必须有效组织和分配时间以取得销售的成功。

选择和任用合格的培训讲师

对培训公司和培训讲师要有一定的审核评估。通常一位培训讲师应具备下列基本要求:

(1)丰富的市场及销售经验;

(2)有教学的欲望和热忱,这样学员容易受到影响和感染;

(3)通晓教学内容;通晓教学方法和技巧;

(4)了解如何学习,以便提高教学的有效性;适当的人格特质;

(5)沟通的能力强;富有弹性和灵活性。

培训教师在培训过程中具体承担培训的教学任务,是向受训者传授知识和技能的人。在培训中,培训老师的选择非常关键,培训教师的素质高低、意愿能力及教学方法都关系到培训的效果和培训的质量。面对不同的培训内容和培训对象,可供选择的培训教师有以下几种。

1.企业内部培训专家

很多企业拥有专职培训人员,他们负责管理和协调企业的销售管理部门以及制定销售机构的培训与开发计划。他们是企业的培训专家,有的还是行业的资深讲师。使用内部培训专家的优势是他们在销售培训方面有专长,而且培训成本比较低。不足之处在于不像外部专家那样能满足销售人员的特殊需要。

2.企业销售人员

企业的高级销售代表拥有多年的销售经验，可选择他们作为销售培训的讲师。当然，这类人员在绩效方面一定是最佳的，并且非常熟悉培训的主题。用企业销售人员作为培训教师的优势是现身说法，具有较强的说服力，而且他们有些还是销售人员崇拜的对象。不足之处在于，由于他们不是培训专家或专门的培训教师，缺少培训经验，效果不一定理想，需要对他们进行主题控制。

3.销售经理

由于销售经理特殊的位置，由他们来亲自培训下属，效果是最佳的，因为他了解销售人员的弱点并非常了解行业和产品特点。当然，经理们从事培训的缺点主要是销售人员（尤其是新手）可能震慑于"上司"的权力，难免有演戏的成分。而且，他们通常事情太多，难以尽全力开展培训。

4.外部培训专家

来自企业外部的培训专家，可以是销售培训的专业顾问，也可以是著名商学院销售学科方面的资深讲师。使用外部培训专家的优势是这些培训专家专攻销售培训项目，可能被认为比企业内部人员更可信，缺点是培训成本较高。

一般而言，企业大部分培训项目与内容都可以由企业内部自己解决，但涉及人员开发，诸如领导技能、团队建设、压力管理等培训项目应优先聘用外部培训专家。

确定培训的时间和地点

培训不能过于随意性，要考虑公司的情况和员工的心理，选择合适的时间和地点召开。

1. 确定培训时间

培训时间可长可短并无定律。通常会从以下六个方面考虑确定：其一是产品的性质，产品性质复杂，培训时间也较长，反之则较短；其二是市场情况，主要考虑竞争的激烈程度和企业自身与竞争对手的力量对比；其三是销售人员素质状况；其四是要求的销售技巧，技巧复杂高深，则掌握它的时间相应要长；其五是管理的要求，一个要求严格的企业不会敷衍了事；其六是采取的培训方法，视听教材及多媒体的运用可以在不长的时间里收到预想的结果。

2. 确定培训地点

培训地点的确定往往要和培训方法相结合。脱产式的培训要集中受训人员到指定的地点进行，这样显得更正规，培训工作的实施也更彻底；在职的培训可以分散进行，销售人员一面受训一面工作，便于洞察实际市场情形和客户需要。培训地点确定后，要及时通知培训教师和受训人员。

规模较大的公司，在培训人数较多的情况下，应该有相应的培训地点，有可与业务隔绝的教室，便于学员安心听课或研讨。国外有些著名的大公司还有自己的设施完善的培训基地。如美国的麦当劳公司有自己的大学，日本松下公司有自己的商学院。相反，有些企业的培训流于形式，把业务室做课堂，学员们边听课边打电话或谈生意，进进出出，像个茶馆。大多数小企业没有良好的条件，甚至可能拿不出一个房间当教室，培训人数也少。这种情况下可以搞非正式培训，在办公室或销售现场进行，这种方式针对性强，也可以因人施教。

因材施教，灵活选择培训形式

对销售员的培训，不能拘泥于固定形式，应当根据具体情况，灵活选择培训形式。

1.课堂培训

课堂培训是应用最广泛的一种培训方式。课堂培训本身能有效地传授一定类型的信息,特别是产品信息或行业知识。这种培训方法使企业能够以最直接的方式传授给受训者以信息,并且在相对较短的时间内传授大量的知识。在课堂上还可以采用电化教学等教学手段,帮助受训者理解培训内容。

当然,这种方式也有很多不足。首先,由于是单项沟通,受训者容易厌倦。其次,受训者通常对听到的内容保持很少的记忆,影响培训效果。最后,讲授者无法顾及受训者的个体差异,不能因材施教。

2.现场培训

现场培训就是让员工在工作现场边工作、边学习。这种方式省去了专门的培训场所和设备,受训者可以兼顾工作和学习。而且,有的培训必须在现场进行,由有经验的相关人员现身说法,所以这种方式被企业广泛采用。

现场培训的内容主要有以下几项:企业概况(包括企业历史和现状)、企业文化、企业行为规范、企业规章制度、产品知识、从事销售工作所应具备的专业技能、管理实务、思想道德等。

现场培训的对象主要有以下几类:一是从学校毕业的新员工,这类人员具备系统的专业知识,但他们不具备具体的产品知识,也可能不具备相关技能,不熟悉相关管理实务;二是有相关经验的新聘人员,虽然他们从事过与销售有关的工作,但由于不同企业产品存在差异,仍需要先对产品进行熟悉;三是有工作经历,但原先从事的工作与销售工作完全不同的员工;四是需要改善销售绩效的员工,这时培训的前提是员工要改进的项目适合于现场培训。

3.上岗培训

这是一种在工作岗位中对销售人员进行培训的方式。新招聘的销售人员在接受一定的课堂培训后,可安排其在工作岗位上由有经验的销售人员带几周，然后再让其独立工作。这种方法能够使受训者很快地熟悉业务，效果比较理想。但是这种方式一定要有实际经验的人员直接参与和指导，否则容易流于形式。

4.会议培训

这种方式是由企业聘请专家针对某一专题进行演讲，演讲结束后专家与受训者进行自由讨论。在这种讨论会上，围绕着某一专题主持人和受训人员进行双向沟通，达到交流思想、学识和经验的目的。这种方式适用于学习过基本理论、需要对某些问题进行深入研究的受训者。

5.模拟培训

这是一种使受训者亲自参与并使之有一定实战感受的培训方式。模拟培训有很多种方法，有角色扮演法、业务模拟法、实例研究法等。这种方法比较直观，培训的内容易被受训者接受。

培训实施过程中应注意的细节

从管理者的角度来看，培训工作的实施实际上就是管理与控制计划执行情况的过程。因此实施的人员是否尽职尽责、各尽所能，直接关系到计划执行的效率与效果。在施教的过程中培训人员灵活把握，随机应变，针对受训人员的情况展开教学工作。对参加培训的受训人员也有相应的要求。受训人对于所任工作富有兴趣并有完成任务的能力；受训人有学习的愿望，即其个人希望在受训过程中获得所需的知识与技能；受训人还应有学以致用的精神而不至于使培训努力付之东流。

培训的实施应遵循循序渐进的原则，使计划内容与受训人的需求相配合，重复或脱节都会使受训人员的兴趣锐减或引起知识的混淆。这一问题可以从三个方面给予注意：

（1）新人的培训也可称之为最初培训，着重在使受训人员获得销售工作所需的基本知识与销售技巧。

（2）在企业成长或产品线发生变更后，销售人员的知识有待更新，或销售员由一地调往另一地，需要了解新市场的情况，或者企业的生产程序及组织结构有了变化，依据上述情况展开"督导培训"。

（3）在客户投诉增加或销售人员一般效率下降时，应举办所谓的复习培训，使销售员获得复习销售技巧或讨论的机会，即引导销售人员循着正当途径努力学习，并在发生严重问题时，立即矫正所有不符希望的行为。

做好销售培训的效果评估

作为销售经理，对销售员的培训效果必须要进行评估。评估通常在培训之后进行，可让学员填写培训评估表，对培训内容、培训讲师、培训管理及培训效果等做具体评价。在培训进行完一段时间内，销售经理可观察了解学员的实际工作技能是否有所改进和提高，针对个别人员可单独进行接触和辅导。

事实上，百分之百地准确评价一次培训的效果是不可能的，因为你没有一个真正有效的标准。目前大家普遍采取的方法是，由销售人员在培训结束时，给本次培训打分。有些评估表是有偏向性的，它只设了"不好"、"一般"、"较好"、"很好"四个选择，显然有过高评估的倾向。在每个评估项目上，都采用这四个顺序排列，这很容易让人产生惯性思维，如果你在第一个评估项目上选"很好",第二个也是"很好",第三个项目你就不会选择"不好"。

一般调查表使用7级评估,避免了那些"很好"、"很不好"之类的让受训者明显不易"下手"的选项。另外,每项的评分顺序不一样,避免惯性思维。

在销售培训评估的时间上,到底什么时间最适宜呢?一次销售培训的效果取决于销售人员在结束时的主观感受,如果销售人员当时感受就不好,那么他就很难对本次销售培训有过高的评价了。

另外,从销售培训作为公司销售管理的长期战略和持续行为来看,销售经理的评估意义在于不断吸取经验,形成一套行之有效的销售培训管理方法。销售经理必须为此付出精力,进行跟踪评估,这是一个对销售培训效果评估的好办法。跟踪调查就是在培训结束实际工作了一段时间后,再让销售人员谈对该次培训在实际工作中是否受益,跟踪调查可在3个月后进行。

进行受训总结,改善行动方案

在一般的销售培训中,培训师会组织大家讨论,要求将传授的知识技能与自己的经验进行比照,让大家列出自己的成功之处和需改善之处,并提出具体的改善措施。但这仅是纸上谈兵,培训讲师离开公司后,就再也没有人过问,这就失去了一次利用培训督促销售人员提升技能的机会。

销售经理可以在培训结束后,利用当天晚上或第二天上午,组织销售人员对培训中的内容再进行讨论,要求他们写出个人的总结和具体改善措施，对采取的改善措施标明实施和达到目标的时间。你应清楚地告诉他们，3个月后，你还得就他们的培训总结，再作一次培训后的技能提升评估。

一些销售人员在培训时，对培训内容的确深有感触，但一到实际工作中，又会把这些指导抛诸脑后。受训总结和改善行动方案能使他们把培训中的知识技能应用到销售中去，从而大大提高销售培训的投资收益。

第5章　细节决定团队成败

——销售人员的日常行为管理

销售团队人员的管理方法和手段有很多，比如日常管理、考核激励、沟通互动、心态培养等，就是常用的一些管理形式。其中，销售团队的日常管理工作又是其他管理工作顺利开展的基石。因为，万丈高楼平地起，越是最基础性的日常管理工作，越是关系到整个销售团队的成长。

可以说，一个销售团队的学习交流、心态调整、信息反馈、重点明确、工作布置，基本上是通过日常管理工作的开展来完成的。

运用销售管理表格管理销售人员

销售员的销售活动，大部分是在公司所在地以外的场所进行的，也就是离开了主管可直接控制的领域，而投入客户所在的领域。销售员都"必须"或"偏好"单兵作战、独立作业，因此销售员的活动除了开会时间、中午休息时间有机会被观察了解外，其他的时间，完全处于开放自由的状态。

销售人员的管理与控制最有效的作法之一，是填写销售管理表格。销售管理表格是每位销售员每月、每周、每天的行动报告书，也是所有行动在人、事、时、地、结果、进度等方面的总记录。填写销售管理表格不单是销售人员日常管理的重要手段，也是改进销售工作的主要依据。

但如果管理表格的设计思想不合理，利用得不充分，不仅不能起到预测或回顾销售过程的作用，还会耽误销售人员的时间，起不到管理表格的作用。实际上，在管理表格的推行过程中常常会遇到很多问题，例如销售人员刚开始时还能坚持填写，过一段时间后就会敷衍了事，推行管理表格的销售经理也只好不了了之。销售人员一般都愿意把工作过程说出来，而不喜欢在管理表格中写出来。但是，无论是公司规范化管理的要求，还是销售人员梳理整个业务情况的要求，管理表格都是非常重要的。销售经理一定要要求销售人员养成填写管理表格的习惯。

销售管理表格设计五原则

管理表格对销售经理管理销售团队有着非常重要的意义。但是在管理表格的运用过程中,经常会出现这样那样的问题:有的表格设计得过于复杂,有的表格设计出来了但销售人员不愿意填写,有的表格填完就完,无人问津。凡此种种,原因是多方面的,要想尽量减少这些问题的发生,就要注意管理表格的设计和应用。设计管理表格的总体原则是简单明了、分清轻重缓急、控制关键。设计管理表格的总体原则是:急用先行、控制关键、删繁就简。控制关键,把烦琐的内容删掉,把关键的内容控制住,这是管理表格的核心。具体来说,管理表格的设计包括如下要点:

1.简洁

管理表格的设计一定要简洁,不能太复杂。一般来说,销售人员填写管理表格的时间每天平均不超过半小时比较合适。因为如果超过了半小时,就会太多地占用销售人员有效拜访客户的时间,从而降低整体效率,对绩效产生负面影响。

销售人员的时间大致可以分为三部分:客户类时间、商务联络时间、零散时间。

(1)客户类时间,是指销售人员以为客户帮忙、与客户谈话、给客户办事等为工作目的而接触客户的时间。

(2)商务联络时间,是指销售人员为了比较好地完成销售而进行计划、规划、内部沟通、联系资源的时间。

(3)零散时间,是指销售人员在办公室里闲谈、互相交流的时间。

一般来说，销售人员的三部分时间比较好的分配结构应当是"五、三、二"结构。销售人员应该至少将50%的时间放在直接与客户交往上；30%的时间放在支持客户，或者做支持客户的相关工作上，也包括参加例会、培训等工作；20%的时间进行相互交流。

因此，如果管理表格的设计过于复杂，销售人员的填写时间每天超过半小时，就会占用销售人员的其他时间，销售人员就很难控制其他时间了。

2.清晰

管理表格的栏目设计一定要清晰，不能模糊笼统。什么样的栏目是笼统的呢？例如，要求销售人员填写与客户接洽过程的栏目，销售人员提笔就不知道该填写什么了，只能填写诸如"与客户聊天、探讨"之类的话。什么样的栏目是清晰的呢？例如，"什么时间、拜访了哪个客户，客户的电话号码，达成了什么结果"等栏目就比较清晰，填写要求也相对明确。

3.具有承上启下的延续性

管理表格的设计尽量要具有承上启下的延续性，即管理表格应当一环套一环。例如，工作计划表，应当是季度工作计划、月工作计划、周工作计划和工作日志表，这样由远及近，每个表格之间都具有承上启下的连续性。

4.具有是否真实的可查性

管理表格的设计应该具有是否真实的可查性，即管理表格填完后，销售人员填写的内容是否属实应当可以查证。例如，在工作日志表中设计的诸如"拜访客户"、客户姓名、职务、联系电话等内容，配合客户档案表，就很容易查证。必要时，经理可以通过电话或拜访对销售人员的填写情况进行核实。

5.可指导发现问题并进行指导和修改

管理表格的设计应该可以使销售经理发现销售人员存在的问题，并进行指导和修改。销售经理通过管理表格的填写内容，应该可以发现销售人员存在的问题，指导销售人员的具体工作。例如，在拜访过程类管理表格上，一定要体现出以下要点：

（1）针对某客户所花费的时间。因为从对客户的时间投放上，可以看出这个销售人员所努力的客户群是否准确。

（2）针对客户是什么人。从此点可以看出这个销售人员接触的客户是哪个层次的，是一般员工、管理层还是决策层，将来就可以帮助他进行分析。

（3）与客户探讨了哪些话题。因为了解了这些信息，对销售人员的销售方式就有了一个初步的把握，将来就能够比较好地帮助他提高成功地利用这个销售机会的概率。

根据这些原则设计的管理表格，能使销售人员简单快速地完成填写，并且对其销售工作有很好的指导作用。对于销售经理来讲，也便于控制、管理销售人员，及时地发现问题并采取相应的措施，以求更好地完成销售任务。相反，如果在管理表格里，不设计这些对未来管理控制有益的栏目，就不能通过管理表格收集到这些关键步骤的信息，管理表格的应用效果，就会大打折扣。

认识几种常用的管理表格

从销售人员的日常工作分析的角度出发，监控销售活动的管理表格包括市场信息类表格和工作过程类表格两大类。

1.市场信息类表格

在市场信息类表格中，最常用的主要有以下三个：

（1）竞争对手信息表。主要记录竞争对手各方面的情况，为业务员提供对手的基础信息。从而使销售人员可以根据竞争对手的情况，采取相应的策略，在市场竞争中处于主动地位。

（2）客户档案表。用来记录重要客户中的相关人员、合作过程和特别事件等重要信息。客户档案表可以说是企业的机密文件。销售人员可以根据它取得重要客户的过往信息，预测客户将要采取的行动。

（3）客户漏斗表。主要记录分析客户各销售机会所进展到的不同阶段，及销售人员自己"销售漏斗"中的客户和销售机会结构。它是销售人员制定策略的重要依据。

2.工作过程表格

在工作过程类表格里，以下四个常规表格是最基础的：

（1）周期工作计划表。它主要简略记录未来季度或是半年内应当完成的业绩指标和相应的指标分解。

（2）月度工作计划表。它用来比较详细地描述下个月该销售人员的业绩计划和销售支持计划等。

（3）周工作计划表。它是对月工作计划的适当分解，用来明确描述下一周销售人员的工作安排，主要包括本周人事、每天工作计划和财务考核情况。

（4）销售工作日报表。它是销售人员一天的工作记录，主要记录销售人员一天的工作活动，包括拜访客户和必要的商务支持工作，这有助于销售经理掌握销售人员每一天的工作进程。

月度工作计划表填写要点

月度工作计划表主要包括：回顾部分、事件部分、财务目标部分和特别纪要部分。如表5-1所示：

表5-1 月度工作计划表

回顾部分								
本月优点								
本月不足								
考核达成	财务指标		符合	欠缺		超额		完成比率
		项目	事件	事件	原因	事件	原因	
		签订单						
		应收账款						
		费用控制						
	动作管理	项目	符合	欠缺		补救行动		
				事件	原因			
		考勤						
		述职						
		例会						
		管理报表						
		其他制度						
事件部分								
下月大事	1 2 3							

第一周 （起止）	第二周 （起止）	第三周 （起止）	第四周 （起止）	第五周 （起止）

财务目标部分					
项目	事件	数额	型号	交付方式	备注
签订单					
应收账款					
费用控制					
特别纪要部分					
问题	原因	建议		提请支持	备注

1.回顾部分

回顾部分就是销售人员对本月情况所做的回顾和总结。

（1）月度计划表的填写时间。一般来说，月度计划表的填写时间定在每个月的25日左右比较合适，销售人员回顾的是从上个月的25日到本月的25日这段时间的销售工作情况。如果把表格的填写时间定在每个月的最后一两天，出现特殊情况，表格的填写时间往往会向后拖一段时间，也许会拖到下个月的中旬，这样，月度计划表就会给人一种不完整的感觉。如果把时间定在25日，即使往后拖几天，也不至于拖到下个月，计划表基本上是完整的。一般来说，如果认真填写这张表，尤其是第一次填写，大概需要一个半小时以上的时间。有些销售人员经常抱怨填写时间太长，但是这张表格一个月仅填写一次，而且认真填写对销售人员下个月的工作有很好的指导意义。

（2）本月优点和不足。回顾部分的重点是本月的优点和不足。填写优点和不足时，一定要写明具体原因，原因的填写要求具体而明确，不能含糊笼统。例如，"我本月的销售额超过目标计划20%"、"我本月的优点是访问的客户量达到45个，比上个月多了15个"等等，这样的填写就是明确具体的。在填写本月优点时，有的销售人员喜欢填写诸如"我本月的优点是工作积极努力"、"我本月的优点就是服从管理"之类的话，这是毫无意义的。作为销售经理，如果发现下属有这样的习惯，就要及时加以纠正。

（3）考核达成。考核达成是要求销售人员填写销售指标的完成情况，在这个栏目中务必要写清楚指标完成情况的原因。分析原因有助于销售人员对自己业务完成情况进行梳理，有助于不断提高自己的业务水平。有的销售人员"丢了"销售订单以后，从来不去思考其中的原因；有的销售人员发现本月的销售额超过了50%，心里会盲目的乐观，但如果仔细分析可能会发现其实有几张销售单公司已经努力几个月了，本月正好是回收期，本月销售业绩超额并不是销售人员本月努力的结果。以上这些类似的分析，可以通过认真填写考核达成情况得到结论。如果销售经理严格要求销售人员每月填写原因，销售人员就不会盲目的乐观或悲观了。还有些销售人员对本月未完成任务的原因非常清楚，但在填写表格时，绝不会填写自己上月太懒惰，往往会找各种借口来搪塞。销售经理要求销售人员每月填写原因，至少有助于他们去进行认真的思考。

2.事件部分

（1）下月大事。下月大事实际上是下个月的工作目标。这里的目标不是指财务指标，而是销售人员在工作上要做的三件事情。例如，销售人员下月要全面整理客户档案；要走访以前曾经买过产品的所有老客户；在这个地区有三个处长，都是在下个月过生日，销售人员要想个办法使他们的生日过得非常难忘。这些计划都要提前拟订好，然后写进去。

（2）每周大事。每周大事这栏一共分成五周，要求每周至少填写一个确定的目标，每月的工作任务要落实到具体的每一周。例如，下月有三件事：整理客户档案、拜访客户和市场调查。第一周安排整理客户档案，第二周拜访客户，后三周安排分别在三个不同的区域进行市场调查。

3.财务指标

财务指标是指具体的财务分配指标。例如，下月要完成多少销售额，重点销售的是哪些型号的产品，有哪些客户的订单等，都要尽量明确地标明。也许下个月的实际情况与计划会有一些差别，但是作为销售经理，还是要督促销售人员认真填写，因为这是帮助他们思考下个月如何完成订单任务的重要过程，并可以及时提醒销售人员应做的事情。如果放松了，到了下个月，团队业绩就很容易出现"前松后紧"的情况。

4.特别纪要部分

在特别纪要部分，销售人员主要填写所发现的问题、原因分析、对策思考和提请支持。例如，销售人员发现市场上竞争对手现在都在降价促销，于是对降价问题分析具体原因，并作出思考对策，若自己实在无法应对，则可向销售经理或公司提请支持。

周工作计划表填写要点

用来明确描述下一周销售人员的工作安排。周工作计划表主要包括本周大事、每天工作计划和财务考核情况。如表5-2所示。

表5-2　周工作计划表

本周大事	（1） （2）				
时间	工作内容	拜访对象	联系方式	达到目标	备注说明
周一					
周二					
周三					
周四					
周五					
周六					
周日					
财务考核达成	项目	事件	指标达成	备注	
	签订单				
	应收账款				
	费用控制				
其他					

（1）周工作计划表的准确率。周工作计划表的准确率比月度计划高得多，月度工作计划表往往会产生偏差。月度工作计划表平均偏差将近50%，尤其是财务指标的完成偏差更高，而周工作计划表的偏差大概是20%左右。随着时间的推移，销售团队素质的提高，对客户掌控程度的提高，对于有经验的销售人员来讲，周计划的实际偏差会非常小。

（2）本周大事的两个目标。本周大事主要是写两个目标，这两个目标不是财务指标，而是销售人员要做的两件事情。例如，约一个关键客户面谈，或者写关键的建议书，或者约某位技术工程师到客户那儿去做产品展示。

（3）每天填写内容。具体计划一周内每一天的工作，每天填写内容只写与工作相关的内容。

（4）财务指标分解。月工作计划里的财务指标，一定要充分体现在周计划表里，每周的工作任务要分解到每一天。例如，一个月要完成200万元的销售业绩，每周平均要完成50万元的业绩，每天至少要完成7万元的业绩才行。而且如果前一周完成的情况不好，下一周就要把落下的销售指标加上去。

周工作计划表要求在每周五的上午填好。周计划表和月工作计划表一样，都需要销售经理来签字认可。如果一些销售人员连续出差，每周工作计划表可以通过传真或电子邮件的方式来得到确认。

销售工作日报表填写要点

销售工作日报表就是销售人员一天的工作记录（如表5-3所示）。

工作日报表要求在每天下班之前填好。包括拜访客户和必要的商务支持工作。工作日报表的填写要注意如下问题：

（1）工作日报表，即记录每天的工作情况。它并不是记流水账，不必严格要求时间的连续性。例如，由于堵车，销售人员有不少时间都花在路上，如果执意要求工作日报表的时间连贯，就会使销售人员苦苦地回忆自己等什么车花了多少时间，或某些时间在忙些什么，这是没有必要的。但与销售工作和客户相关的内容不能落下，并且起始时间要填写清楚。

（2）备注体现了销售人员的认真程度。工作日报表的最后，有一个备注,可以体现销售人员的认真程度,责任心强的销售人员会经常把市场上遇到的问题写在这里,销售经理在审看时也要认真留意这一部分,及时地给该销售人员反馈意见。

表5-3 销售工作日报表

姓名: 区域: 日期: 年 月 日

NO	客户名称	接洽人	订货名单	等级	数量	单价	金额	交货日期	其他接洽记录
1									
2									
3									
4									
5									
6									
7									
8									
9									
10	合计								

今日访问家数	本月累计访问家数	明日预定访问客户		
本月营业目标:	当日收款总计:	已完成目标累计:	未完成目标累计:	
市场动态品质反应		主管评估工作价值		
			总经理 经理 主管 制表	
备注纪要:				

3.表格运用要点

月度工作计划表、周工作计划表和工作日志表这三张工作表之间有一定的内在联系。月度计划是宏观的把握,从宏观上来掌控整个月度的销售活动;周计划一般是销售经理控制的要点;工作日志表则是作为销售人员工作绩效分析的依据。

在应用这三张表格时,销售经理应该注意以下几点:

(1)除非有特殊情况,四周的财务业绩分解应当充满月度财务计划。例如,本月的财务业绩是100万元,每周的财务业绩就要将近25万元。

(2)月工作计划表中强调的目标应当在周工作计划表里充分表现出来。

例如，月工作计划表里提到要整理客户档案，这项任务就一定要在周工作计划表中体现出来。如果在周工作计划表中根本没有提到整理客户档案的事情，就说明销售人员在填写月计划表时态度不认真，或者周工作计划表没有参考月工作计划表来填写。

（3）周工作计划表中的大事应当与工作日志表相对应。例如，计划本周要拜访老客户，在工作日志表中就应该有所体现。

（4）工作日志表中的变化要与客户资料相对应。如果在周三的工作日志中谈到见到了客户企业的工程师，那么，在相应的客户档案中，就应当有这个总工程师的基础情况资料，如果在客户档案里长时间没有这个工程师的信息，就说明该销售人员在填写管理表格时缺乏计划性，或者说敷衍了事。

（5）对已建立的表格特别是档案类的表格要进行动态管理。建立表格档案并不是一项一劳永逸的工作，在填完一张表后就让它在文件柜里睡大觉，这样的工作表格对我们的营销工作毫无帮助。销售团队成员需要通过高频率回访，及时获悉客户、市场各方面的最新信息，将对应的表格信息内容更新，做好跟踪回访记录。

一般来讲，作为销售经理，还要对销售人员的综合业绩和销售效率进行分析，此时要用到销售人员综合业绩统计表和销售人员效率分析表（如表5-4和表4-5所示）。

表5-4 销售人员综合业绩统计表

月份	销售业绩		回款业绩		客户管理		市场信息收集	
	计划/元	实际/元	计划/元	实际/元	上月客户数/人	本月客户数/人	信息条目	有价值信息
一月								
二月								
三月								
四月								
业绩综合评价								

表5-5 销售人员效率分析表

项目	本月	去年同期	增减率	今年累计	去年同期累计	增长率	今年每月平均	去年每月平均	增长率
本月销售量									
本月客户数									
每位客户平均销售量									
员工人数									
平均每位员工销售量									
工资总额									
平均每万元工资的销售额									
经销商个数									
每一经销商平均销售量									

督导销售人员填写管理表格

管理表格的设计工作虽然复杂，但推行和督导销售人员填表更难。这其中，很可能需要销售经理长期坚持，直到销售人员从这些表格中获益，逐渐形成"团队习惯"为止。通常，针对团队成员在表格填写方面的不合作，销售经理可以采取有效的措施来进行管理表格的督导。

1.如何对待抵触现象

管理表格的推行与督导过程中的抵触现象主要表现为：一是销售人员提出反对意见。例如，"计划不如变化快"、"没时间"、"没必要"等，甚至四处游说，散布抵触情绪。二是销售人员不执行，嘴上虽然不说，但就是不填不交、一拖再拖。抵触情况是很正常的，尤其是若销售团队之前缺乏规范的管理，突然加入管理表格的控制方法，大家都会不适应。当然，即便如此，跳出来抵触的，也仍然是少数。面对带有抵触情绪的个别销售人员或是一个小群体，销售经理可以采取以下方法来予以督导：

（1）当众表明立场和决心。销售经理或是更高一级经理，应该反复向整个销售团队强调管理表格的重要意义——是企业运作规范化的标志。此外，管理表格对每个销售人员的销售活动也有很强的推动作用，国际知名企业也都是通过各种管理表格，来实现管理和业绩双丰收的。同时，在正式会议上，销售经理还要强调企业推广规范化管理的决心，并明确企业针对管理表格的奖惩措施。

（2）个别谈话。在强调管理表格的重要性之后，还可能会有个别销售人员明里或暗里抵触，这时，销售经理应当找他们进行个别谈话。谈话的内容不应是指责和教训，而是先听他们的真实想法，因为有的销售人员是因为对管理表格有偏见才抵触的，这时，应当再次强调管理表格对企业和个人的重要性。如果发现对方是因为由于自己的懒散而不愿填写表格的话，就要明确警告，表明企业的立场。

（3）严格执行。在管理改造推进的过程中，可以设计两周到四周的过渡，一旦过渡期结束，就一定要按企业规定，落实奖惩。销售团队在管理表格的管理上，一定要做到执法必严、违法必究。

对于表格的督导，不仅要落实到具体的奖惩措施上，而且对于那些积极配合管理、认真填写表格的销售人员，要不断鼓励，把他们树为榜样，鼓励大家向他们学习。这样做既可以表明企业的立场，销售经理也可以借此向大家表明自己的态度。

2.如何对待敷衍现象

管理表格的推行与督导过程中的敷衍现象主要表现为：

（1）临近交表时，才临时突击，所填的表格，千篇一律，没有具体的内容，非常笼统。

（2）写的计划和实际执行的情况相差甚远，根本没有连续性，更不要说指导和备忘的意义。在销售团队中，敷衍现象比抵触现象更为严重和普遍，对表格管理的伤害也更大，因为它是隐性的，所以处理起来也更难一些。

这时销售经理可以从以下几个方面着手：

（1）明确如何填写和填写要求。有些销售人员确实不知道表格的某些项目应该怎么填，应该填什么，因为搞不清，又必须上交，只有敷衍了事。面对敷衍的表格，销售经理要尽快采取措施，详细具体地教他如何填写。

（2）严格要求。也有相当一部分的敷衍者，他们很清楚企业的要求，也很清楚表格的填法，但是由于想省事或是不愿让经理知道太多信息，就对填表敷衍了事。对待这样的人，最好的办法就是严格要求。如果填写得不合格，一次不行填两次、两次不行填三次，而且要详细核查，从月到周、从周到日，逐项询问，逐项落实更改的原因。只要严格要求，这些销售人员就会明白，与其敷衍了事不如认真一些，经理这一关不是好敷衍的，以后的表格自然就会准确而充实了。

（3）持有正确的态度。有的销售经理看所有的管理表格，目的只有一个，就是要找出销售人员是否有空闲时间，如果从日志上看到销售人员有两个小时的空闲时间，就对他今天的表现横加指责，甚至口出恶语。如果那样的话，销售人员过不了多久就会明白，谁填得越仔细，谁就会更容易被抓住"把柄"，因此，很多销售人员就会视表格为"洪水猛兽"，其填写效果自然也可想而知了。事实上，管理表格，当然有监控销售人员工作的作用，但更重要的是为了推动销售人员的业绩水平。因此，销售经理不能仅仅把表格视为批判销售人员的工具。

3.如何对待不利用现象

管理表格的不利用现象主要表现为：销售人员把填表仅当做一项例行公事，没有深入地去思考。表格填了一大堆，可并没进行分析，或者没有从中分析出东西来。填表的目的在于应用，如果没有了应用，仅仅起到销售经理对销售团队的监控作用，不能促进销售人员分析问题、提高业绩的话，表格管理的作用还是要打折扣。而对不利用管理表格这个问题，销售经理可以采用以下办法：

（1）经理示范。销售经理在与销售人员探讨表格的时候，要着力引导销售人员认真地分析这些表格。例如，在辅导销售人员订立月度计划的时候，第一次可能要帮助他向每周分解，然后还要帮助他进一步分析当前正在接触的客户，看一看根据客户订单的情况，下一个月哪几个客户可以签约等。每个管理表格都有它的关键应用点，这些应用点做好了，就能够很好地规划销售人员的销售活动。但是一般的销售人员，能做到认真填写就已经很不错了，充分应用则一定要在销售经理的认真引导示范下进行。

（2）榜样的力量。销售经理可以让表格填写认真、对表格应用充分的销售人员在销售例会上介绍经验，让他拿出自己的表格现身说法，这样会大大调动大家挖掘表格的潜力，应用表格指导销售活动的积极性。

在设计好各类管理表格之后，最重要的就是表格的利用。只有利用好，才能真正发挥管理表格的功效。这就需要销售经理和销售人员共同来利用表格的作用。

销售人员工作述职需遵从的程序

销售人员的述职工作是销售经理业务控制管理中的重要环节。如果工作述职这把"钢钩"运用得当，对销售经理的管理工作就会有很大的促进作用。销售人员平时有很多想法不好在公开或者私下的场合与经理交谈，因为销售人员担心在这种场合谈了以后，经理的想法会比较多。

如果有一个工作述职的环境，销售人员就能够很好地、很自然地把自己的想法说出来，因为既然是谈工作，就没有什么值得顾虑了。总之，工作述职是非常重要的，销售经理应当重视并努力做好销售人员的述职工作，据此对销售员的工作提出改进建议。

那么，如何做好销售人员的工作述职呢？可从以下几方面着手（如图5-1所示）。

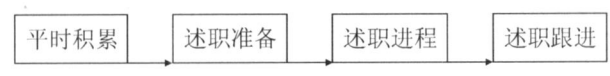

图5-1 销售人员工作述职程序图

1.平时积累

（1）工作日志和周工作计划的分析。在平时积累时，要注意分析销售人员的工作日志和周工作计划。工作述职的时间也是定在每月的25日左右，月度工作计划表填完后，正好可以进行工作述职。在工作述职时，销售经理和销售人员也正好可以一起探讨下月大事的填写。在工作述职前，销售经理要注意查阅销售人员的工作日志和周工作计划，把平时发现的问题随时记录下来，为工作述职做准备。

（2）工作观察。销售经理除了要注意查阅销售人员的工作日志和周工作计划外，还要把平时观察到的一些问题及时记录下来，为每月的工作述职做准备。例如，销售经理带销售人员出去拜访客户时发现，销售人员与客户说话太快，对客户的热情不够，报价不太合理等，这些问题都应该记录下来。为了不挫伤销售人员的工作积极性，也许当时不宜当面指出这些问题，但在工作述职时就不得不谈了。

2.述职准备

（1）准备各种报表。有了平时的积累后，在工作述职前还要做一些预备性的工作。销售经理要事先准备各种报表，把销售人员填写的月度工作计划表、周工作计划表和工作日志表准备好，尤其是有问题的报表要特别地注意。

（2）重点谈论的问题。各种报表准备好后，还要特别地准备一下重点谈的问题。例如，销售经理平时发现，销售人员说话语速有点快，对客户有薄厚之分，"冲单"太急，这些问题都是工作述职时应该重点谈论的，事先也要做好准备。

3.述职进程控制（如图5-2所示）

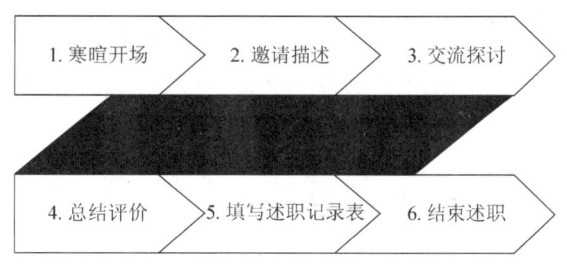

图5-2　述职进程示意图

（1）寒暄开场。开展工作述职的第一个环节就是寒暄开场，也就是销售经理和销售人员见面后双方说些客套话。寒暄开场一般都是一些溢美之词，互相称赞对方工作努力和辛苦。寒暄是为了缩短双方的距离，营造一种述职的轻松氛围。

例如：

王经理：你好！

小刘：王经理好！

王经理：你这个月的业绩还不错嘛，工作辛苦啦！

小刘：这个月的业绩一般，有点业绩也是王经理领导有方啊！

王经理：好好干，公司很重视你的！

小刘：感谢公司的栽培！

（2）邀请描述。寒暄开场后，言归正传，转入正题。应该注意的是，销售经理先不要急于发言。有的销售经理在转入正题后，就摊开自己的记事本，迫不及待地指出销售人员工作中存在的问题，这是不合适的。工作述职是销售经理邀请销售人员来谈工作，就应该首先由销售人员来描述本月的工作情况。

销售人员应该从如下方面进行工作述职：回顾本月工作、分析本月的工作优点和不足、描述本月的关键动作、进行绩效分析、谈谈本月工作中的困扰问题、提出自己的工作建议、计划下月的工作。

在销售人员述职时，销售经理应该迅速地整理思路，分析述职内容，发现述职中的问题。例如，销售经理听完销售人员述职后，发现没有完成工作业绩的原因不是没有努力，而是销售人员有难言之隐。

（3）交流探讨。销售人员描述完工作后，双方就开始交流看法。应该注意的是，这里是交流探讨，不是命令，要用征询的语气，不能颐指气使。

例如：

王经理：我个人觉得你当时的报价有点唐突。

小刘：哦！……

王经理：你明确对方到底需要什么型号的产品吗？

小李：我还没有问。

王经理：你知道该公司是怎么运行的吗？

小李：不知道。

王经理：你当时急于把价格报出去，是怎么想的呢？

小李：我当时觉得该客户有购买的愿望，我是个性急的人，很快就报价了，我真傻！

王经理：哦，别自责啦，你只不过经验不足而已，下次记住别太急躁就是了。

小李：谢谢王经理的指教！

（4）总结评价。双方交流探讨后，接着就是销售经理开始对销售人员的工作述职进行总结评价，重申重点问题。在总结评价时：一方面要指出本月工作中值得表扬的地方；另一方面也要指出工作中存在的问题。结束时还要向销售人员指明下个月的工作重点。

例如：

王经理：好了，咱们刚才聊了一个多小时，现在咱们一起总结一下这次工作述职。你本月的工作有两点确实做得很好：

第一，你的销售业绩完成了；

第二，工作费用也控制得很好。

但也有三点做得还不够好：

第一，报价有点唐突；

第二，对客户的记录明显还不够详细，正如你刚才自己说的，你忽略了这方面的问题；

第三，销售计划的完成情况不佳，第一周和第四周的计划制定得不太合理，导致你的工作还有点乱。

总的来说，你这月的工作还是不错的，要继续发扬。下个月在销售任务完成上要进一步努力，因为你现在手头的几个准客户基本已经落单了，下个月新客户的挖掘，就是你工作的重点。千万不能以为现在没事儿了，可以放松一下了，还要继续努力，因为半年的业绩压力还是不轻哟！

（5）填写述职记录表。工作述职结束后，由销售经理填写述职记录表。述职记录表基本上可以分成如下几个部分：表头、参与述职人、述职过程、销售人员述职要点、述职评价意见等。述职记录表一般是一式两份，销售经理和述职的销售人员各执一份。

（6）结束述职。最后一步是结束述职，销售经理鼓励销售人员继续努力工作，并感谢其工作述职。

4.述职跟进

述职结束后，销售经理还要对销售人员的工作进行跟进检查。在随后的一个月里，销售经理要对销售人员的工作进行观察，进一步分析报表，在岗指导和随机的工作交流等。也就是根据述职时对销售人员的工作建议，结合销售人员下个月的工作计划，销售经理可以进一步地跟进做工作。

如何管理"推诿型"销售人员

这种人经常这样应付上级的提问："那不是我的错。"面对这种人，你要关注比例和工作量，不要关心什么奇闻逸事；如果你被这种人关心的故事的细枝末节误导，那么你就"反主为客"了。

这种人善于用找借口、编谎话或者谈论些与工作无关的故事来搪塞你，对待这种销售人员，你可以问他："好，请你具体回答我，在过去一周的时间里，你是如何按照销售计划去做的？你今天打算怎么做？"或者问："小王，从上月我把这个小组召集起来开始，我们俩就一起工作了。我们曾告诉大家，我们将按照这个目标去工作，这是你的工作量，我觉得你在完成这些工作方面应该能做得很棒。"

有些时候，你要漫不经心地走到他的办公桌旁，以免引发那种老师与学生之间或者家长与孩子之间的抵触情绪。这样，就可以保证实质性的沟通不会发生意外，就可以让你们像同事一样进行交流。形象地说，这样走到别人的桌旁就好像是你把手臂搭在他的肩膀上。走到他桌旁的举动是非常主动、非常亲密的表示，通过他的工作量来看看你们是不是能改进一点点。如果你们的新主意奏效了，你们两个都将受到鼓舞；如果你们的主意不奏效，你们会再接再厉，试试其他办法。如果你走过去、肩并肩地与一个防守型的人坐在一起，那么谈话陷入僵局的可能性就会小得多。

如何管理"模棱两可型"销售人员

这种性格类型的人经常说些模棱两可的话，如"要看情况而定"，或者说些意料之外的问题如"我真正想知道的是……"

面对这种人，你应该只关心你提出的那个问题，必要时客气地复述一下。当遇到企图转移话题或者逃避问题的销售人员时，你要耐心地把谈话拉回到你提出的问题上，使谈话的主动权始终在你一边；当他试图转移话题时，你可以客气地重复你的问题，使谈话不至于远离了主题。例如，"你所说的是个很有趣的问题，我们可以在有时间的时候再讨论它；不过，现在我想知道的是……"

实际上，你不可能从某些销售人员那里得到一个直截了当的答案。如果你曾经跟模棱两可的销售人员打过交道，你就知道他们的话多么令人费解。模棱两可的销售人员可以分成两种情况：一种情况是他们通过含糊的回答来搪塞；另一种情况是他们并不知道自己在说些什么。实际上，他们可能根本就没领会到经理提出的问题的重要性，其结果是：如果让模棱两可的人士引导了你们的谈话，你最终会发现你们谈论了一些毫不相干的事情。这种情况很让人沮丧，甚至有时会导致经理和销售人员关系紧张。

一般来说，你不得不对销售人员——特别是模棱两可型的销售人员——做的一件事是：巧妙地把话题拉回到你最初的话题上来。这说起来容易做起来难，因为如果你处理得不够巧妙，那么你们的谈话听起来就像你在对这位销售人员吹毛求疵或者嫌他太蠢。

对付模棱两可型的销售人员的技巧就是客气地拒绝，让模棱两可的人士摆脱困境，按照同样的方式反复拒绝，直到谈话按照你既定的方向进行为止。只需要几次谈话之后，模棱两可的人士就会知道你问的问题是躲不过去的，他不得不为这些问题做好准备。例如：这次出发你遇见了谁？那个人是怎样同你谈的？最大的销售阻力是什么？那家公司是做什么的？等等，一连串的问题令他不容回避。有一句谚语是这样说的："君之所察，民之所重。"换句话说，如果你把打听决策者以前的工作作为例行公事的一部分，那么最终销售人员会明白这是很有用的，几乎每次都会为自己获取这些信息。

如何管理"满口应承型"销售人员

他对你提出的问题从不重视，总是心不在焉地说："是、是、是！"不管你问他多少问题，他可能将对你一直"是"到底。

面对这种人，你应当按照想让这位销售人员执行的任务，让他进行角色扮演。不要幻想这个人说的"是"就是他能够照你所说的去做或者将要照你所说的去做，你可以通过问他这个问题来证实："开会时，我问的前三个问题是什么？"

这就是满口应承型的销售人员。如果你说："注意，我要你把天上的星星搞下来，你能办得到吗？"那些满口应承型的人会不假思索地说："是的，没问题！"这种满口应承的做法背后所隐藏的是："我根本就没听见。"实际上，他是这样想的："我知道我一直在做什么，但是我一点儿都不想告诉你，因此我就一直这样点头，直到你离开。"

跟满口应承型的人打交道，你不得不反复进行角色扮演，直到他牢牢记住在什么样的场合该怎么做。

如何管理"万事通型"销售人员

这种人经常不耐烦地说："你怎么还不明白！"

面对这种人，你应当关注事例，不要关注这个人，要提出问题让他回答。

这种人一般并不总是比你年纪大，在你和他开始"吵架"之前，首先征求一下他的想法和建议，然后再开始培训。

你可以这样说："你做销售工作几年了？"（回答：10年。）

"好，我猜你做得一定很好，这大概就是对你的评价，对不对？"（他认可了，实际上，他有点儿不好意思。）

"那么，假设你是销售经理，我是销售人员，我刚刚交给你这样一份工作报告，你会对我怎么说？"（现在，他就被迫戴上"万事通"的高帽来回答你。）

他可能会给你一个了不起的答案，如全面分析像他们这样的团队有什么优势，点评那些比较了解客户的人和一直拥有客户的人等。

然后你应该说："是的，你刚才说的都是最好的建议，我都没法超越你的评价。你不需要我告诉你该怎么做了，你只需要照着你刚才说的那些话去做就行了。让我们做一下记录，一个月之后我们再回过头来看看事情进展得怎么样吧。"

如何管理"批评他人型"销售人员

"批评他人型"性格特点的人可能这样说："我没有得到……的支持"或者"某某人犯了一个错误，我没错。"

面对这种人，你应当让他直接与其他人共事，让批评家参与相关的会议和讨论。

面对批评家时，你可以请求他的"帮助"，这会丰富他的经验："我希望你出席讨论捐款问题的会议，今天下午你能帮他们洗洗脑吗？"

对付批评家最好的办法之一，就是把他交给他最可能指责的人。当你安排两位批评家一起对一位重要客户开展工作时，奇怪的事情发生了：他们两个都没有退却（你仔细想想，问题可能没有那么严重），或者说，他们开始学着共事。

如何管理"害群之马型"销售人员

这样的人喜欢造谣传谣，对别人冷嘲热讽。

面对这种人，如果你能做到，就把这个人同团队中的其他成员隔离开。如果分裂活动继续发生，你应该考虑采取措施或解雇他。

对于这种销售人员，你应该加以约束，尽力减小其对团队的影响。

在销售团队中如果有些人顽固、消极，他们的消极情绪会影响其他人。对付这种人最好的办法首先是隔离他们，也就是说，把他们从办公室里"请"出去。如果由于某种原因，他不能在外上班，你就应该考虑跟人力资源部一起想办法对他做最后的处理。

如果你实在没有办法改变这种类型的销售人员，并且他们又没有突出贡献的话，那么就解雇他们。

如何管理"只顾眼前型"销售人员

这种人可能经常说："怎么这么烦？"或者"真烦人！"

这种人可能没有很好地把短期的业绩和长期的回报联系起来，他可能只注重短期的工作。你可以和这种人一起为他制定个人目标，然后每天都强调从事这项工作的回报。比如，"为了买到你梦寐以求的那辆赛车，你今天还需要再安排多少个预约？"

只顾眼前者从事销售工作时，马上就会面临挑战。毕竟，我们今天所做的工作并不都只是为我们自己工作。如果他们不能从今天所做的工作中得到满足，他们就不会有多大兴趣。既然不能每周、每月都得到薪酬，他们为什么要在今天那么努力地工作呢？

在面对只顾眼前的销售人员时，最佳的做法是：作为同事，尽量体贴他们，帮助他们确立真正能够鼓舞他们的目标，然后用大量的证据证明今天的工作和长期目标有什么联系，在一对一培训谈话中不断提醒、强调这些目标。当然，这条建议对所有的销售人员都适用。不过，当你面对这种人时，要把证据说得生动一些，这一点特别重要。

定期举行一次销售团队例会

销售例会是指销售机构定期举行的会议，是用于交流销售经验，解决销售中所遇到的问题及激励销售人员的一种方法。

销售例会是销售经理在营销管理当中，不可或缺的一种营销管理手段。作为销售经理，只有重视销售例会的作用，明白它的意义所在，才能在销售例会举行的过程中，从内容到形式，有一个全新的认识，从而精心准备，认真组织，灵活实施，严格考核。

只有这样，销售例会才能发挥它的作用，才能更好地去指导销售，更好地去引导市场运作。

有效地组织销售例会，是一个销售经理必须会做的一门"功课"，同时，也是销售经理作为一个管理者、领导者必须掌握的"基本功"。有效的例会不仅会让营销团队富有效率、充满激情，而且也便于营销部门制定的方针政策更迅速、更及时地准确传达，因此，销售例会能不能有效召开，对于凝聚团队士气，打造团队的执行力，至关重要。

但是，作为一个销售经理，应该如何去组织好和开好自己的例会呢？

1.会前的准备

开销售例会要不打无准备之仗，"凡事预则立，不预则废"，销售经理要有效地组织和召开销售例会，必须要明确以下几个问题：

（1）确定召开例会的必要性。即本次销售例会有没有必要组织召开，它的召开对于团队会有何激发和影响？

（2）确定销售例会的目的性。即销售例会的召开，要有清晰的目的性，也就是要明确销售例会举行的目的和意义在哪里？它的召开要达到什么样的目标？

（3）确定例会的主要议题。即例会要解决哪些问题，是探讨和分析市场，还是回顾和展望以往工作；是"脑力激荡"激发团队智慧，还是"诊断市场"借以解决遗留问题？销售例会的议题确定很重要，因为，它主导着例会的方向，使例会的针对性更强。销售例会只有清晰明确了主要议题，在例会召开的过程中才不易跑题，才能在预定的议题范围内，顺利达到预期的效果。

（4）确定例会的召开时间和地点。即销售会议议题与内容确定后，通知销售人员举行例会的时间和地点，同时还要公布公司的销售例会纪律，比如，不准迟到和早退，不准无故请假，要进行充分的会前准备，等等。

（5）准备必要的会议资料和设备。即在例会举行之前，要把所需的销售报表、月度总结、各种表格等资料、投影仪、记录本等，准备齐全，避免由于缺少设备而使会议推迟或中断。

销售经理只有明确了以上五点，才能在举行例会时，有的放矢，有备无患，从而胸有成竹，避免因为准备不充分而"临时抱佛脚"现象的发生。

2.会中的主动与掌控

正式的销售例会开始后，作为主持人的销售经理还必须在会场做好以下几项工作：

（1）把握好销售例会的时间。销售例会根据内容和目的的不同可以分阶段来召开，但每一场销售会议的时间最好不要超过1个小时，因为过了1个小时后，人的注意力会逐渐减弱，从而影响销售会议的质量与效果。

（2）销售例会内容要简明扼要、切中要害。即例会的议题要与营销员的利益息息相关，而且是营销员所关心和重视的。

销售例会的内容一般包括以下几种：

当月销售目标达成情况及其分析；

次月销售目标的分解与下达；

市场竞争表现及其趋势分析；

次月销售政策的制定和宣导；

当月及次月奖惩措施或结果的公布；

互动、沟通培训，比如成功经验分享、角色扮演、脑力激荡，等等。

通过优化会议内容，从而吸引营销人员的注意力，以便更有效地把整个销售例会推向高潮。

（3）注意会议的组织形式。有些销售例会之所以不受欢迎，除了主题不明，内容冗杂外，恐怕就与那种死气沉沉的会场气氛、一言堂式的会议形式有关。因此，销售例会要想有效召开，销售经理就要讲究会议的互动性，即在销售例会过程中，注意发挥现场营销员的积极性，通过共同参与，大家一起来把例会开得圆满成功。

（4）会议中异议问题的处理技巧。销售经理主持会议的一项重要技能就是要能控制现场，知道在有人持不同意见、有人在交头接耳、有人在打瞌睡、大多数人在保持沉默时，作为主持人，应该采取哪些措施，既让现场不冷场，同时又能让相关人员有台阶下，促使销售例会顺利按流程进行。

销售经理在召开例会时，只有对例会过程有效地灵活掌握，及时"化干戈为玉帛"，并能够巧妙地对例会内容进行各种形式的宣导和灌输，时刻洞察与把握现场的"风吹草动"，才能真正地占据销售例会的主动权，使销售例会向着既定的目标顺利实施与推进。

3.会后的跟踪与落实

很多销售例会之所以没有效果，有时并不是会议的内容不好，在很多方面，往往都是因为会议议题非常精彩，但例会中提及的内容、确定的事项没有人跟踪与落实而已，因此，销售例会要想圆满而有效果，作为销售经理，就必须讲求会后的"秋后算账"。

（1）会议一定要有会议记录。销售经理组织召开例会，一定要找人专门记录。一份完整的会议记录包括以下几点内容：

会议的主题，即会议要表达的主题思想。

会议的时间，即会议举行的日期、时间。

会议的地点，即会议是在哪里举行的。

参加和出席人员，他们是会议的当事人或见证人。

例会的议题，即例会当中所宣导和传达的主要内容。

会议决议，即会议达成一种什么样的决定和共识，完成了议题中的哪几项。

（2）会议结束后，务必要签字确认。销售例会结束后，作为销售经理一定要让参加会议的所有营销人员针对会议的结果与达成的共识，也就是会议纪要签字确认，会议纪要一般包括：达成事项，完成时间，责任人，考核标准等内容，只有让与会人员"签字画押"，此次会议内容的落实才有依据，当事营销员才能有一种急迫感、压力感。

（3）确认的东西一定要落实兑现。对于例会中最终签字确认的会议纪要，一定要跟踪落实到底，杜绝那种"光打雷不下雨"或"雷声大，雨点小"的"半截子"工程。只有对例会中形成的决议严格奖惩，注重落实了，以后所开例会才能被越来越重视，越来越有效率和效果。

销售例会是销售经理在营销管理当中，不可或缺的一种营销管理手段。作为销售经理，只有重视销售例会的作用，明白它的意义所在，才能在销售例会举行的过程中，从内容到形式，有一个全新的认识，从而精心准备，认真组织，灵活实施，严格考核。只有这样，销售例会才能发挥它的作用，才能更好地去指导销售，更好地去引导市场运作。

利用工作例会提升销售团队战斗力

营销工作例会是一个企业在营销过程中的阶段总结会。一般每月或每周一次，总结这个阶段在销售工作中的经验和教训，发扬成绩，避免失误。这就要解剖麻雀，抓准典型，针对一个片区、一个业务员、一个客户，把普遍性的经验和教训说深说透，以便借鉴。同时是业务员一个阶段以来的成绩检查会。业务员往往是"将在外，君命有所不受"，很难管理和指挥。销售经理要珍惜每月见一次的难得机会，检查每个业务员的市场布点、产品铺货、网络建设、客户管理、销售业绩等情况，以便有针对性地指导。

如何合理地安排工作例会，有效地利用工作例会提升销售团队的执行能力、提升销售业绩，是销售经理们必须面临的问题和学习的技能。"例会、工作报告、业务拜访"被销售管理者称为业务管理的三大法宝，"过程做得好、结果自然好"，注重过程管理与监督是国际化企业制胜的手段，其中工作例会的成功有效地举行更是过程管理、打造销售执行力的主要手段，同时也是提升销售团队战斗力的平台。为此，销售经理一定要明白销售例会的准确定位，才能有效利用销售例会提升团队的战斗力。

1.将例会成为解决问题为核心的头脑风暴会

业务人员在销售工作中会遇到复杂多样的问题，依靠个人的认识和能力往往难以寻找出理想的解决方法。销售经理如果根据市场状况和市场人员经常遇到的困难，将其分类整理，并利用周期性的工作例会有选择地提出来，利用大家的智慧，集体参与、群策群力，通过头脑风暴共同寻找解决的思路和方法，往往能起到意想不到的效果，既活跃了气氛，提高了营销人员的参与的积极性，又减轻了主持人的压力，同时又能够更加充分地了解营销人员的真实想法和收集市场一线的信息。

成功有效地举行头脑风暴例会的关键：

（1）必须充分地准备，确定明确的主题并在例会举行前几天将会议的目的和需要讨论的提纲向与会人员传达，让大家拥有充分的时间思考和准备。

（2）营造现场和谐的会议氛围，比如，研讨的主题尽可能是业务人员最近关注的和最近亟须解决的。管理者不能先做结论性的发言。会议上鼓励畅所欲言，哪怕再荒谬，也不能随意否定和嘲笑别人的观点。会议结束前要有思路汇总整理等，会议结束后要有结果的实施跟踪：对每次例会上取得的成果予以跟踪，确保营销正确地事实并产生效果，并及时总结，作为下次例会主题选择的依据。

不要试图在一次会议上解决所有面临的问题，通过对问题的分析排序，找出紧急而又重要的前三个就足够了，如果想一次解决过多的问题很可能什么问题都谈不透，什么问题都没解决。

2.将例会定位为成功经验分享会

选择在工作中某些方面表现比较突出的业务人员，让他们就自己做得比较成功的地方或事例在会上介绍，与大家分享探讨，既给予表现优秀的业务人员予以肯定，又能够使其他的与会者得到启示。如果介绍的成功案例是自己熟知的，则更加能够引起共鸣。

成功地举办经验分享会的关键：

（1）选择有代表性的事例和业务比较成功的人员做介绍，以营造积极正面的会议氛围。

（2）事前与介绍经验的人就介绍的方式与思路充分地沟通，确保思路清晰，目标明确。

（3）及时给予分析评价，并请大家讨论，对好的给予提炼学习，对现场表现不佳的也要鼓励其参与的精神，因为业务能手不一定就是演讲高手。

3.将例会定位为市场特点、行业趋势研讨会

由于传统的金字塔形组织机构的信息层层过滤，导致越是高层领导越对真实而具体的市场信息麻木，这是决策失误的根本原因。每月一次的营销例会，将是企业老板的千里眼和顺风耳。例会前充分收集全国各地鲜活的市场动态、竞争对手策略、产品走势、客户需求等信息情报，有利于科学决策。

了解市场特点、把握行业发展趋势、观察竞争对手的动态同时也是业务人员做好工作的基本功。但是很少有公司的例会能够把这些基本的信息与业务人员沟通，业务人员即使有所了解，由于市场的瞬息万变，也需要不断了解和总结，而工作例会无疑是可以充分利用的一个交流市场信息，反馈和收集一线市场资料的绝好的平台。

成功地举办研讨会的关键：

信息的收集注意平时的观察和积累，定期整理汇编，同时要以数据为依据进行分析，提出自己有效应对的建议，形成系统完善的市场报告，养成业务人员系统思考的习惯，避免把市场分析变成简单感性汇报的传声筒会议和"逼宫会"。在另一个企业的营销例会上，各片区销售经理纵容业务员大谈特谈该片区竞争对手在销售政策上如何如何优惠，搞得销售经理冷汗直冒。个别情况下，业务员还跟中间商联合起来给企业传达虚假信息，或与其他业务员一唱一和，共同以虚假情报逼企业让步。最后群情激奋，强烈要求放账赊销。

4.将例会定位为公司新产品、新政策宣导沟通会

对产品、公司营销政策的娴熟是业务人员树立信心和提高执行力的最直接有效的手段，而公司的新政策出台、新产品上市、新信息的发布，例会无疑也是最佳的方式和手段。

某公司的一次新产品推广宣传例会上，会议主持者打破了习惯性的宣传讲解形式，而是把新产品的特点、渠道政策、产品系列、营销政策分解成了若干问题，提前印发给业务人员，以头脑风暴的形式让大家讲解新产品应该怎么推广才能更加有效。结果业务人员群情振奋，踊跃表达自己的想法，既为新产品的推广提供了很多创造性的思路，同时又通过集体的沟通和碰撞，对新产品推广安排有了深入的理解。

特别提醒：对产品的充分理解、对政策的合理把握是新产品成功推广的关键，一次成功的新产品、新政策的推出无一不是经过精心组织战前动员会来实现的。

5.将例会定位为技能培训提升会

提升积极性靠激励，提高工作能力靠培训，靠公司培训部门的安排，不但有时间和费用上的局限，而且针对性和持续性比较差。根据队伍的自身情况，利用例会拟订一个简单而持续的培训小课题，邀请有专长的业务人员或由销售经理讲解更加能够及时和有效地提升团队的技能水平。笔者曾经给湖南一家美容品销售公司制定过一个例会培训计划，每次例会除了正常的工作总结和工作安排以外讲一个哲理小故事，做一个简单的培训游戏，讲解一个工作小技巧，内容提前准备，由业务骨干轮流主持。一段时间的实施后，不但员工参与例会的积极性增加，解决问题的能力增强，工作沟通的氛围和员工之间的感情也增加了。

成功举办技能培训提升会的关键：选择有针对性的培训课题，内容要能够贴近业务人员的需求，可以组织优秀的内部讲师，也可以选择外部专家。有时候勿忘旁观者清，请个营销专家参加营销例会，往往能一针见血地道破天机。若能请营销专家培训一下，业务员充足了电、铆足了劲儿，将对以后的工作产生更大的积极意义。

6.将例会定位为情感交流会

业务员长期在外，每月回家，就应该有回家的温暖。各级干部要利用这个时机多与业务员沟通，业务员也要利用各种机会多与其他部门沟通，增加企业的凝聚力和向心力。除了正常的工作交流外，组织一些有益于身心健康和同事之间感情交流的文体娱乐活动，让平时紧张工作在一线的业务人员有一个放松身心的机会，不但有利于提高工作效率，也给大家一个轻松交流、增加感情的机会。

业务人员战斗力的提升是一项长期而又复杂的工作，充分利用例会是有效而又实用的手段，很多优秀的业务人员成长中都有这样的深刻感受："初学三年、无所不能，又学三年、无所适从，再学三年、游刃有余"；庄子外篇中也有这么一个故事：纪渻子为周宣王驯养斗鸡。过了十天周宣王问："鸡驯好了吗？"纪渻子回答说："不行，正虚浮骄矜自恃意气哩。"十天后周宣王又问，回答说："不行，还是听见响声就叫，看见影子就跳。"十天后周宣王又问，回答说："还是那么顾看迅疾，意气强盛。"又过了十天周宣王问，回答说："差不多了。别的鸡即使打鸣，它已不会有什么变化，看上去像木鸡一样，它的德行真可说是完备了，别的鸡没有敢于应战的，掉头就逃跑了。"优秀业务人员也是在不断的失误和总结中成长起来的。业务团队战斗力的提升是一项长期而又系统的工程，细节成就卓越，小事体现风范，看似平常的营销例会恰恰能奠定企业发展的基石。利用例会的总结分析持续地来提升队伍的执行力是一种直接、简单、有效且能够持续的手段，灵活运用，坚持和不断总结改进才能铸造一支战无不胜、具有强者风范的营销团队。

走出销售团队例会的误区

销售团队例会虽然对于提高销售人员的认识和积极性有着不可忽视的作用，但使用不当也会产生负面能量。召开销售团队例会，需要避免以下的误区。

1.销售例会不是培训会

很多经理人在组织销售例会时，总会把销售例会开成培训会，在销售例会上做一系列的培训，原因很简单，就是想提高会议效果。

【案例】

某保健品企业的销售例会

国内一家销售额过10亿元的保健品企业，为一个新产品成立了专门的事业部，引进了很多管理与市场执行人员，都有一定经验，在培训方面也很有心得。由于是新组建的事业部，他们对于销售人员的培训也是非常在意的。每一次销售例会都会有一场培训。他们的销售团队的整体水平在提高，可是销售过程中暴露出来的问题却在一点点积累，销量没有提升，人员流动性却加大了，每一次培训都是新人多，而老员工在不断减少。

分析：

培训解决的是人员能力提升的问题，是需要长期进行的一项工作，例会解决的是销售过程中需要解决的问题，就好像是远水与近水的关系一样，培训解决不了当前销售中的问题，所以培训会替代不了销售例会。

2.销售例会不是誓师会

销售例会也需要鼓舞一下一线将士，可是很多时候会议主持人把整个销售例会开成了誓师大会，表面上看会议开得非常好，大家信心十足，可是到了战场上没几天，上个月的问题又出现了。

【案例】

销售例会不是誓师会

某创业人员白手起家，依靠自己的苦心经营，手下有了近100人的队伍。创业之初，他亲临一线，把所有问题都在刚刚发生之初就解决了。可是，队伍壮大了，管理工作也多了起来，他没有更多的时间到市场一线去，就在每月的销售例会上解决上一个月所遇到的问题。由于他是市场实操出身，对于一线员工的士气非常重视，每一次销售例会上，他都会给大家通报一下好消息，借以鼓舞全员的士气，销售经理们也被这些好消息所激励，把所有问题都当成了自己可以解决的事，不去麻烦老总，自己回去解决。于是，形势一片大好。每一次销售例会通报的都是好消息，时间一长，大家养成了一个习惯，报喜不报忧。因为讲自己的问题，总感觉显得自己无能，所以，一些本来可以在萌芽状态解决的问题最后酿成了大问题；一些经理养成了自以为是的作风，好像自己已经是一方诸侯，所带的队伍却人心涣散，没有一点战斗力。

分析：

誓师会是为了鼓舞大家的斗志，可是经常开誓师大会，就会把会议变成喊口号的会议，甚至成为腐败的会议。销售例会上鼓舞一下士气是非常需要的，但是绝对不能把这作为会议的主导内容。

3.销售例会不是牢骚会

销售例会是解决销售过程中遇到的问题的，销售经理们也十分明白，一些经验老到的经理们非常珍惜这个机会，每一次销售例会上都会提出一些销售过程中遇到的问题。如果总部或者经理们不去解决这些问题，时间久了提出问题的人就会认为自己不被重视，或者是上级领导没有能力，每一次会上都会发一些牢骚，销售例会就变成了牢骚会。

【案例】

正确对待例会中的牢骚

某公司的营销总监王总是该公司高薪挖来的,为了做好工作,他带来了以前的同事。由于大家以前是同一个战壕的战友,每一次销售例会大家都会实话实说,把市场中出现的问题罗列出来。可是,几次例会上提出的问题没有得到妥善的解决,经理们的牢骚就开始多了起来,一到销售例会上就会有一大堆的牢骚,不再去反思市场中存在问题的真正原因。会中大家一起发牢骚,会后没有任何措施,销售一直徘徊不前。最后的结果是王总不得不离开这些以前的战友。

分析:

牢骚是应该发的,毕竟有一些市场问题不是销售经理或者销售人员自身就可以解决的,总部也许因为其他原因而没有去处理。一线的将士们在外面很辛苦,经常受气,就好像孩子在外面受了委屈,回到家里总要向大人诉苦,从大人那里找到安慰,这种安慰不一定就是帮助他解决问题,一种承认与鼓励也许就可以让他们感到欣慰。所以,例会上不怕有牢骚,最关键的是对这些牢骚做什么样的回应,是不管不问还是解决了根源,解决好了牢骚也就会提高销售例会的效果。

4.销售例会不是批判会

每一次召开销售例会,总是有一些经理不愿意去,原因就是他的销售业绩不好,怕回去受到批评,而销售业绩好的总会提前到,期望受到更多的表扬。事实上,很多公司的销售例会常常开成批判会。

【案例】

批评不要在销售例会上进行

某公司每月都会召开一次销售例会,每一次会议后都会有一个或者两个销售人员受到批评甚至一定的处分,销量好但存在问题也会受到批评。时间一长,销售例会成了述职会,每次都是喜讯加喜报,销售例会成了一种形式。公司为了了解市场问题，只好从总部派人去各市场调查。由于总部经常有人到市场，也给一些别有用心的人留下了可乘之机，经理的小报告经常会出现在总经理的办公桌上，人事斗争也多了起来，很多很有才能的经理只能"改嫁"他人，或者到了竞争对手那里，或者去了其他的企业。

分析：

销售例会开成批判会是一个不正常的现象，会议开得人人垂头丧气，斗志与自信全无，不但不能解决问题，而且会使问题不断增多。其实出现这种情况的责任在于会议的主持人，销售例会不是批判会，而是一个分析问题、解决问题的会议，一旦销售例会上发现不了问题时，不是形势一片大好，而是有更多的问题出现了。给销售例会一个正常的发言渠道，这是提高会议效率和成效的基础。

第6章 给员工最好的礼物
——销售人员的薪酬制订与设计

为销售员建立一套系统完备的薪酬体系并非是件容易的事，而且将薪酬目标划分为长线与短线目标也不是件容易的事。因此，有关销售员薪酬问题，是销售管理中又一个重要课题。

无论是什么样的销售员，销售经理决定使用何种薪酬方案，都必须从公司、客户、市场和员工四个角度进行分析。不同类型的销售员，不同类型的企业，不同类型的市场状况，销售经理要选择不同类型的薪酬方案，这样才能满足不同类型销售员的需要，并使他们创造更好的业绩。

确定销售人员薪酬水准五原则

制定销售人员薪酬的水准只可作为决定某一薪酬范围的基础，也就是说，不同经验及能力的销售员应获得不同的薪水。无论企业生产的是何种产品，无论销售部里是兼职销售员还是专业销售人员，销售经理在确定薪酬水准时，都必须遵循以下五大原则。

1.公平性原则

销售人员薪酬应建立在比较客观现实的基础上，使销售人员感到他们所获得的奖酬公平合理，而企业的销售成本也不至于过大。也就是说既不让销售人员感觉到企业吝啬，又要不给企业造成浪费。只有这样才能使销售费用保持在既现实又节省的程度上。销售人员薪酬要使销售人员的奖酬与其本人的能力相称，并且能够维持一种合理的生活水准。同时，销售人员的奖酬必须与企业内其他人员的奖酬相称，不可有任何歧视之嫌。

2.激励性原则

销售人员的薪酬水平必须能给销售人员一种强烈的激励作用，以便促使其取得最佳销售业绩。同时又能引导销售人员尽可能地努力工作，对公司各项工作的开展起到积极作用。当销售表现良好时，销售人员期望获得特别的奖酬。企业除了赋予销售人员稳定的岗位收入以外，还要善于依据其贡献的大小在总体奖酬上进行区分，并给予数额不同的额外奖酬，这是销售人员薪酬真正实现激励作用的关键。当然，至于额外奖酬是多少，要依据综合的因素进行评定，决不能采取简单化的做法，认为奖励越高，激励也就越大。激励性原则还表现在销售人员的奖酬制度必须富有竞争性，给予的奖酬要高于竞争对手的规定，这样才能吸引最佳的销售人员加入本企业的销售团队。

3.灵活性原则

销售人员的薪酬水平应既能满足各种销售工作的需要，又能比较灵活地加以运用。即理想的销售人员薪酬方案应该具有变通性，能够结合不同的情况进行调整。实际上，不同企业的组织文化、经营状况、期望水平、市场风险存在很大的差异，这种差异导致不同行业或企业之间奖酬要求的不同。

因此企业在具体的奖酬方式的选择上，应对各种相关因素进行综合评估，并进行科学的决策。

4.稳定性原则

优良的销售人员薪酬方案能够保证销售人员有稳定的收入，这样才不至于影响其正常的工作和生活。因为销售量常受一些外界因素的影响，销售人员通常期望自己的收入不会因这些因素的变动而下降至低于维持生计的水平，企业要尽可能解决销售人员的后顾之忧。

除了正常的福利之外，还要为其提供一笔稳定的收入，这笔收入主要与销售人员的销售岗位有关，而与其销售业绩不发生直接联系。

5.控制性原则

销售人员的薪酬方案应体现工作的倾向性，并能为销售人员的工作指引方向，能使销售人员发挥潜能，提高其工作效率。同时，奖酬制度的设立应能实现企业对销售人员的有效控制。企业所确立的销售人员薪酬方案，不能以牺牲必要的控制能力为代价，这是企业保持销售团队稳定性并最终占有市场的关键。为了实现这一点，企业必须承担必要的投入风险，而不能把绝大部分的风险转嫁给销售人员。

一般说来，对于销售员来说，销售经理应着重考虑企业的特征、企业的经营政策和目标、财务及成本以及其他因素。而对于专业销售人员来说，销售经理则应着重考虑财务及成本、行政、管理等因素。当然各个企业的情况有所不同，市场在不断地变化，企业的情况也在不断地变化，销售经理应根据自身的具体情况及所处环境来确定所应考虑的因素。

依据公司情况确定薪酬水准

依据公司情况确定销售人员的薪酬水准，要从以下几方面因素来考虑。

1. 支付能力

一些小公司在初创期支付能力不足的情况下，受支付能力的掣肘，更加倾向于完全佣金制，将公司风险完全转嫁到销售人员身上；而随着公司的不断发展壮大，其实力和支付能力都不断发展，销售人员的薪酬体系则朝"佣金+工资"的方向发展，去降低和规避销售人员风险；直至公司的支付能力充裕后，公司的销售人员薪酬体系就应该根据自身的人事战略——吸引和保留什么样素质的销售人员——进行确定。

2. 产品特性

公司的产品特性决定了公司面向的客户群和公司的交易模式，从而决定了销售难度，在相当大的程度上影响着公司对销售人员素质的要求。比如，产品的技术含量较高、单位产品价值也很高，这时公司的销售模式基本上要考虑为"团队销售"，分成售前、售中和售后，这就对行使着三部分职能的人员提出了不同的素质要求，而且对销售人员的素质要求相对较高。而如果产品的单位价值很低，产品的技术含量也比较低，不需要销售人员对客户仔细地讲解技术问题，公司普遍采用广泛分销模式，基本上面向广大批发商进行销售，相对来讲对销售人员的素质要求比较低。

3.培训成本

培训成本是指一个刚刚入职的销售人员成长为一个成熟的销售人员公司所必须花费的成本，如工资成本、差旅成本、销售损失风险等。我们知道，如果所销售的产品是一个低端产品，对销售人员的技术、技巧的要求不高，那么公司付出的培训成本就很低，销售人员的可替代性就很强。

4.销售管理

公司销售管理规范和成熟程度在很大程度上影响着公司对外部人才的吸引，从而影响公司从外部招聘合适人员的难度。有证据表明，新毕业的大学生在选择销售作为他们的职业时，更加关注的是公司销售管理的规范程度，而不是薪酬高低、升迁机会等其他因素。

5.退出机制

在我们的传统国有企业中，公司员工缺乏退出机制来约束，也成了影响销售人员薪酬设计的一个因素。如果使用了一个较差的人员，在当前稳定的大局下，公司还没有很好的办法来令其退出。在这种情况下公司假如付出较高的基本工资，一方面对其他员工很不公平，另一方面公司也付出了不必要的人工成本。

6.企业内其他工作薪酬

确定薪酬水准也要注意配合企业内其他工作的薪酬水准。如果欠公平，则容易影响员工们的工作情绪和积极性。尤其是销售部门内各种工作薪酬要具有一致性。

依据客户情况确定薪酬水准

依据客户情况确定销售人员的薪酬水准，可从以下几方面因素来考虑。

1. 客户爱好

要考虑客户爱好，首先要对客户进行分类，找出它们的共性。比如家电生产商，可以将客户分为商场、大客户和普通经销商，商场经理喜欢与在性格上成熟、稳重的人打交道，而大客户喜欢和谈判能力、管理经验比较高的人打交道，普通经销商喜欢斤斤计较，选派耐心、仔细的销售人员与其打交道相形之下就有了很多优势。

2. 交易行为

交易行为对销售人员薪酬的影响主要体现在不同的交易行为要求不同素质、不同层次的销售人员，而不同素质、不同层次的销售人员的市场价格是不同的。

3. 管理水平

在很多情况下，客户或经销商选择厂商时经常考虑厂商的管理能力和水平，看厂商能否在销售管理上给予相应的支持。这时，经销商的管理水平就成了衡量厂商管理水平和销售人员管理经验的标杆，经销商不愿意与在管理能力方面比自己差的厂商交易。反映到销售人员薪酬体系中，就是具备一定管理能力的销售人员的价值问题。

4. 客户期望

销售人员是公司的窗口，销售人员的形象代表了公司的形象。销售人员的实际表现如何，以及通过销售人员的实际表现推断出厂商如何，这些都在影响着客户的满意度。

客户维度的因素总体上均影响了公司对销售人员素质的选择，不同素质人员的价值不同，也就对应了公司应该支付不同水平的薪酬。

依据市场情况确定薪酬水准

依据市场情况确定销售人员的薪酬水准，应当从以下几方面因素来考虑。

1. 稀缺程度

稀缺程度表明公司在人才市场上获取同类人才的难易程度，如果公司销售人员在市场上较难招聘得到，那么公司就应该提高销售人员的固定工资，相反如果公司很容易在市场上招聘到销售人员，那么就相应地提高其佣金的比例。像前文提到的一样，"招聘几个销售人员是一件十分简单的事情"，但是一定要注意是否你目前的销售人员能够达到公司要求，你是否要招聘类同于你目前销售人员水平的人员。

2. 市场薪酬水平

如同在典型的薪酬设计技术中一致，市场薪酬水平基本上决定了公司该职位的薪酬水平，这是一个外部公平的问题。如果外部不公平，将导致的直接结果就是销售人员离职率高或他们会降低绩效来平衡他们所获得的薪酬。

3. 竞争对手行为

竞争对手销售人员的薪酬体系如何？他们是如何设定各部分的比率的？竞争对手有没有采取非正常的、诸如挖墙脚之类的措施？这个时候，设计具有竞争力的薪酬对于稳定员工队伍起相当重要的作用。否则，公司将以丧失销售团队和市场机会为代价。

依据销售人员情况确定薪酬水准

依据销售人员情况确定销售人员的薪酬水准,需要考虑以下两方面因素。

1. 销售人员期望

公司的销售人员对自己薪酬的期望值是多少?如果达不到自己的期望值,那么即使他在公司工作,那也仅仅是权宜之计。而且在这种状态下,销售人员的积极性肯定欠缺,不利于公司的长远发展。

2. 销售人员绩效

销售员工的薪酬是一定要与其业绩结合起来的,也只有这样才会体现"多劳多得"的原则。但在有的企业或行业中,员工业绩其实是很难衡量的,因为大多数商品都有一个自然销量(除非是未上市商品),也就是说难于衡量在业绩中有多大比重是由于销售人员的个人努力来实现的。

划分销售人员薪酬的构成比例

通常一线销售人员的薪酬基本上采取结构工资制,即底薪加提成,到年底根据公司效益情况发放效益奖金。

1. 底薪

底薪为销售人员提供了基本的生活保障,一些兼职销售人员大部分是无底薪提成。底薪一般有三种形式,一种是无责任底薪,这种底薪与业绩完成情况无关,可以理解成固定工资;一种是带责任底薪,这种形式的底薪和业绩完成情况直接相关,根据业绩完成率按比例或既定的标准发放;还有一种是混合底薪,就是底薪中有一定比例是无责任底薪,固定发放,其余部分和任务完成情况挂钩。如表6-1所示。

表6-1 底薪的三种形式

底薪的三种形式	底薪的发放
无责任底薪	底薪每月固定发放,与销售目标完成情况无关
带责任底薪	底薪与销售目标完成情况直接相关。根据目标完成率核算实际发放底薪
混合底薪	底薪中一部分固定发放,另一部分根据目标完成率核算发放

2.底薪和提成的组合形式

底薪和提成在工资总额中的比例设计可根据公司所在行业,以及公司在市场中的地位、品牌影响力以及产品特性等因素确定。表6-2是高底薪低提成以及高提成低底薪两种组合的比较。

表6-2 薪酬组合对比

薪酬组合	企业发展阶段	企业规模	品牌知名度	管理体制	客户群	优势
高底薪低提成	成熟期	大	高	成熟	相对稳定	有利于企业维护和巩固现有的市场渠道和客户关系,保持企业内部稳定,有利于企业平稳发展
高提成低底薪	快速成长期	小	低	薄弱	变动大	更能刺激销售员工的工作积极性,有利于企业快速占领市场,或在企业开拓新业务和新市场时利于占领市场先机

3.提成

关于提成的设计一般从两个方面考虑,一是提成基础的确定,也就是提成根据什么核算,是以合同额核算,还是以回款额核算;二是提成比例的确定。

(1)提成基础的确定。对于公司而言,根据回款额提成是一种最为保险的方式。因为在复杂的市场环境中,客户的信用不确定,按合同额提成对公司可能仅仅意味着一场数字游戏,在没有实际的现金流入之前就兑现销售人员的提成至少存在着风险。销售人员单纯为了追求业绩的增长,而不考虑客户信用状况,一味地追求合同额,而不去考虑回款,公司的呆账、坏账比例会逐渐增多,没有人对此负责,公司的资金状况会日益恶化,最终导致公司无法正常运营,举步维艰。这当然是一种极端的状态,但也不是没有先例的。有一家国有企业就曾经有过类似的经历,其在计划经济时代,产品供不应求,销售人员简直是客户的上帝,货款回收自不必说,很多时候客户为了能及时得到产品,甚至是先付款再提货。随着市场经济的繁荣,业内竞争加剧,该公司依然采取以合同额为提成的基础,后果可想而知,账面上趴着两亿多元的呆坏账。而当公司意识到这个问题,再去追溯,很多都是无头账了。

完全根据回款提成,也不是在任何公司或任何阶段都适用的。比如说公司开展一项创新业务时,可能在初期以合同额提成会更加配合公司战略的实施,而在业务趋于成熟时,就应该考虑以回款考核了,所以在不同的阶段为实现战略目标可以灵活地调整提成的基础。

提成的基础也可根据销售人员的成熟度不同而有所不同。比如对于销售新人的激励,由于其经验和阅历有限,相对于其他工作而言,销售更具挑战性,所以对于刚入行的新手而言,以合同额计提提成可能更能提高其对销售工作的信心和兴趣。而对于有经验的销售人员,他们已经具备一个合格销售员的素质,也就是职业成熟度比较高,用回款计提成对公司比较有利,对个人的激励效果也不会有很大影响。如表6-3所示。

表6-3 提成基础对比表

提成的基础	公司发展阶段	公司战略导向	客户信用	销售人员	公司经营风险
按合同额和回款提成	成熟期 再造期	保障当前现金流,创造未来现金流	信用一般		中等
按合同额提成	成长期	快速占领市场	信用度高	销售新人	较大
按回款提成	成熟期	降低财务风险,创造持续现金流	信用风险大	成熟销售人员	较小

（2）提成比例的确定。提成比例的确定是一个重点和难点，比例设高了，对于个人激励性增大，但企业的利益就相对降低了；设低了，对个人没有太大的激励性，不能促进其多开发客户，从而企业的利润也无从谈起了。一般而言，一方面根据公司的运营成本测算，保证公司最低净利润收入后确定可分配的利润，另一方面是考虑同行业通行的提成比例。公司产品品牌优势较高时，比例可以适当地低一些，因为个人努力在销售中占的主导因素会较一般品牌公司低一些，而且公司产品在市场上份额会较大一些，会因销量而弥补提成比例上的差距造成的收入上的差距。如果是初创的企业可考虑在公司能承受的范围之内，适当地提高比例，因为其在市场上没有品牌影响力，销售更多的是依靠销售人员个人的能力去实现，而且市场份额不大，总销量不高，提成比例不高会导致业务人员收入过低，从而导致销售人员流失率增大，影响公司的生存和发展。

目标值的确定也是一个难点，如何使目标值设定得科学合理，也就是使劲跳一下，能够得着，太高了没有跳的欲望，目标值也没有任何激励意义，太低了，对公司而言是剩余利润的无谓损失。如表6-4所示。

表6-4 提成比例对比表

提成比例的确定	优点	缺点
完成任务后提成比例增大	鼓励销售人员卖出尽可能多的产品，实现尽可能大的销售额	在实际完成销售额相同的情况下，目标值定得越低，销售人员能够拿到的提成越多
提成比例保持不变	能在一定程度上激励销售人员完成尽可能多的销售额，同时由于销售提成不与销售目标值挂钩，因此在制定销售目标时销售人员不会因追求更高的销售提成而有意地要求降低销售目标，使销售额目标值的制定更接近于实际	激励力度相对较弱
提成比例在达到目标后降低	鼓励销售人员根据实际情况上报销售额目标值，并努力将其实现。无论销售人员实际完成的销售额为多少，销售目标定得越高，其所获销售提成都可以更多	操作难度较高，两个提成比例的制定要经过精确的预估和计算才能确定。另外在销售人员完成销售目标后，不能有效激励销售人员进一步扩大销售量

薪酬方案一：只给销售提成

直接给销售提成，没有基本工资，是许多公司在创业时期采用的酬金方案，很多小公司仍然采取这种方法。销售人员只拿佣金意味着销售人员收到的唯一薪酬就是根据已有销售量的一定比例，获取现金提成。有的公司还规定，如果销售人员年终销售超过某一指标，还可以拿到年度鼓励奖，但销售过程中发生的费用，基本上由销售人员自己承担。这种方案对公司的好处是：

（1）对每年的销售，你都可以确切知道成本。因为你的唯一销售成本，就是根据销售支付一定比例的佣金。

（2）不必为销量少的销售人员承担费用。大多数公司对新销售人员，在头3个月内先每月预支一些钱给他做销售费用，他实现销量后，再从他的佣金中扣除预支的钱。如果3个月后这位销售人员还没有卖出产品得到提成，他要么自己掏钱，继续干下去；要么自己走人，也不必向公司辞职。

（3）利用这种方案，即使增加其他销售人员，也没有什么花费。因为你只需为头几个月预支一些钱，并在以后的佣金中扣除，而且头几个月可预支的费用有一个最高限额。

（4）公司对销售业务员，基本上不需要什么管理。除了确定他们的提成比例、销售区域和产品价格，也就任其发挥了，因而也不需要很多管理成本。

这种酬金方案，对那些有销售经验或有一定的客户关系渠道的人，是有利的，而且从事销售时间越长，越有利。然而，此种酬金方案实施的年头长了，问题就会暴露出来。

某家生产饲料的企业，对所有的业务员一律采取100%佣金方案，费用自已承担。在创业的前几年，有些业务员由于销售业绩差，维持不下去了，慢慢被淘汰，自动离开公司。而那些销售能力强、业绩显著的业务员则越做越大，在自己的销售区域招聘了几个销售助理，实际上变成了一个由他自己承包的销售分公司，甚至偷偷地卖起竞争对手的饲料，对公司布置的一些任务也漠不关心。当销售经理发现他在同时卖竞争对手的产品时，他说："我又不拿公司一分钱，你管我卖什么？"销售经理现在对他毫无办法，因为如果不让他销售公司的产品，损失则更大，而且这一地区的市场也就丢了，此种现象说明只拿佣金的方案的弊端是：

（1）因为销售人员没有得到公司的销售支持，是凭自己的能力拿回扣，所以除了为自己着想外，不会考虑公司的利益。

（2）公司对销售人员的管理、控制能力差。随着销售人员完成的销售规模的增加，会出现"客大欺店"。河南省某家生产涂料的企业，采取这种提成方式销售，有两个业务员的销售逐渐占了企业总销售额的80%。由于市场价格的下降，公司产品利润减少，年终，总经理希望把他俩的提成压低一些，这两位销售人员一气之下，离开了该企业，自己成立了销售公司，销售竞争对手的产品，导致这家企业第二年因销售困难而倒闭。

（3）不利于新的销售人员的培养。业务员只顾自己拿提成，不会指导新业务员，甚至和新业务员抢客户。

如果你的销售团队采取的是100%的佣金提成方案，你就要发挥它的优点，以弥补它的不足，你可以采取以下措施：

一是随着公司销售量的增大，不断增加对销售人员的销售支持，如促销用具、培训。同时，与销售人员就他所在的地区市场竞争、销售策略增加沟通，引入销售策略企划方案、销售计划、销售业绩指标管理，对市场、客户中出现的问题，公司应积极帮助销售人员解决。尽管这些会增加成本，但会让销售人员感到，自己完成的销售额，是与公司的支持帮助分不开的，而且这种支持帮助又会促进销量进一步增长，为公司带来更多利润。

二是适时地为销售规模扩张快的销售人员配置销售助理，销售助理的酬金一定要由公司支付，规定该地区老业务员对培养销售助理负有责任。有些公司还规定，地区销售助理如果完不成销售任务，地区销售主管的年终提成将被打折扣，如果新业务员销售超额，主管也能获得一份奖励。

三是对驻外办事处的销售人员而言，销售达到一定额度，可配备外源财务人员，负责区域贷款账目，工资由公司财务部发放。

100%佣金提成方案，在公司市场前途看好、销量持续增加时，无论是实施、运行还是对销售人员的控制都较易进行。但一旦市场竞争激烈，产品价格下降，销量滑坡时，由于没有新增销量，按此方案，就不可能有新业务员加入和"生存"，而老业务员随着年龄增长，精力下降，尤其是信心老化，没有了进取精神，公司将面临销量不振、销售人才"青黄不接"的危机。到了这个时候，可能就不完全是酬金方案改革的问题了。

薪酬方案二：基本工资+销售佣金

基本工资加销售佣金方案有两种形式，一是低基本工资、高提成比例；二是高基本工资、低提成比例，哪种形式更好一些呢？

首先从对销售人员招聘的吸引力来看，第一种形式对销售人员的风险大，公司付出的成本低，所以对应聘者的吸引力不大，除非某些业务员有许多原有的客户关系，而且一旦被聘用，马上就会有很大的销量，然而遗憾的是，此种情况很少见。第二种形式由于基本工资高，公司成本高，业务员风险小，所以对应聘者的吸引大。显然，假如有A、B两家公司，A公司开出的底薪是600元，B公司开出的底薪是2000元，哪家公司能招到素质更高的业务员呢？千万不要凭想象认为，销售人员都愿迎接挑战，承担风险，少拿工资，多拿提成，别人还没有进入你的公司之前，怎么能让他们相信你公司的产品就是非常容易销售的呢？

你在招收销售人员时，是追求数量还是质量呢？如果你认为多多益善，任其大浪淘沙或悉心培养，你可以采取低底薪高提成；如果你坚持招到高素质的有经验的业务人员，并且宁缺毋滥，你最好采取高底薪，低提成。第一种形式会对业务员的管理造成困难。由于给业务员底薪低，他们不会太在意这份工作，如果你让他们服从管理，威胁要炒他们的鱿鱼，他们会说："想炒就炒吧，就给这么点工资，上别的公司也能找到这样的工作，谁在乎。"而第二种形式，业务员底薪高，他们会珍惜这份工作。原因是，如果失去这份工作，再找一家有这么高底薪的公司不太容易，他们会积极地在管理上配合你。第二种方式与第一种方式相比，公司支付的成本高，假如一年下来，这些高底薪的业务员并没有实现很高的销量，公司的损失就比较高，这是第二种方案的缺点。

如何能把两种方案的优点结合起来呢？对底薪的分层设计可解决这一问题。

你可以把底薪分成几个级别，如表6-5所示：

表6-5 底薪级别分层设计表

级别	底薪	晋升条件
一级	800元	新聘用的无经验的实习业务员
二级	1200元	两年完成销售配额或一年超额完成配额50%
三级	1600元	三年完成销售配额或两年超额完成配额30%
四级	2100元	五年完成销售配额或三年超额完成配额20%

对招聘的业务员，根据他的销售经验和技能，分别确定级别。这样，给销售人员传达的信息就是：你有多少经验和能力，公司就会用多少底薪"养着"你，进入公司后，如果想获得更多的底薪，你就得用销量来证明你的能力。

一些公司为了增加销售人员的挑战性，规定：如果一个达到高级别拿高底薪的业务员，连续两年不能达到销售配额，就被降级，底薪减少；相反，一个新业务员如果连续几年大大超过销售配额，就会很快达到高级别，享受高底薪待遇。

薪酬方案三：底薪+佣金

我国许多企业尤其是民营企业，在创业发展时期，大多数采用100％佣金提成方案。如今，许多企业已达一定规模，此种酬金方案的弊端越来越严重，已极大影响了企业的发展。随着市场竞争的激烈，销售量增长变缓，问题就更加突出，到了不得不改变该方案的时候。

如何实现从100％佣金提成向底薪加佣金方案的平稳过渡呢？

从表面上看，100％佣金提成是公司给它的业务员的利益分配，但公司和业务员的关系实际上等同于公司与经销商的关系，二者成了两个不同利益的主体。数年以后，那些创业期的老业务员成为100％佣金方案的既得利益者，成了一个个"山头"，当你要改革这种方案时，他们成了最大的障碍。你还不能主动消除这些障碍，因为一旦这些老业务员"罢工"，销量大减，公司可能会遭受灭顶之灾。你必须有步骤、循序渐进地展开"削藩"的工作。

你所要做的第一项工作，就是让这些老业务员认识到，如此下去，公司肯定会垮掉，如果公司破产了，他们就再也没有钱可挣了。无论从他们个人未来还是公司发展的角度考虑，他们都必须要进行角色转换，从创业型经理变成职业型经理。你也可以请外部的培训师进行培训，实现老业务员的观念转换和心态调整。

在销售人员观念上有所触动后，可以借新产品进入市场、增加销售新区域或区域调整等名义，增派销售助理，熟悉客户和当地业务。

然后，要求每个业务员将自己负责的客户上报，建立客户资料库；同时，进行业务员销售费用核算，把由业务员自行消化的费用，由财务进行处理，将回扣总额，减去费用部分，返还业务员。

最后，导入底薪加提成酬金方案。这可能导致一些老业务员收入减少，但到此步，已是水到渠成。

在此过渡过程中，你会遇到个别业务员的激烈反对，也会碰到很多障碍，因此，在进行改革前，更要取得你的上级坚定的支持。

对于此项改革导致老业务员收入的减少，你可以给予解释，因为竞争激烈，市场价格下降，利润减少，公司规模扩大，管理成本提升，个人收入减少也是不可避免的。当然，如果你的公司引入股票期权激励方案，给予这些老业务员一定的股票期权，问题就迎刃而解了。

当然，你应该明白，从100%佣金方案过渡到底薪加提成方案，实际上为公司节约了成本。例如，有A、B两家公司，以同样的价格销售同样的产品，二者的边际利润也相近。A公司采用100%佣金提成方案，按销售额的10%直接支付给销售人员佣金；B公司付给销售人员基本工资加5%佣金。把每个公司给员工的总费用进行比较，5年后，假如销售人员的销量增加一倍，情况如表6-6所示：

表6-6 薪酬变动比较表

	A公司	B公司
第一年每个销售人员销售量	100万元	100万元
支付工资	没有	5万元
佣金	10万元	5万元
第五年每个销售人员销售量	200万元	200万元
支付工资	没有	6.077 5万元
佣金	20万元	10万元

第一年，A、B两公司的销售人员都得到10万元，A公司销售人员完成100万销售额提成10%得到10万元，B公司销售人员基本工资5万，加上5%销售提成，也正好10万元。假如B公司因为区域内销量增长强劲，给他的员工基本工资每年增加5%，一直到第五年。基本工资达到6.0775万元；第五年A公司

销售人员总收入为20万元，仍占公司销售额的10%，然而B公司只给销售人员16.0775万元，只占公司总销售额的8%。

这种随公司每位销售人员平均销量增加，公司总费用的下降，叫"缓冲酬金方案"。在这种方案下，随销售人员销量增加，公司实际提高了销售利润率。

指数佣金方案的设计

在底薪加佣金提成酬金方案上，采取对底薪分级设计，比较科学，而对佣金提成，按什么比例设计呢？"缓冲酬金方案"虽然节约了公司成本，但实际上销售越多的人，暗中吃了亏，这是不公平的。如何在提成上增加激励呢？采用指数佣金方案可以克服这一缺点。

指数佣金方案指在基本底薪基础上，先确定每个业务员完成的定额指标，凡达到这一指标，给予固定的奖金，然后根据业务员实际完成的销售额占销售定额的百分比，再对百分比平方，乘以固定佣金数，就得出销售人员实际获得的佣金。

例如有3个业务员甲、乙、丙，他们的销售定额都是200万，达标固定佣金是10万元，到年底，甲只完成160万，乙正好完成200万，丙超额达240万，其实际获得佣金如表6-7所示：

表6-7 销售人员佣金表

名称	定额指标	达标固定佣金	实际销量	占定额比例	应获佣金
甲	200万元	10万元	160万元	80%	$10 \times 80\% \times 80\% = 6.4$万元
乙	200万元		200万元	100%	$10 \times 100\% \times 100\% = 10$万元
丙	200万元		240万元	120%	$10 \times 120\% \times 120\% = 14.4$万元

由此可见，指数佣金方案的意义在于，实现的销量比定额指标越低，你

的佣金提成比例越低；相反，实际销量超过定额指标越大，你的佣金提成比例越高。

指数佣金方案的作用就是鼓励销售人员超额完配额指标，也间接地"惩罚"了没有完成定额指标的人。

佣金比例权重方案的设计

对销售总额进行一定比例的佣金提成也有缺陷，就是对销售总额中不同种类的产品在不同地区销售未加区分，考虑到不同产品、不同地区销售的难度和工作量不一样，而且公司对不同产品的销售重视程度也不一样，如何能把这种因素体现进去呢？

可以采取加入权重的方法，来解决这些问题。假如有A、B、C三种产品，A产品已销售几年，一直畅销，不需要销售人员太大的努力；C是新产品，刚进入市场，公司希望销售人员能力推此产品。假如乙业务员完成200万销量中，A产品100万，B产品50万，C产品50万，三种产品的权重分别是80%、100%、120%，那么乙可获得的佣金如表6-8所示：

表6-8 加入权重后佣金获得表

产品	A产品	B产品	C产品
权重	80%	100%	120%
销量	100万	50万	50万
权重调整销量	80万元	50万元	60万元
总量	170万元		
占指标比例	170万元/200万元=85%		

乙只能拿到7.225万元，由于他在易销的A产品上销售量大，难销的新产品C销量少，所以总体的佣金下来了。

你还可以对不同的销售地区，如有些是已销售多年的区域，有些是正在开发的新区域，因工作量不同，设置不同的权重，体现对不同地区的销售人员在佣金上的公平。

如何选择最佳薪酬方案

销售经理究竟应如何选择薪酬方案呢？

可以根据企业在市场中所处的不同情况来选择薪酬方案。

例如，当企业处在导入期，需要开拓市场时，一般多聘用开拓型销售员，此时的薪酬方案多会选择100%佣金制，以最大限度地刺激销售员去开发市场。当企业的产品已经进入成熟期，市场需要维护和管理时，企业多会聘用管理型销售员，此时的薪酬方案多会采用薪水加奖金制度。

还可以根据企业所生产的产品来决定选择什么类型的薪酬方案。

当企业所生产的产品属于产业用品或工业用品时，所采用的销售方式多以"推"为主，销售员大多直接与最终使用者见面，这时售后服务显得尤为重要。因此在选择薪酬方案时可考虑采用薪水加佣金制度或薪水加佣金加奖金制度，这不但可以提高销售员销售的积极性，也能提高售后服务的质量。当企业所生产的产品属于日常用品或消费品时，这类产品大多销量大，周转率高，流转速度快，销售员所采用的便不再以"推"销为主，更多的是使用专业销售的方式，这时可考虑选择纯粹佣金制度或薪水加佣金制度。

此外，销售经理也要注意在各类薪酬方案不同收入水平之下，可能使企业获得的边际收入情况如何。从管理方面的观点来看，每种方法每支付一元所产生的边际收入，必须与每一元边际薪酬成本相等。如果由多付一元奖金所增加的收入，大于减少一元薪水所降低的收入，则奖金的比例即可增加。但在这种情况下，奖金对收入的影响，仍比薪水对收入的影响大。

薪酬实施前要搞好预测和观察

销售人员得到合理公平的薪酬，必有利于企业的利益；而一旦销售人员认为其薪酬不合理，必将影响其销售额，因此，在实施销售人员的薪酬方案时，销售经理一定要先对薪酬方案进行预测，然后将其介绍给销售人员，并评价其是否达到预期目的。

1.薪酬预测

先根据行业的特点及不同销售人员的情况，对薪酬进行预测。通常可通过以下方式对薪酬计划进行预测：

（1）考虑有几种可行的方案可供选择。如果问题是佣金的不同水平及奖金的突破点，在计算机内创立电子数据表格就可解决问题。这种桌面预测可以利用历史数据、销售经理对各种影响销售的主观因素的预测及销售人员对此种变化的估计三大因素。

（2）成立一个销售人员小组，对计划的运行在桌面上进行监督。在向全体销售人员公布前，桌面系统进行一次预测，决定该计划是否公平、有竞争力、可以理解、符合目标需要、可以在会计系统以及所得数据的支持下运行。

（3）介绍给全体销售人员。在向销售人员介绍薪酬计划时，应说明原因、计划的目标及其给销售人员带来的益处，并积极听取销售人员的意见。任何新的文件如月薪酬报表也应在这种场合进行解释。这种介绍要求销售经理具备变革管理的能力。

2.考察

考察销售奖酬制度的目的是检验试行或原有的薪酬方案制度是否有效。任何新订或修正的销售人员薪酬方案经过一年或一定时期的试用后，都必须对其实施的效果详加分析和考察，以确定是否可以正式实施或有无修正和调整的必要。考察的标准包括以下几个方面：

（1）销售人员的绩效。销售人员薪酬方案不同，销售人员的绩效自然有显著的差异。应考察一项薪酬方案实施后，销售人员的销售绩效是提高了还是降低了。

（2）预算销售费用比率及毛利情况。将拟定薪酬方案的预算数字与实际发生值加以比较。如果实际发生值比预算的要大，说明该薪酬方案有问题。要分析原因所在，提出改进建议。

（3）对客户的影响。如果企业的薪酬方案不是很合理，则常常会出现销售人员怠慢客户的现象。一项新的薪酬方案实施后，如果客户投诉增加，说明新方案可能存在问题，要分析导致客户投诉增加的原因，并提出改进建议。

薪酬实施应当诚信、及时兑现

无论哪一种模式的薪酬设计，薪酬的兑现无疑都是十分重要的一个环节。一些公司薪酬方案设计得十分合理和科学，但往往忽视了薪酬兑现环节，而使薪酬的激励效果大打折扣。薪酬兑现环节应新遵循及时兑现和诚信的原则。

1.诚信原则

这里所说的诚信原则，主要是指公司对销售人员的诚信。

有些公司期初制定了销售政策及兑现奖励办法，在期末兑现时由于销售人员业绩明显高于目标值，提成或奖金的数额都比较高，因此公司制定了一些附加政策，导致销售人员的提成门槛提高，从而节省公司利润。这样做从表面上看对公司是有利的，起码从当期利益是有利的，但对于销售人员乃至公司信誉的损害都是非常巨大的，这种损失不只是公司对员工诚信的损失，最终员工将以未来的低绩效"回报"公司。

2.及时兑现

根据心理学的调查结果，对于员工一次激励的有效期限一般为30天，也就是说，两次激励的时间间隔不应超过这个期限。在管理学上也讲及时激励，激励的效果和效率才最高。而实际操作中，有些公司会因为销售的产品特性和回款周期的不同，兑现的时间也有所不同。根据回款提成的公司，如果产品的回款周期较长，短的半年、一年，长的甚至三年五年，有些公司，为了降低公司的运营风险，往往采取货款全部回收，或大部分回收后才实际兑现提成。这种做法对于销售人员而言，绩效的兑现周期过长，而大大降低了激励力度，有些时候甚至会起到负激励的作用。

为了既考核到兑现的及时性，又考核到公司的经营风险，在提成的设计中不妨根据回款比例兑现提成，同时扣除由于延期回款造成的公司利润损失，这样既达到及时激励销售人员的作用，又有效地降低了公司的呆坏账风险。

销售经理要负责监督薪酬的实施

销售经理怎样做才能保证企业的薪酬方案有利于提高销售竞争优势呢？在实施销售薪酬方案的过程中，销售经理应做好以下几方面的工作：

1.协商底薪

在许多企业,聘用新销售人员时要协商底薪。协商底薪时,首先,销售经理要注意新进员工的底薪问题,并根据同行业的情况加以调整。其次,销售经理一定要注意公平问题和同工同酬的原则,例如,给一位男性求职者的底薪比女性高,可能会违反法律并引起争议。

2.把工作变动情况通知人力资源管理部门

销售经理在调整销售团队的工作内容或责任时,要及时通知人力资源管理部门,因为这些工作将被重新评价,而且可能改变相应的薪酬等级。

3.建议加薪和提升

销售经理通常会对销售人员加薪和提升提出建议,为此,提供精确的绩效评估具有非常重要的意义。不准确或者带偏见的评估会导致不公平的薪酬决策,其结果可能会导致员工不满、工作绩效降低,引发跳槽,甚至会引起有关歧视的法律争端。

4.帮助销售人员获得合理津贴

销售经理应该对企业所提供的津贴非常熟悉,并把这方面的信息清楚地传达给应聘者和销售团队的成员。销售经理要帮助销售人员获得合理津贴,即使是对要离职的销售人员。例如,某销售人员工要跳槽时,销售经理应说服企业给予其应得的离职补助,以免此人离职后在外面说不利于企业的话,同时,还可与该离职者保持友好的关系,进一步树立企业的形象。

第7章 业绩就是硬道理

——销售人员的绩效考核与评估

绩效考评是销售经理对销售人员进行管理的基本内容之一。绩效考评是一种正式的员工评估制度,它是通过系统的方法、原理来评定和测量员工在职务上的工作行为和工作效果。绩效考评也是企业管理者与员工之间的一项管理沟通活动。绩效考评的结果直接影响到薪酬的调整、奖金的发放及职务的升降等诸多涉及员工的切身利益的问题。

销售人员的绩效考评工作应严格按照一定的程序进行,具体包括:收集考评资料、建立绩效标准、选择考评方法、进行绩效考评、反馈考评结果。只有这样才能对销售人员的业绩做出合理的、全面的、科学的评定。

绩效是衡量员工业绩的标尺

绩效是相对一个人所担当的工作而言的，即按照他的工作性质，完成工作的结果或履行职务的结果。员工的绩效是员工在对待工作和进行工作时的外在表现。销售人员绩效考评是对销售人员的工作行为、态度、业绩等方面进行的综合考评。"绩效"一般包含两个方面的内容。一方面，绩效是指员工的工作结果。在企业里，员工的工作绩效具体表现为完成工作的数量、质量、成本费用以及为企业做出的其他贡献等。另一方面，绩效就是影响员工工作结果的行为、表现及素质。

（1）绩效是人们行为的后果，是目标的完成程度，是客观存在的，而不是主观的东西。

（2）绩效必须具有实际的效果，无效劳动的结果不能称之为绩效。

（3）绩效是一定的主体作用于一定的客体所表现出来的效用，它是在工作过程中产生的。

（4）绩效应当有一定的可度量性。对于实际成果的度量，需要经过必要的转换方可取得，具有一定的难度，这正是评价过程必须解决的问题。

因此，绩效是工作过程中的有效成果，是企业对成员最终期望的达到程度。

推进绩效考核，提升个人和团队效率

企业对销售员的绩效评价的目的和宗旨表现在以下几个方面：

1.保障销售目标的完成

销售目标是销售管理过程的起点，它对销售团队、销售区域的设计及销售定额的制定起着指导作用。这些工作完成之后，销售经理开始招聘、配置、培训和激励销售人员，促使他们朝着销售目标努力。同时，销售经理还应当定期收集、整理和分析有关销售计划执行情况的信息。这样做一方面有利于对计划的不合理处进行修改，另一方面则有利于发现实际情况与计划的差异，以便找出原因并寻求对策。可见，有效的绩效考评方案如同指南针，它保证销售人员实现企业的销售目标。

2.为销售人员的奖酬提供依据

科学的考核，公平的奖酬，对激励销售人员有着重要的影响。有效的绩效考评方案是对销售人员的行为、态度、业绩等多方面进行全面而公正地考评，考评的结果不论是描述性的还是数量化的，都可以为销售人员酬薪的调整、奖金的发放提供重要的依据。而且，企业能够在客观评价的基础上给予销售人员合理的薪酬或待遇，激励销售人员继续努力。

3.通过考评发掘销售人才

通过绩效考评能够查明销售人员的实际销售能力及效果。绩效考评的结果能够对销售人员是否适合销售岗位做出客观的、明确的评判。如果发现他们缺乏某一方面的能力，可以对之补充和加强；如果发现他们在某方面的能力没有得到充分的发挥，可以给予其更具挑战性的任务，为他们提供尽展才华的机会。另外，一个具有敏锐观察力的销售管理者，通过绩效考评也可能会发现具有某方面潜能的销售人才，从而采取措施发掘和培养他们。

4.加强对销售活动的管理

在销售管理过程中，销售经理一般每月对销售人员进行一次考评。有了每月的考评，各销售区域的业务活动量会有所增加，因为销售人员都希望获得较好的考评成绩。同时，销售活动的效率也会提高，因为绩效考评会让销售人员周密思考和谨慎行动，用更理智的方式做事。绩效考评还能让销售经理监控销售人员的行动计划，及时发现问题。

5.让销售人员清楚企业对自己的评价和期望，引导销售人员的发展

虽然销售经理和销售人员会经常见面，并且可能经常谈论一些工作上的计划和任务，但是销售人员还是很难清楚地明白企业对自己的评价和期望。绩效考评是一种正规的、周期性的销售评价系统，绩效考评的结果是向员工公开的，员工有机会了解企业对他们的评价，从而正确地估计自己在组织中的位置和作用，减少不必要的抱怨。

每位员工都希望自己在企业有所发展，企业对员工的职业生涯规划就是为了满足员工自我发展的需要。绩效考评是一个导航器，它可以让员工清楚自己需要改进的地方，指明了员工前进的方向，为员工的自我发展铺平了道路。

6.业绩考评是甄选、培训销售人员的依据

优秀的销售人员，其工作业绩也是优秀的，因此甄选优秀销售人员就要依靠对销售人员业绩的考评。通过对销售人员业绩的考评，不仅能甄选出优秀的销售人员，将其委派到重要的工作岗位，而且有助于发现每个销售人员的工作特点，为用人所长，更好地发挥每个销售人员的长处提供了依据。

这些不同的目的影响着企业的整个绩效评估过程。例如，确定物质奖励及奖励进步者的绩效评估应该把重点放在销售人员当前的工作及与销售相关的活动上；把销售人员提升到管理职位的绩效评估应侧重于其作为销售经理的潜在效率之上，而不只是看其当前的工作绩效。所以，销售人员绩效评估必须谨慎地开发与实施，以便为完成既定目标提供必要的信息。

总之，绩效考评的目的是通过考核提高每个销售人员现有的效率，实现整体的销售计划进而实现企业的目标。同时绩效考核的结果也是销售管理者进行人事决策和甄选、培训销售人员的依据。

从德、能、勤、绩四方面来考核

销售人员绩效考核是按照一定的标准，采用科学的方法，检查和考核销售员对职位所规定的职责的履行的程度，以确定其工作成绩的管理方法。其目的主要在于通过对其全面综合的评估，判断他们是否称职，并以此作为企业人力资源管理的基本依据，切实保证销售人员的薪酬、晋升、调动、激励、辞退等工作的科学性。同时，也可以检查销售人员配置、销售培训等方面是否有失误。

对销售人员要从多方面、多角度着眼进行立体的、多维的考评，主要包括：德、能、勤、绩几个方面。

1.德

德是人的精神境界、道德品质和思想追求的综合体现。德决定一个人的行为方向——为什么而做；行为的强弱——做的努力程度；行为的方式——采取何种手段达到目的。如果一个销售人员同客户勾结或出于自私自利，实现了销量却不能保证资金的及时回笼，说明其销售伦理不健康，这在国内一些企业中表现得非常突出。因此，科学的销售评价体系中必须有这一指标，常用客户满意度和资金回笼率来表示。德的标准不是抽象、一成不变的。不同时代、行业、层次对德有不同的标准。这里主要是指职业道德，包括纪律性、责任感和积极性等方面。

2.能

能是指销售人员的能力和素质。主要包括专业知识、销售技能、认识能力、沟通能力、协调能力、人际关系能力、开拓创新能力、发展潜力等方面。

3.勤

这里的勤指的不仅仅是出勤情况，而是指一种工作态度，它主要体现在销售人员的日常工作表现上，如工作的积极性、主动性、创造性、努力程度以及出勤率上。有的销售人员虽然每天都很准时到公司报到，可是态度一点都不积极，没有进取心。因而对勤的评估不仅要有量的衡量，如出勤率，也要有质的评估，即是否以满腔的热情，积极、主动地投入工作。

4.绩

绩是指业务人员的销售业绩，包括完成的销售量、客户的满意程度、完成的效率、经济效益、成本控制等。

绩效考核六原则

为适应营销人员绩效考核的特征，要建立一套在完成公司业绩指标的基础上，使企业和员工双方满意的考核体系，避免操作过程陷入困境。其绩效考核要遵循以下原则。

1.实事求是

实事求是就是要求绩效考评的标准、数据的记录等要建立在客观实际的基础之上，对销售人员进行客观考核，用事实说话，切忌主观武断。缺乏事实依据，宁可不做评论，或注上"无从考察"、"有待深入调查"等意见，按客观的标准进行考核，引导成员不断改进工作，避免人与人之间的摩擦破坏组织团结。

2.重点突出

为了提高考评效率，降低考评成本，并且让员工清楚工作的着重点，考评内容应该选择岗位工作的主要方面进行评价，突出重点。同时，考评内容不可能涵盖岗位工作的所有内容。考评的主要内容以影响销售利润和效率的因素为主，其他方面为辅。

3.公平公开

绩效考评应该最大限度地减少考核者和被考核者双方对考评工作的神秘感，绩效标准的制定应通过协商来进行。考核结果公开，使企业的考评工作制度化、规范化。

4.重视反馈

在绩效考评之后，企业要组织有关人员进行面谈讨论，把结果反馈给被考核者。同时，考核者应注意听取被考核者的意见及自我评价。存在问题不要紧，应及时修改，建立起考核者与被考核者之间的互相信赖关系。

5.工作相关

绩效考评是对销售人员的工作评价，对不影响工作的其他任何事情都不要进行考评。比如员工的生活习惯、行为举行、个人癖好等内容都不宜作为考评内容出现，更不可涉及销售人员的隐私。在现实的绩效考评中，往往分不清哪些内容和工作有直接联系，结果将许多有关人格问题的判断掺进评判的结论，这是不恰当的，考评过程应就事论事。

6.重视时效

绩效考评是对考核期内的所有成果形成综合的评价，而不是将本考核期之前的行为强加于当期的考评结果中，也不能选取近期的业绩或比较突出的业绩拿来代替整个考核期的绩效进行评估，这就要求绩效数据与考核时段相吻合。

收集绩效考评相关信息

作为公司的管理层，有好几种方法获得有关销售人员的业绩信息，其中最重要的来源是销售人员的销售报告，其余的信息来自个人观察、企业的销售记录、消费者信件和投诉、消费者调查以及和其他销售代表的谈话。

1.企业内其他员工的意见

这一资料的来源，主要是销售经理或其他有关人员的意见。当然，销售人员的意见亦可作参考。这种资料的优点在于能补救公司档案和销售人员报告书提供资料的不足，因为这些数量性的资料无法提供有关销售人员的合作态度和领导才干的资料。

2.企业销售记录

企业内有关记录，如客户记录、区域的销售记录、销售费用的支出等，都是提供评估的宝贵资料。例如，利用这些资料计算的某一销售人员所接订单的毛利额或某一规模订单的毛利额，对于评估绩效有很大的帮助。

3.销售人员的工作报告书

报告书的种类极多，通常可分为两类：一类是计划报告书；一类是完成工作的报告书。计划报告书是销售人员对未来工作提出的计划，其中包括区域的销售计划。完成工作的报告书则是提供销售活动的成果。

销售人员呈交的报告非常丰富，但往往销售人员抱怨他们花费太多时间用于填写报告，而他们的报告最后竟没人阅读。因此管理者要在各种管理表格的设计和表格的督导上下工夫，针对报告书的用途简化报告，减少回报时间，使销售管理表格真正成为销售经理管理和控制销售人员的有效工具，同时为销售人员的绩效考评提供切实可信的信息依据。

许多公司要求他们的销售人员制订一个年度地区市场营销计划，在计划中要阐明他们开发新客户和提高现有客户业务的方案。这类报告使销售人员扮演了市场经理和利润中心的角色。他们的销售经理对他们的报告加以研究，提出建议，然后依据它来制定销售定额。

销售经理把他们的活动记录在访问报告中，向销售管理层汇报销售人员的行动，说明具体消费者的状况，为下期的访问提供有用的信息。销售人员还要提交费用报告、新业务报告、业务流失报告和当地业务及经济状况报告。这些报告提交了原始数据，销售经理从这些数据中提炼出有关销售业绩的关键指数。包括：

（1）每个销售人员平均每天的销售访问次数。

（2）平均每次的访问时间。

（3）平均每次的访问费用。

（4）每次销售访问的平均收入。

（5）平均每次销售访问的招待费用。

（6）每百次访问收到订单的百分比。

（7）各期新客户数目。

（8）各期客户丢失数目。

（9）销售团队支出占总支出的百分比。

……

这些指标回答了下列几个有用的问题：销售人员每天的访问次数是不是太少？他们每次的访问费用是不是太高？他们是否在招待方面支出太多？他们每百次访问收到的订单数是否足够？他们是否开发了新客户且维持了原有客户？对这些问题的回答将是业绩考评的重要依据。

4. 客户意见

有一些销售人员的业绩很好，但是在客户服务方面做得并不是十分理想，特别是在商品短缺的时候更是如此。例如，某公司的一位销售人员负责某地区的销售，经常以产品紧张为由对其客户提出一些过分的要求（如要求提供用车），从而影响了公司的形象。收集客户意见的途径有两方面：一是客户的信件和投诉；二是定期进行客户调查。

5. 销售人员本人意见

这部分包括被评价的销售人员本人所作出的反应和提出的意见以及看法。这样做的好处是允许销售人员有一个正式参与的机会，从而改善他们对绩效评价的认知。

建立绩效考评标准

要评估销售人员的绩效，一定要有良好而合理的标准。由于组织的效率缺陷和销售人员的人数限制，企业不宜制定一种以全体销售人员为对象而又超过实际能力的绩效标准。管理者应清楚明了整个市场的潜力和每一位销售人员在工作环境和销售能力上的差异。绩效的标准应与销售额、利润和企业的目标一致。

要评估销售人员的绩效，一定要有科学而合理的标准。所谓绩效标准，是指企业希望销售人员所能达到的绩效水平和标准，以及如何对具体的标准进行衡量。无论是销售人员的工作结果，还是他们实际的工作行为都应该作为绩效标准的组成部分。

1.客观性绩效标准

在绩效标准中，客观性绩效标准因为是按职务标准进行的量化考评，因而能够最有效地对销售人员的业绩进行评价。

客观性绩效标准，包括以下几个方面：

（1）销售量。大多数销售经理考评销售人员绩效的第一个标准就是销售量，抛开其他因素，销售最多的就是最好的。但是，销售量不能完全说明企业销售人员对企业利润和客户关系贡献的多少。为了使销售量评估更有价值，在实际考评时，一般将销售人员的总销售量按产品、客户或订单规模分类研究，并与产品、客户的分类定额指标相对比。

（2）毛利。除了考核销售量外，销售经理应该更多地关心销售人员创造的毛利。毛利是销售人员工作效率的一个更好的考评标准，因为它在某种程度上显示了销售人员销售高利润产品的能力,个人对利润的直接贡献理所当然是考评销售人员绩效的重要标准。

(3)订单的数量和订单平均规模。销售人员获得的订单数量和订单平均规模也是销售人员绩效考评的重要标准。这一分析按客户类型划分,更能了解销售人员的客户销售效率。有的销售人员得到了太多的小批量、非营利的订单,尽管总销售量因为几个大的订单而令人满意。也有的销售人员很难从某些类型的客户得到订单,只能从其他客户那里取得订单来弥补。

(4)平均每天访问客户的次数(日访问率)。销售绩效的一个关键因素是访问客户的数量,销售人员如果不访问客户,就无法销售产品。通常访问次数越多,产品卖得越好。如果某销售人员每天访问三次客户,而合理的企业销售人员日访问客户的平均水平是四次,那么有足够的理由相信,销售人员将日访问率提高到平均水平上,其销售业绩一定会上升。

(5)平均访问成功率。访问成功率即收到的订单数与访问次数的比率。作为绩效标准,访问的平均成功率表示了销售人员选择和访问潜在客户的能力和成交能力。将平均成功率和日访问率进行结合分析更有意义。如果访问率高于平均水平,但是订单数量低于平均水平,那么可以推断销售人员可能没有在每个客户身上花足够的时间。或者,如果访问率和访问成功率都高于平均水平,而平均订单很小,说明销售人员的销售技能有待提高,应学会如何有效地访问客户。

(6)直接销售成本。直接销售成本是销售人员所发生的销售费用之和,如出差费用、其他业务费用、奖酬等。绩效考评的成本标准一般采用销售费用率或者访问费用率。如果销售人员的销售费用率或访问费用率高于平均水平,可能表示该销售人员的工作表现差,或者销售地区缺乏潜力,或者面对的是新的销售区域。平均成功率低的销售人员,通常单位访问成本也高;日访问率低的销售人员,单位访问成本也高。

(7)路线效率。路线效率即访问客户的单位平均里程,是出差里程与访问次数的比率。路线效率可以显示销售人员所在地区的客户密度或者衡量出差的效率。如果销售人员服务的市场规模和客户密度都大致相同，那么单位访问里程就是显示路线效率的重要标准。如果销售人员的单位访问里程相差较大，销售经理就应该考虑控制那些较差人员的拜访路线了。

2.主观绩效标准

在建立客观绩效标准的同时，也要建立主观定性的绩效标准，因为这类标准代表了销售人员的主要活动，并且也是对定量考评结果的解释。在考核定性绩效标准的时候，应当尽可能地把考核人的个人偏见和主观性的影响减少到最低程度。

主观性绩效标准，包括以下几点：

（1）销售技巧标准，包括发现卖点、产品知识、倾听技巧、获得客户参与、克服客户异议、达成交易等。

（2）销售区域管理标准，包括销售计划、销售记录、客户服务、客户信息的收集与跟踪等。

（3）个人特点，包括工作态度、人际关系、团队精神、自我提高等。

有一位销售经理曾说过："定性考评有助于解释定量考评的结果。比如，如果一名销售人员的销售量很低，其原因可能是交易方法不佳。只有同销售人员一起工作，我才能确定引起问题的原因。"因此，主观考评有时可以是销售经理直接与销售人员面谈，面谈的内容可能涉及：该段时间做了多少次客户拜访；客户及潜在客户的名称；拜访的结果；拜访后预期会接到的生意或订单及其总额；何时可接到确切订单；所订购的产品或服务有哪些；失去订单或客户的情况；潜在客户流失的原因；本月无法结案的潜在客户的状况；还有哪些未完成的任务；该销售人员是否按照行动计划工作；如果该销售人员尚未达到目标，是否有迎头赶上的计划；经理能提供什么明确的指导或帮助等。

设计销售人员绩效考核标准

1.市场推广能力（市场拓展、产品推广的能力，以及市场的可接受程度）：（15分）

（1）在市场拓展、产品推广中工作能力强，市场的可接受程度高；

（2）在市场拓展、产品推广中工作能力较强，市场的可接受程度较高；

（3）在市场拓展、产品推广中工作能力一般，市场的可接受程度一般；

（4）在市场拓展、产品推广中工作能力较弱，市场的可接受程度较低；

（5）在市场拓展、产品推广中工作能力弱，市场的可接受程度低。

2.分析问题能力（获取相关信息，将显著相关事实从大量不相关事实中区分出来，辨明事情的内在关系，并得出实用性解决办法的能力）：（15分）。

（1）分析和解决各种问题的能力强，在所完成的本职工作中应用程度高；

（2）分析和解决各种问题的能力较强，在所完成的本职工作中应用程度较高；

（3）分析和解决各种问题的能力一般，在所完成的本职工作中应用程度一般；

（4）分析和解决各种问题的能力较差，在所完成的本职工作中应用程度较低；

（5）分析和解决各种问题的能力差，在所完成的本职工作中应用程度低。

3.人际关系能力（在与客户交往中的语言表达能力、人际关系协调能力，客户需要的敏感程度）：（15分）

（1）在与客户交往中的语言表达能力、人际关系协调能力强，能清晰地向客户介绍公司与产品，对客户需求的敏感程度高；

（2）在与客户交往中的语言表达能力、人际关系协调能力较强，能较清晰地向客户介绍公司与产品，对客户需求的敏感程度较高；

（3）在与客户交往中的语言表达能力、人际关系协调能力一般，能一般清晰地向客户介绍公司与产品，对客户需求的敏感程度一般；

（4）在与客户交往中的语言表达能力、人际关系协调能力较差，较不清晰地向客户介绍公司与产品，对客户需求的敏感程度较低；

（5）在与客户交往中的语言表达能力、人际关系协调能力差，难以清晰地向客户介绍公司与产品，对客户需求的敏感程度低。

4.工作计划能力（进行预测、确定目标、制定战略和行动方案、编制预算、制作日程安排表、制定和描绘工作程序的能力，以及计划履行的可接受程度）：（10分）

（1）工作目标明确、程序清晰、行动方案确切，计划能力强，计划履行的可接受程度高；

（2）工作目标明确、程序清晰、行动方案确切，计划能力较强，计划履行的可接受程度较高；

（3）工作目标明确、程序清晰、行动方案确切，计划能力一般，计划履行的可接受程度一般；

（4）工作目标明确、程序清晰、行动方案确切，计划能力较差，计划履行的可接受程度较低；

（5）工作目标明确、程序清晰、行动方案确切，计划能力差，计划履行的可接受程度低。

5.信息沟通能力（以一种清晰、具有说服力的方式告诉他人某种想法的能力，倾听并清楚地理解其他人观点的能力）：（10分）

（1）与他人进行信息沟通的主动性强，愿意接受他人的意见和建议，所完成本职工作效果好；

（2）与他人进行信息沟通的主动性较强，较愿意接受他人的意见和建议，所完成本职工作效果较好；

（3）与他人进行信息沟通的主动性一般，一般接受他人的意见和建议，所完成本职工作效果一般；

（4）与他人进行信息沟通的主动性较差，较少接受他人的意见和建议，所完成本职工作效果较差；

（5）与他人进行信息沟通的主动性差，难以接受他人的意见和建议，所完成本职工作效果差。

6.协作信任能力（在完成任务和同事认可方面的可信任程度，以及工作协作精神、工作态度和敬业程度等）：（10分）

（1）工作态度积极认真，与他人的协作能力强，敬业程度和信任度高；

（2）工作态度较认真，与他人的协作能力较强，敬业程度和信任度较高；

（3）工作态度一般，与他人的协作能力一般，敬业程度和信任度一般；

（4）工作态度较不认真，与他人协作能力较差，敬业程度和信任度较低；

（5）工作态度不认真，与他人的协作能力差，敬业程度和信任度低。

7.规定执行能力（服从性、总体出勤率，主动执行公司各项规定的情况，以及维护公司的利益和形象程度）：（10分）

（1）公司各项规定的执行情况好，服从主管上级的工作安排，一切从公司利益出发，主动维护公司利益和形象，主动参与公司各项活动；

（2）公司各项规定的执行情况较好，较为服从主管上级的工作安排，自觉维护公司利益和形象，积极参与公司各项活动；

（3）公司各项规定的执行情况一般，一般服从主管上级的工作安排，维护公司利益和形象，参与公司各项活动；

（4）公司各项规定的执行情况较差，较不服从主管上级的工作安排，从事有损公司利益和形象的活动，偶尔参与公司各项活动；

（5）公司各项规定的执行情况差，不服从主管上级的工作安排，经常从事有损公司利益和形象的活动，不参与公司各项活动。

8.学习能力（学习产品专业知识、行业营销技能的能力，以及运用知识的可接受程度）：（5分）

（1）学习产品专业知识、行业营销技能的能力强，在本职工作中运用知识的可接受程度高；

（2）学习产品专业知识、行业营销技能的能力较强，在本职工作中运用知识的可接受程度较高；

（3）学习产品专业知识、行业营销技能的能力一般，在本职工作中运用知识的可接受程度一般；

（4）学习产品专业知识、行业营销技能的能力较弱，在本职工作中运用知识的可接受程度较低；

（5）学习产品专业知识、行业营销技能的能力弱，在本职工作中运用知识的可接受程度低。

9.保密意识（保守公司商业秘密、技术秘密的能力）：（5分）

（1）从不向相关人员透露公司商业与技术秘密，或携带市场秘密资料离开公司，对公司信息保密问题认识清楚，执行效果好；

（2）不向相关人员透露公司商业与技术秘密，或携带市场秘密资料离开公司，对公司信息保密问题认识较清楚，执行效果较好；

（3）一般不向相关人员透露公司商业与技术秘密，或携带市场秘密资料离开公司，对公司信息保密问题认识一般清楚，执行效果一般；

（4）无意识向相关人员透露公司商业与技术秘密，或携带市场秘密资料离开公司，对公司信息保密问题认识不太清楚，执行效果较差；

（5）向相关人员透露公司商业与技术秘密，或携带市场秘密资料离开公司，对公司信息保密问题认识不清楚，执行效果差。

10.客户资料（对客户资料搜集、整理、分析的能力）：（5分）

（1）对客户资料搜集、整理、归档工作规范，及时分析客户的潜在需求能力强，工作效果好；

（2）对客户资料搜集、整理、归档工作较规范，及时分析客户的潜在需求能力较强，工作效果较好；

（3）对客户资料搜集、整理、归档工作一般，及时分析客户的潜在需求能力一般，工作效果一般；

（4）对客户资料搜集、整理、归档工作不太规范，及时分析客户的潜在需求能力较差，工作效果较差；

（5）对客户资料搜集、整理、归档工作不规范，及时分析客户的潜在需求能力差，工作效果差。

销售人员工作绩效考核用表

1. 销售人员工作绩效考核范本（如表7-1所示）

表7-1　销售人员工作绩效考核范本

姓名	职位	部门	考核日期					总分
			年　月　日					
考核类别		□月例行考核　□职务晋升考核　□转正考核　□绩效不佳考核						
标准编号	考核因素	得分标准						备注
		A	B	C	D	E	N	
1	市场推广能力	15	12	9	6	2	0	
2	分析问题能力	15	12	9	6	2	0	
3	人际关系能力	15	12	9	6	2	0	
4	工作计划能力	10	8	6	4	2	0	
5	信息沟通能力	10	8	6	4	2	0	
6	团结协作能力	10	8	6	4	2	0	
7	规定执行能力	10	8	6	4	2	0	
8	学习能力	5	4	3	2	1	0	
9	保密意识	5	4	3	2	1	0	
10	客户资料	5	4	3	2	1	0	
考核者意见和建议		签字：　　　年　　月　　日						
经理意见和建议		签字：　　　年　　月　　日						

说明：（1）按照《工作绩效考核标准》，请选择A—N，并在此表对应得分值处打"√"；

（2）此考核最高分为100分，最低分为0分；

（3）上级主管对直接下级要如实考核。

2.销售人员绩效考核指标体系分配表（如表7-2所示）

表7-2　销售人员绩效考核指标体系分配表

因素	目标	指标	配分	总分
工作态度	品德修养	事业心和进取心 责任心 真诚	4 3 3	20
	工作实践	资料准备 推销次数以及时间运用（心理承受）	5 5	
推销能力	智力素质	对产品性能掌握程度 知识结构及运用	4 3	20
	推销技巧	谈吐 观察力、联想力 对顾客心理掌握情况 创新精神	3 4 4 2	
推销结果	销售量	产品销售数量 顾客对销售员的满意程度	20 10	60
	信用	人际关系 顾客对产品的印象	15 15	

3.销售人员绩效考核表（如表7-3所示）

表7-3　销售人员绩效考核表

要素	目标	指标	标尺	隶属度幅度	得分
工作态度	品德修养	事业心和进取心	工作热情时高时低，缺乏进取精神 可热情工作，但不持久 有进取心，工作热情主动，积极性高 在任何情况下，都有明确的奋斗目标，积极进取	0.1~0.3 0.4~0.6 0.7~0.9 1	0.4~1.2 1.6~2.4 2.8~3.6 4
		责任心	对销售状况漠不关心 涉及个人利益时，会关心公司状况 对分配下来的推销任务被动完成 对公司产品的销售积极参与，与公司共命运	0.1~0.2 0.3~0.5 0.6~0.9 1	0.3~0.9 0.9~1.5 1.8~2.7 3

续表

要素	目标	指标	标尺	隶属度幅度	得分
工作态度	品德修养	真诚	只为推销产品，不择手段，掩盖真相 夸大优点，缩小产品缺点 实事求是 顾客购买了产品，并感动于是自己作出的选择 对推销员信赖	0.1~0.3 0.4~0.6 0.7~0.9 1	0.3~0.9 1.2~1.8 2.1~2.7 3
	工作实践	资料准备	把公司的宣传品一发了事 用公司选产品，依自己情绪好坏，讲解时多时少 自己整理资料，所选产品有特色，讲解细致生动	0.1~0.3 0.4~0.6 0.7~0.9 1	0.5~1.5 2.0~3.0 3.5~4.5 5
		推销次数及时间运用	被拒绝就不尝试，等到该完成任务时才去 被拒绝还接着尝试，按时完成任务 被拒绝还接着尝试并转换方式，提前完成任务 锲而不舍，月初即完成总销售额50%以上	0.1~0.3 0.4~0.6 0.7~0.9 1	0.5~1.5 2.0~3.0 3.5~4.5 5
推销能力	智力素质	对产品性能的掌握程度	对产品性能不了解 一知半解 大部分了解 全面了解，并知其构造、生产过程、使用和修理知识等	0.1~0.3 0.4~0.6 0.7~0.9 1	0.4~0.8 1.2~2.4 2.8~3.6 4
		知识结构及运用	知识水平低，对实际生活没有感触 知识水平一般，能总结自己的经验 知识水平一般，能总结自己、他人、实践中的经验 知识水平好，善于联系交际，能活学活用	0.1~0.3 0.4~0.6 0.7~0.9 1	0.3~0.9 1.2~1.8 2.1~2.7 3
	推销技巧	谈吐	刻板，目中无人，惹人反感 严肃，滔滔不绝 平和，说话有分寸 爽朗，幽默	0.1~0.3 0.4~0.6 0.7~0.9 1	0.3~0.9 1.2~1.8 2.1~2.7 3
		观察力和想象力	无观察力、想象力 观察不细致，联想不丰富 观察较细致，联想较丰富 观察入微，尽收眼底，举一反三	0.1~0.2 0.3~0.5 0.6~0.9 1	0.4~0.8 1.2~2.4 2.8~3.6 4
		对顾客心理的掌握情况	不懂顾客心理 一知半解 能了解顾客心理所想 掌握顾客心理，并向有利于自己的方向引导	0.1~0.2 0.3~0.6 0.7~0.9 1	0.4~0.8 1.2~2.4 2.8~3.6 4
		创新精神	一成不变，照本宣科，固守一个形象 偶尔变换形象 不太考虑环境，一味追求新颖 根据产品特性等，设计自己形象	0.1~0.3 0.4~0.7 0.8~0.9 2	0.2~0.6 0.8~1.4 1.6~1.8 2

设计合理的绩效考核指标体系

考核指标设计是否合理直接影响到绩效考核的实效性，它体现出企业不同发展阶段的具体工作要求，要能够有效引导销售人员的工作行为。在实际操作中，要从以下方面考虑，设计合理的考核指标体系。

1.结果性指标和过程性指标相结合

结果性指标主要有：一般考核销售目标完成率、市场费用率等。过程性指标要考虑终端覆盖率、终端价格稳定性、终端生动化、终端断货率、新品销售目标完成率、报表上交及时性、实效性等。在考核过程指标的同时，一定要根据市场发展的要求，对工作过程进行考虑。

2.考虑人员的层次性

在销售系统，高级的职位所承担的主要是管理工作，所以绩效考核指标就要倾向于最终结果，下级的职位所承担的主要工作则是执行工作，所以绩效考核指标就要倾向于过程。因此，绩效考核指标必须体现出对不同层次的针对性，真正能够有效引导各个层级销售人员的工作行为。

比如对于经验丰富的销售人员，其考核的重点还要包括指导新销售人员的成效等。而对于新销售人员，考核时则要注意基本的评价指标以及对销售培训的领悟程度等。

3.考虑企业的发展阶段

企业在不同的发展阶段，制定的营销策略和工作重点是不一样的，所以在设定考核指标时，一定要根据某一时期的策略要求来提炼考核指标。如新产品推广期，就要考核新品推广的效率，包含新品销量的比重、新品铺货率等指标。

4. 考核周期

考核周期根据考核对象和考核指标而定。例如，对于营销总监的考核周期可能为半年或一年；对于一线销售人员，考核周期可能以采取月度考核为宜。同时有些指标的数据难以采集，如市场费用率指标。在运作现代零售终端时，根据零售系统的运作规则，很多费用的结算需要很长的时间，所以在考核费用率指标时，往往以年度考核为主。

最后，详细说明各种考核指标的考核标准，同时对每项考核指标附以不同的权重，形成考核表。

考核指标设计应避免的误区

设计绩效考核指标应避免以下的误区。

1. 只注重结果考核，考核财务指标，没有过程指标考核

由于结果考核是最容易、最直接的一种考核办法，很多企业都"以结果论英雄"，最常用的一种考核指标就是销量完成率。这样的考核指标明确地告诉销售人员只要竭尽全力完成销售任务就好了，对于其他过程指标都可以不考虑，往往会采用多种手段来操纵销售指标，而忽视市场基础工作建设，会带来很多的市场问题。如终端陈列不到位、串货现象增多、经销商库存压力增加等严重的市场后遗症，使整个市场秩序混乱，企业失去了业绩持续成长的基础。

2. 过程指标太多，考核就越全面，没有关键点

很多企业盲目追求考核指标的"全面性"，从结果指标到过程指标，把各种指标都罗列出来。考核目标过多容易分散精力，使员工无所适从。于是销售人员整天忙忙碌碌，但是没有工作重点，没有工作关键点。

同时，即使企业设计出详细而全面的、涉及员工方方面面的考核指标体系，指标中也必然会出现更多的定性指标，从而使最终的考核结果更加难以消除主观因素的影响。

3. 所有层级人员的考核指标都是一样的

很多企业针对大区经理、省级经理、区域经理、城市主任等各个层级人员的考核指标都是一样的，只考核销量完成率，没有体现出高层岗位的销售管理性质的工作，同时没有体现出基层岗位的执行性质的工作。

4. 考核指标长期不变，不能体现公司发展阶段的特殊要求，不符合公司的战略要求

企业在初期拓展市场和市场稳定期的考核指标一直没有变化，不能体现出公司特定发展阶段的战略要求，同时也不能有效引导销售人员的工作行为。

根据考评内容选择考评方法

根据考评内容的不同，考评方法也可以采用多种形式。采用多种方式进行考评，可以有效地减少考评误差，提高考评的准确度。常用的考评方法主要有以下几种。

1. 横向比较法

这是一种把各位销售人员的销售业绩进行比较和排队的方法。这里不仅要将销售人员完成的销售额进行对比，而且还应考虑到销售人员的销售成本、销售利润、客户对其服务的满意程度等。

下面假定以销售额、订单平均批量和每周平均访问次数三个因素来分别对销售人员A、B、C三人进行业绩考评，如表7-4所示。

表7-4　销售人员业绩考评表Ⅰ

考评因素	销售人员	A	B	C
销售额	1.权数 2.目标（万元） 3.完成（万元） 4.达成率（%） 5.绩效水平（1×4）	5 50 45 90 4.5	5 40 32 80 4.0	5 60 57 95 4.75
订单平均批量	1.权数 2.目标（万元） 3.完成（万元） 4.达成率（%） 5.绩效水平	3 800 640 80 2.4	3 700 630 90 2.7	3 600 540 90 2.7
每周平均次数	1.权数 2.目标（万元） 3.完成（万元） 4.达成率（%） 5.绩效水平	2 25 20 80 1.6	2 20 17 85 1.7	2 30 24 80 1.6
绩效合计		8.5	8.4	9.05
综合效率（绩效合计除以总权数）		85%	84%	90.5%

由于销售额是最主要的因素，所以把权数定为5。另外，订单平均批量和每周平均访问次数的权数分别定为3、2。用三个因素分别建立目标，由于存在地区差异，所以每个因素对不同地区的销售人员建立的目标是不一样的。如销售人员C的销售额核定为60万元，高于销售人员A的50万元和B的40万元，这是考虑到他所在地区的潜在客户较多，竞争对手较弱而决定的。由于销售人员A所在地区内有大批量的客户，所以其订单平均批量也相对较高。每个销售人员每项目标的达成率等于他所完成的工作量与目标的比率，将达成率与权数相乘就得出了各个销售人员的综合效率。可以看出，销售人员A、B、C的综合效率分别为85%、84%和90.5%，销售人员C的综合绩效最好。

2.纵向分析法

这是将同一销售人员现在和过去的工作实绩进行比较，包括对销售额、毛利、销售费用、新增客户数、失去客户数、每个客户平均销售额、每个客户平均毛利等数量指标的分析。这种方法有利于衡量销售人员工作的改善状况。下面如表7-5所示举例说明。

表7-5　销售人员业绩考评表Ⅱ

销售员W 年份 考评因素	所辖区域：上海市			
	2000	2001	2002	2004
1. 产品A的销售额（元）	376 000	378 000	410 000	395 000
2. 产品B的销售额（元）	635 000	660 000	802 000	825 000
3. 销售总额（元）	1 011 000	1 038 000	1 212 000	1 220 000
4. 产品A定额的达成率（%）	96.0	92.6	88.7	85.2
5. 产品B定额的达成率（%）	118.3	121.4	132.8	131.1
6. 产品A的毛利（元）	752 000	75 600	82 000	79 000
7. 产品B的毛利（元）	63 500	66 000	80 200	82 500
8. 毛利总额（元）	138 700	141 600	162 200	161 500
9. 销售费用（元）	16 378	13 476	18 665	21 716
10. 销售费用率（%）	1.62	1.78	1.54	1.78
11. 销售访问次数	1 650	1 720	1 690	1 630
12. 每次访问成本（元）	9.93	10.74	11.04	13.32
13. 平均客户数	161	165	169	176
14. 新客户数	16	18	22	27
15. 失去客户数	12	14	15	17
16. 每个客户平均购买额（元）	6 280	6 291	7 172	6 932
17. 每个客户平均毛利（元）	861	858	960	918

销售经理可以从上表中了解到有关销售人员W的许多情况。W的总销售量每年都在增长（第3行），但并不一定说明W的工作很出色。对不同产品的分析表明，W销售产品B的销售量大于销售产品A的销售量（第1行和第2行）。对照产品A和B的定额达成率（第4行和第5行），W在销售产品B上所取得的成绩很可能是以减少产品A的销售量为代价的。根据毛利额（第6行和第7行）可以看出销售产品A的平均利润要高于产品B，W可能靠牺牲毛利率较高的A产品为代价，销售了销量较大、毛利率较低的产品B。W虽然在2004年比2002年增加了8000元的总销售额（第3行），但其总销售额所获得毛利总额实际减少700元（第8行）。

销售费用占总销售额的百分比基本得到控制（第10行），但销售费用是不断增长的（第9行）。销售费用上升的趋势似乎无法以访问次数的增加予以说明，因为总访问次数还有下降的趋势（第11行），这可能与取得新客户的成果有关（第14行）。但是该销售员在寻找新客户时，很可能忽略了现有客户，这可从每年失去客户数的上升趋势上得到说明（第15行）。最后两行每个客户平均购买额和每个客户平均毛利要与整个公司的平均数值进行对比才更有意义。如果W的这些数值低于公司的平均数，也许是他的客户存在地区差异性，也许是他对每个客户的访问时间不够。可用他的年访问次数与公司销售员的平均访问次数相比较。如果他的平均访问次数比较少，而他所在销售区域的距离与其他销售员的平均距离并无多大差别，则说明他没有在整个工作日内工作，也许是他的访问路线计划不周。

3. 尺度考评法

这是将考评的各个项目都配以考评尺度，制作出一份考核比例表，对销售人员的绩效加以考核的方法。在考核表中，可以将每项考评因素划分出不同的等级考核标准，然后根据每个销售人员的表现按标准评分，并对不同的考评因素按其重要程度给予不同的权数，最后核算出总的得分。

4. 360度考核法

传统的绩效考核方法仅仅从一个角度对销售人员进行考核，这容易导致考核不够全面，甚至不够公平，在一定程度上失去了绩效考核原有的意义。如果由直接上级、其他部门上级、下级、同事和客户对销售人员进行多层次、多维度的评价，则可以综合不同评价者的意见，得出一个全面、公正的评价结果，这就是360度考核体系，也叫全视角考核法。

360度考核体系的特点如下：

（1）企业销售工作越来越多的是由团队而不是个人完成的，个体更多地服从领导小组的管理，而不是单个领导的管理。这样，员工的工作表现就不应只由一名上级来评价，凡是了解销售员工作表现的领导都可能参与销售员的绩效考核。

（2）360度绩效考核可以使销售员对管理者施加一定的压力，而不是完全处于被动。

（3）360度考核更为全面、客观地反映了销售员的贡献、长处和发展的需要。

（4）采用360度考核体系可以表明企业对销售员的考核非常重视。

实施360度考核的注意事项如下：

（1）上级担心员工利用360度考核体系发泄对其不满，而下级则担心如实反映情况会被上级报复。因此，360度考核体系最为关键的是建立考核者和被考核者之间的相互信任，而且要做好考核结果的保密工作。

（2）样本的大小。为了保证考核的全面性，而且为了避免透露考核结果来源于哪个个体，考核最少需要5名下级。

（3）上级、下级、同事和客户对销售人员的各个方面不可能有同样准确的观察，所以不同评价者的评价表格是不同的，而且在综合整理各方面的评价结果时要特别注意以事实为依据。

5. 目标管理法

目标管理（Management by Objective，MBO）是通过一种专门设计的过程使目标具有可操作性，一级接一级地将目标分解到组织的各个单位。组织的整体目标被转换为每一级组织的具体目标，即从整体组织目标到经营单位目标，再到部门目标，最后到个人目标；从年度目标到季度目标，最后分解到月度目标。它是一种以结果为基础的评价方法。

目标管理中每个人对他所在单位的贡献都很明确，如果所有的人都实现了他们各自的目标，则其所在单位的目标也将达到。同样，如果各部门的目标都能得以实现，那么组织整体目标的实现也将成为现实。

每一名销售人员都有自己的销售目标，把他们的实际销售结果与销售目标对比，通过绩效指数（销售目标除以实际销售额再乘以100%）评价他们的绩效水平。

为保证目标管理的成功，应该做到：确立目标的程序必须准确严格；目标管理应当与部门的年度和月度预算计划、工资等财务性指标相结合，部门每月费用和每月预算的差距不得大于10%，同时还要对各个部门的非财务性指标进行严格的考核。

6.关键绩效指标考核法

关键绩效指标考核（Key Process Indication，KPI）是通过对销售人员工作绩效特征的分析，提炼出最能代表绩效的若干关键绩效指标，并以此为基础进行绩效考核。确定一些关键绩效指标十分重要，这些指标必须与企业的目标之间建立紧密的联系，并能突出强调那些在吸引、扩张和保留客户方面最有效的做法。如果企业跟踪的数据过多，必然造成考评成本的上升，影响考评工作的效率。

对销售人员进行的关键绩效考核有以下几种指标：

（1）客户满意度，如客户满意度提高率或客户投诉量。

（2）平均销售订单数额，如平均销售订单额或销售订单额增长率。

（3）货款回收，如货款回收额或货款回收目标完成率。

（4）销售费用，如直接销售费用率或直接销售费用降低率。

除此之外，依据销售人员的业务现状，还可加入团队合作、市场分析、客户关系等定性关键绩效指标。

关键绩效指标是对企业及组织运作过程中关键成功要素的提炼和归纳。因此，关键绩效指标具有以下特征：

（1）将销售人员的工作与公司的远景、战略相连接，层层分解，层层支持，使每一个销售人员的个人绩效与部门绩效、公司的整体效益直接挂钩。

（2）保证销售人员的绩效与内、外部客户的价值相连接，共同为实现客户的价值服务。

（3）销售人员绩效考核指标的设计是基于企业的发展战略与流程，而非依据岗位的职能。

所以，关键绩效指标与一般绩效指标相比，把个人和部门的目标与公司整体的成败联系起来，就更具有长远的战略意义。关键绩效指标体系集中测量我们需要的行为，而且其简单明了，容易控制与管理。对于销售人员而言，关键绩效指标体系使销售人员按照绩效的测量标准和奖励标准去工作，真正发挥绩效考核指标的牵引和导向作用。

修正绩效考评中的误差

绩效考评时难免出现误差，销售经理应当在事前事后做好细心观察，将误差彻底消除。

1. 晕轮效应误差

考评者在对被考评者进行绩效考评时，把绩效中的某一方面甚至与工作绩效无关的某一方面看得过重，而影响了整体绩效的考评。晕轮效应会导致过高评价或过低评价。例如，某位被考评者比较会处理人际关系，谈吐彬彬有礼，考评者对他有好感，就认为他各方面能力很强；相反，另一位被考评者平时不修边幅、上班经常迟到，考评者就会对他产生工作极不负责的强烈印象。其实，后者在工作中创造力很强，工作实际成效不比前者差。

2. 感情效应误差

人是有感情的，而且不可避免地把感情带入他所从事的任何一种活动中，绩效考评也不例外。考评者可能随着他对被考评者的感情好坏程度自觉或不自觉地对被考评者的绩效考评偏高或偏低。为了避免感情效应造成被考评者绩效考评的误差，考评者一定要克服绩效考评中的个人情感因素，努力站在客观的立场上，力求公正。

3.偏见误差

由于考评者对被考评者的某种偏见而影响对其工作实际的考评而造成的误差就被称为是偏见误差。例如，如果销售团队里有理工科背景的销售人员，那么在考评时，考评者就会倾向于认为理科出身的员工笨嘴拙舌、不善辞令、沟通能力差。这样，他们就忽视了考察员工本身。事实上，某些理科出身的销售人员可能比文科出身的销售人员更能言善辩，善于融洽和协调各种关系，但由于考评者的偏见，使该销售人员的绩效考评出现偏差。这就是惯性思维——偏见造成的误差。绩效考评中的偏见可以是来自上级对下级，也可能是来自下级对上级的。由于管理者的主观成见或员工无意间造成的小差错，都容易产生绩效考评的错误。在绩效考评过程中，管理者有时难免有主观上的判断失误和偏见，影响组织员工的工作积极性。另外，组织常运用考评结果作多方面用途，如奖励或惩罚员工。基于这些考虑，管理者往往措辞委婉，不愿意真实考核。通常一项考评的曝光频率越高，管理者所遭受的压力也越大，困扰也越多。管理者的偏见可使员工成为牺牲品。就员工本身而言，多数认为绩效考评过程不够周密，往往自己表现好的一面难被管理者发现。因此，他们常认为中等评价，如"普通"、"尚可"、"合乎要求"等，只不过是应付了事、令人泄气的评语。

4.近因误差

一般来说，人们对近期发生的事情印象比较深刻，而对远期发生的事情印象比较淡薄。在绩效考评时往往会出现这种情况，考评者对被考评者某一阶段的工作绩效进行考评时，往往只注重近期的表现和成绩，以近期印象来代替被考评者在整个考评期的绩效表现情况，因而造成考评误差。有的被考评者往往会利用这种近因误差效应。例如，一位员工在一年中的前半年工作马马虎虎，等到最后几个月才开始表现较好，照样能够得到好的评价，这种情况在我国许多组织中经常出现。

5.暗示效应误差

暗示是人们的一种特殊的心理现象，是人们通过语言、行为或某种事物提示别人，使其接受或照办而引起的迅速的心理反应。考评者在管理者或权威人士的暗示下，很容易接受他们的看法，而改变自己原来的看法，这样就可能造成绩效考评的暗示效应误差。例如，在组织评选"先进工作者"时，首先组织管理者会对组织所有员工谈谈评选的重要意义，之后他们往往会有意无意地提到："大家工作都很努力，尤其是某某，特别具有敬业精神，在本职岗位上勤勤恳恳，做出了不平凡的成绩……"这样，似乎不再需要选举，某某就被"任命"为"先进工作者"了。在考评中，暗示的效应引起的误差是难以避免的。为了防止这种误差，在考评中将管理者或权威人士的发言放在最后，这样他们的讲话就很难起到暗示的作用。

实施考核过程中应注意的问题

在考核过程中，主要的问题是：定性的过程指标难以定量化，凭主观判断，情感因素严重，甘当老好人。

定性指标只有能够转化为定量的数据才能进行考核，所以在实际操作过程中缺少考核信息，就无法转化为数据。这就需要一套工作方法建立多渠道的信息获取方法，来获取这些信息。可以采取的方法有：设置销售督导人员，开展对整个市场的工作抽查。例如，考核零售终端A类店的产品断货率指标，需要销售督导定期在区域内选定一些终端进行抽查。假定抽查了10个A类终端，有2个门店出现断货现象，则断货率为20%，这样就能有效利用这些信息来评定销售人员的工作。实践证明，这种方式是行之有效的。在实际操作中，对销售督导人员提出了很高的素质要求，需要正直、无私、严谨的工作精神，确保信息真实可信。

（1）片面追求绩效考核流程的规范性。在与众多客户沟通过程中，有一个很重要的现象，管理层和人力资源部门往往会进入一个追求完美绩效考评的误区，例如追求绩效考核流程的规范性和完整性等。

（2）考核不够严肃，面子现象严重。特别是在定量考核操作中，打分失真的现象比较严重，面子问题普遍存在。从而就不能体现出考核的严肃性。部门间、上下级之间互相包庇，导致出现考核分不相上下的局面和"看人打分"的现象。

以上问题的根本解决需要从以下三个方面着手：

首先，在实施绩效考核前，人力资源部要组织召开动员大会，详细宣导绩效考核的要求和重大意义，让所有人员都明白实施考核的具体办法；特别是销售经理要向本部门宣讲，与销售人员做好绩效沟通，使其全力配合绩效考评并争取得到高层领导对实施考核的实际支持。

其次，要考虑根据企业发展的不同阶段，灵活调整绩效考核指标，使绩效考核指标和考核方法更科学、更切合实际，以适合实际工作的考核需要，更好地引导销售人员的工作。

最后，要建立上下级之间良好的沟通机制，在公司内形成"对事不对人"的工作文化。

绩效考核完成以后，很多企业主要有以下现象：

（1）考核流于形式，只用于发奖金，不重视绩效沟通。这样被考核者很难真正了解自己所存在的不足，到了下一个考核周期时，并不能实现绩效改善。

（2）有绩效沟通，但是后续工作缺乏持续跟进。

为什么要对销售人员进行考核？很多企业都认为绩效考核就是为了给销售人员发奖金，其实从严格意义上来说，这都不能算作真正的绩效考评，绩效考核的一个重要目的就是用来找出销售人员工作中的差距，再制定相应的改进策略，帮助员工的绩效发展，促进员工在绩效方面的不断提升和改变，引导销售人员的工作行为，从而实现公司的营销策略规划。

很多企业都缺少绩效沟通环节的工作，有的企业进行了绩效沟通，也制订了改进计划，但是没有持续跟进指导，仍然还仅仅停留在一个较为初步的阶段，只做着一些表面上的工作，象征性地走走过场，并没有真正地重视、深入地研究、有效地开展绩效沟通和指导工作。

由于销售人员经常出差在外，很难聚在一起，绩效沟通工作在实际操作中可以采取以下方法：

（1）充分利用月度销售会议时间。公司可以制定省部定期召开月度销售会议制度，集中省部区域内所有的人员，在会议中让每个销售人员做工作汇报，省部经理根据绩效评价表，找出销售人员工作中存在的困难和不足之处，给出具体的工作指导，并填写沟通备忘录，以便在下一个月度中持续跟进对照。

（2）日常电话跟进指导。对于省部经理职位的人员，很难与销售总监直接见面，绩效沟通和指导就难以直接进行。可以采取电话沟通。

（3）查看每周工作计划及总结。对于沟通后制定的改进计划，各级销售人员应该积极推进，可以通过每周工作计划及总结的提报和查看，及时发现问题，进行有效指导。

对于中小企业来说，根据企业发展的阶段，基于整体营销策略的要求，合理制定绩效考核指标，同时重视绩效沟通，将绩效考核真正落实到实处，有效引导销售人员的工作行为，使绩效考核成为销售的指挥棒，才能真正建立起有效的绩效考核体系。

反馈考核结果，与销售人员探讨差距

销售人员的绩效考评实施后，销售经理应该将考评结果反馈给销售人员，并从每个考评因素向他们解释绩效考评的结果，指出与标准的差距。然后，销售经理与销售人员一起分析绩效优于或低于标准的原因，为下一期销售目标的设定和规划提供指导。

做到考评结果与本人见面，具体方法有以下几点：

（1）通知和说服法。销售主管如实将考评结果告诉被考评人，并指出被考评人的优点和缺点，用实例说明考评结果的正确性，最后鼓励其发扬优点、改进不足、再创佳绩。

（2）通知和倾听法。销售主管如实将考评结果（优缺点）告诉被考评人，然后倾听对方意见，相互讨论。

（3）解决问题法。销售主管一般不将考核结果告诉被考评人，而是帮助其自我评价，重点放在寻找解决问题途径上，协商出有针对性的改正计划，并激励、督促其执行。

因为人们不喜欢批评，所以当面指出个人的缺点并不适当。为了达到考评的目的，在防止销售人员的弱点损害企业利益的同时，最大限度地发挥销售人员的优点和特长，考评反馈时应注意以下几点：

（1）试探性的反馈。销售主管可以提出建设性的意见，但最好不要是指令性的。

（2）乐于倾听。销售人员对自己的工作最有经验，对于自己的能力和工作表现方面的不足也最清楚，所以最好让销售人员自己发表意见。销售人员在工作中可能会有一些意见和抱怨，最好能让他们表达出来，否则带着情绪很难完全投入工作。

（3）具体化。对销售人员提出的建议尽量具体，最好能落实到行为层面上。

（4）尊重销售人员。销售主管要尽量对销售人员的意见表现出理解和接受，不要轻易否定他们的人格和价值。

（5）全面反馈。销售主管应明确指出销售人员的优点和缺点，而不能只强调一个方面。

（6）提出建设性的意见。向销售人员提供能解决问题的建议比批评和指责有效得多。

（7）不要过多地强调缺点。过多地强调缺点只会导致销售人员的抵触情绪，使销售人员处于一种自我保护的状态而不愿表达自己的观点。

建立绩效考评档案，为下轮考评提供参考

为了减少在进行绩效考评时的矛盾和摩擦，需要企业建立绩效档案，以记录员工在绩效管理过程中的表现，为绩效考评提供依据和参考。销售经理要为每一名员工建立一份有效的绩效档案，记录销售人员的绩效目标、绩效能力、绩效表现、绩效考评结果以及需要改进的绩效缺陷等等。

这个工作做起来可能会耽误经理的一些时间，会比较麻烦一些。但是这个工作又是必须要做的，在批评、处罚、解雇或提升某一名销售人员时，如果没有相应历史材料的记录，就无法让其他的人信服。一旦所采取的措施涉及争议、纠纷的时候，这些记录和档案就成了有力的证据。没有完备的考评

档案或档案记录混乱不清，都有可能给企业带来不必要的麻烦。

　　总之，绩效评估和考核体系的建立对于公司的现代化运营以及销售人员的良性成长具有促进作用，还需建立起绩效结果的应用和反馈制度，不要使绩效评价流于形式，真正发挥绩效评价的作用，激发销售人员的竞争活力和创新精神。

第8章 沟通力就是生产力

——销售团队的沟通与协调

沟通是信息传递及反馈的过程,是销售经理的必备技能,可以说,没有沟通就没有销售;没有沟通就没有销售管理。事实上,销售经理每天都需要做大量的沟通工作(包括对内沟通和对外沟通),因为他与上级、下属、客户、公众之间的交流几乎无处不在,无时不在。销售经理只有具备了卓越的沟通能力,才能胜任本岗位的管理工作,才有可能整合本企业的资源,带领整个团队顺利达成既定的目标。

销售团队内出现冲突现象是正常的,存在着必然性和偶然性。妥善处理销售团队的冲突也是销售经理应该具备的能力。冲突的原因和性质是不一样的,销售经理采取的措施也应该有所不同。

当好团队内部的"交警"

在企业内部,各个部门之间具有一定的独立性,这种独立性会在它们之间造成一些或大或小的摩擦,当这种摩擦过大的时候,就有可能影响到企业的生产与经营。而各个部门的自我约束和自我调节能力是有限的,因此,仅仅依靠部门的自觉性是很难达成协调一致的。在这种情况下,就需要有人充当调节者的角色,来协调各个部门之间的行为,以减少企业内部的摩擦和内耗,从而降低企业的运行成本,提高经营效率。

但是,并不是随便一个人就可以扮演企业调节人这一"角色"的。作为一名团队的调节者,他必须具备这样几个条件:

(1)必须在企业中具备较高的职位。

(2)必须具有较为全面的协调能力。

(3)必须清楚企业的最大利益所在,清楚企业各个发展阶段的不同目标。

(4)必须对企业的组织结构有一个比较清晰的认识,并且对各个部门的业务都比较熟悉。

从上述的四个条件来分析,如果企业的销售经理符合对一名优秀销售经理的各项要求,包括性格、能力和知识结构等,那么,他将会是企业内部矛盾调解人的最佳人选。

由于营销部门的业务与企业各个部门都有联系,因而销售经理比其他人更了解企业的组织结构和各个部门的实际业务。另外,销售经理是企业的中、高层管理人员,他具有相当的职位,所以他作为调解人的权威性是不容置疑的,而且销售经理还扮演着企业总经理的"重要参谋"的角色,用俗话讲，就是所谓的"手眼通天的人物"，这更加强了他作为企业调解人的权威。总而言之，从各个方面来看，销售经理要义不容辞地担当起企业内部关系总协调员的角色。

销售经理在协调过程中，需要把握的一个总体原则是：既不是主角，也并非龙套。因为，如果销售经理要作为企业中的"主角"的话，会引起不必要的麻烦；而他如果要作为"龙套"的话，又会逃避他理应承担的责任。扮演最佳配角是销售经理在企业中最适当的角色。这个"最佳配角"又扮演着三种"角色"，即部门主管、参谋人员和总协调员。只有承担起这三种角色所赋予的任务，销售经理才能有效地协调团队中的矛盾和冲突。

团队沟通三原则：准确、逐级、及时

为确保各项既定目标得以顺利实现，销售经理必须设法取得各部门和人员的良好合作。这里介绍三条基本的沟通原则：准确、逐级和及时。

1.准确原则

准确是基本的原则和要求，在沟通中，只有当所用的语言和方式能为对方理解时，沟通也才有效。这一点看起来简单，做起来未必容易。在实际工作中，由于接收方对发送方的信息未必能完全理解，发送方应将信息加以综合并力求用容易理解的方式来表述，这就要求发送方具有较高的语言表达能力并熟悉下级、同级和上级所用的语言，如此，才能克服沟通过程中的各种障碍。

2.逐级原则

在开展纵向沟通（包括向下沟通和向上沟通）时，应尽量遵循"逐级"原则。

在向下沟通时，由于销售经理下面往往还有主管（如负责一方市场的区域主管），主管下面还有普通职员（如业务代表），销售经理应设法使主管人员位于信息交流的中心，尽量鼓励他们发挥核心作用。但在实际工作中，销售经理可能会忽视这一点，他会越过下级主管人员而直接向一线人员发号施令，这可能会引起许多不良后果。如果确实要这样做，销售经理也应事先与下级主管进行沟通，只有在万不得已的情况下（如紧急动员完成某项工作）才可以越级沟通。在向上沟通时，原则上也应该遵循"逐级"原则（销售经理一般直接向营销总监或销售总监报告工作），特殊情况下（如在提建议、出现紧急情况等情形下）才可以越级报告。

3.及时原则

信息只有得到及时反馈才有价值。在沟通时，不论是向下传达信息，还是向上提供信息，或者与横向部门沟通信息，销售经理都应遵循"及时"原则。遵循这一原则可以使自己容易得到各方的理解和支持，同时可以迅速了解同仁的思想和态度。在实际工作中，沟通常因信息传递不及时或接受者重视不够等原因而使效果大打折扣。

区分团队内部沟通两大渠道的优劣

团队内部沟通类型可分为两种：正式沟通；非正式沟通。"正式沟通"一般通过企业的组织架构或层次系统来进行（目前许多企业已发展出专门的信息系统），"非正式沟通"一般通过正式系统以外的途径来进行（如企业内的非正式组织）。

1.正式沟通

指销售经理在组织内依据组织规定来传递信息并进行交流，其手段和形式有公函、文件、会议等。正式沟通一般分"下向沟通"、"上向沟通"、"横向沟通"三种形式：下向沟通是传统组织内最主要的沟通流向，一般以命令的方式来传达政策、计划、规定之类的信息；上向沟通指下属按照规定向上级报告工作（意见箱、建议、座谈会等也属于上向沟通）；横向沟通主要指与同层次不同部门之间的沟通。

正式沟通的约束力较强，效果较好且易于保密，通常，重要消息、文件、决策等都采用这种方式来进行沟通。但是，它也有缺点，由于需要依靠企业的系统来层层传递，所以很刻板，沟通速度也较慢，并且存在失真的可能。

2.非正式沟通

非正式沟通与正式沟通有所不同，其沟通对象、沟通时间及沟通内容等一般都没有计划性，且难以识别，其沟通主要借助于组织内的各种社会关系来进行（这种关系往往超越部门、单位及层次）。

但是，过分依赖非正式沟通这一途径也有风险，因为这种沟通方式导致信息歪曲或出错的可能性极大，且无从查证，尤其在与员工个人利益关系较密切的问题上（如晋升、待遇等）常常容易产生"谣言"（这种不实的信息散布对于组织可能会造成较大的困扰）。但是，任何组织都或多或少存在着这种非正式沟通途径，对于这种沟通方式，销售经理既不能完全依赖它来获取信息，也不能完全忽视它，而应当密切注意错误或不实信息发生的原因，并设法纠错或提供事实性信息。

团队纵向沟通要则及注意事项

纵向沟通指上下级之间的沟通，如销售经理与区域主管之间的沟通、营销总监与销售经理之间的沟通、区域主管与业务代表之间的沟通等。

1.纵向沟通注意要点

（1）下级应该服从上级。没有服从，就没有管理。一般来说，下级无权判断上级的对错，上级的对错由上级的上级来裁定（对销售经理而言，其直接上级一般是营销总监或销售总监）。

（2）只有一个直接上级。每个岗位、每个人只有一个直接上级，只服从一个直接上级的指挥，只向这个上级汇报工作，它是一项普遍的、永久必要的准则。如果这条准则遭到破坏，权力和纪律将会受到侵害，秩序将会受到扰乱，稳定将会受到威胁。

管理树上的每一领导岗位只有一个最高负责人，该岗位职务所规定的权力也只能赋予这个人，其责任也必须由这个人承担，这个人就是该岗位的正职，对营销和销售系统来说，通常的管理树形式是"营销副总—销售经理—区域主管—业务代表"。管理树上的每个位置表示的都是正职，在正职下可以设副职，副职与正职在同一个岗位位置上，虽然副职经过授权可以拥有部分指挥权，但该部门的领导责任仍然由正职承担。

（3）应该逐级沟通。原则上，上级对下级可以越级检查，但不能越级指挥；下级对上级可以越级申诉，不能越级报告。也就是说，营销副总可以亲自或通过其他手段来检查区域主管、业务代表的工作，但他发现问题后一般不能越级指挥区域主管或销售代表，而只能通过销售经理来发布指示（除非出现紧急情况或其他特殊情况时才可以越级指挥）。

2.销售经理VS营销副总（或销售副总）

销售经理应虚心接受营销副总（或销售副总）的指导和忠告，因为直接上级的指导、忠告（甚至批评）有助于自己改进工作。在实际工作中，一定要遵循"服从"这一原则，哪怕营销副总的决策是错误的。

营销副总也须遵循"逐级"这一沟通原则，即使他在销售工作中发现了问题，也应该将正确的指示下达给销售经理，再由销售经理（必要时通过区域主管）去执行他的指示，而不应该直接去指挥销售经理的下属。

3.销售经理VS区域主管

原则上，销售经理应该让每个区域主管来自行决定当地的人选和战术，区域主管的本职工作是受销售经理之命联络客户，销售产品，完成本区域的销售及回款目标。区域主管在某区域待到一定程度后，可能会产生一定的惰性，此时，销售经理可以采取轮换的方法来对各区域主管进行轮调。

4.销售经理VS客户服务主管

现在，客户服务工作正越来越受到重视，在很多企业里面，客户服务部已经独立出来，与市场部、销售部同属于平级单位。

在竞争日趋激烈的大环境下，企业服务质量的好坏直接影响到自己的形象和地位。许多客户已经习惯于把服务水平看做供应商竞争力的一个指标。而在日常销售和服务过程中，销售经理与客户服务主管沟通的程度直接影响到销售及回款工作，因此，应予以特别注意。

5.销售经理VS销售人员

根据垂直指挥的原则，销售经理不应该直接指挥业务代表（除非销售经理下面没有设区域主管一职或区域主管本身就是业务代表），但销售经理又必须从业务代表手中获取第一手资料，该怎么办呢？最好的办法是通过区域主管让销售代表提交一系列报表（如果销售经理不清楚一线状况就无法做许多决定），如销售日报表、销售周报表、市场信息反馈表等。

6.销售经理的述职

述职是许多企业都在开展的一项工作，通过述职可以对工作做一个全面的总结和计划。营销中心的述职一般有三种形式：首次述职、定期述职、特别述职。

（1）首次述职是指上下级共同对下级的岗位条款进行讨论，一般在以下情况下进行：新进人员签订聘任合同前；新的管理模式将正式推行前；工作性质发生变化导致岗位变动，等等。述职内容包括工作辖区及范围、岗位直接责任、岗位领导责任、岗位主要权力等。通过述职，下级接受上级叙述的各项任务及责任，下级接受该岗位的待遇与薪酬。

（2）定期述职是指下级向上级定期述职。比如，销售经理每三个月向营销副总述职一次，区域主管每二个月向销售经理述职一次。定期述职的周期可按照行业、企业特点来确定。述职时，下级需根据岗位描述的内容逐条报告，出示相关证据及资料；需要结合周、季、年工作计划汇报进度；需要提出改进方案；需要对岗位描述中不完善、不合理的条款提出改进建议；需要对部门之间长期存在的协调障碍提出改进建议。

在述职中，上级会对下级提出质询或回答下级的问题和建议。通过述职，上级对下级的工作最终做出评定，并且对下级提报的建议给出答复。

（3）特别述职是指上级向下级就工作调整（或修正）的部分进行描述。一般在以下情况下进行：岗位描述条款极其不合理（此时，上、下级均可提出修正申请）；业务的调整带来职能的调整；出现调动或岗位轮换等人员变动情况；工作性质注入新的工作内容。

主要述职内容包括：对岗位描述中不合理的条款进行修正；根据业务调整重新界定工作内容、责任、权力、利益及隶属关系；在进行岗位轮换时，提供新的岗位描述；上级向下级通报新注入的工作内容。

团队横向沟通要则及注意事项

营销及销售工作不是一个完全独立的过程，营销系统内部、内部与外部（包括与其他兄弟部门）之间往往都有紧密的内在联系。它们之间既按照规定和流程各负其责，又相互服务和制约。

1.销售部VS市场部

市场部是与销售部联系最为紧密的部门之一，两个部相互依存，经常需要并肩作战（市场部提供的各项资源是销售部顺利完成业绩的重要保障）。

市场部与销售部密切相关的工作包括：

（1）新产品的开发与上市；渠道的规划和设计。

（2）销售目标的制定；年度营销计划的制订。

（3）市场部将关于市场需求、竞争、环境等方面的调研信息向销售部转达。

（4）销售部配合、支持市场部的调研工作和请求。

2.销售部VS财务部

销售部是赚钱的部门，财务部是管钱的部门。财务部不仅要控管客户的回款，还要控管销售部门的费用支出。两个部门之间的相关工作包括发票的开立及管理、应收账款的管理、客户信用额度的管理、对账作业、销售费用管理、报销作业等。

销售收入对企业的资金流影响很大，财务部应配合销售部做好收款、催款、审核等工作。另外，财务分析也是营销决策的重要依据，财务部要向销售部定期提供有关财务分析报告、销售费用分析报告、销售利润分析报告、产品结构分析报告等材料。再者，预算控制是降低销售费用的重要手段，这也是财务部与销售部沟通的一个重要方面。

3.销售部VS产品部

（1）以销定产。许多企业的营销观念已经发生变化，并能做到"以销定产"（根据销售计划制订生产计划）。企业定期召开的"产销协调会"（一般以月为单位）就是一种沟通方式，生产部主管及销售经理都会出席"产销协调会"，共同讨论下一步的产销目标。产销目标经过审批确定后，一般以书面的方式（公文）下达到生产单位。

（2）保质保量。产品品质及品质的稳定性是吸引客户重复购买的关键，为了确保品质如一，许多企业定期召开的"产品质量研讨会"就是一种包括销售部门在内的企业沟通平台。"产品质量研讨会"的议题通常是产品质量分析与改善，一般在公司会议室或发生质量问题的现场进行。与会人员通常包括营销副总、生产经理、市场经理、销售经理、研发经理及有关主管。

4.销售部VS研发部

（1）研发以市场为导向。销售部应将市场信息及产品开发建议不定期地提交给研发部门，研发人员也可以随同销售人员（或市场人员）共同考察市场以获取市场信息，研发人员还可以与销售部联合召开"产品开发研讨会"来研讨、解决产品改善与开发事宜。

（2）卖点以研发为后盾。技术的改进与升级会对产品有重大影响——可创造卖点、建立差异化和竞争优势，研发人员可以帮助提炼产品的卖点，可以协助销售，可以将样品通过销售部来试销并根据反馈信息对产品实施改进。

对销售团队而言，销售经理的4个关键因素——领导、沟通、销售、人际互动——决定着销售团队的命运，内部及部门间的沟通对销售工作的开展和销售目标的达成十分重要，销售经理在其中负有很重要的责任，他们不但要负责销售人员的成长和销售目标的达成，还要负责销售部门与其他部门的协调、沟通。事实上，对于大部分公司来说，销售经理及销售人员必须成为与其他部门打交道的催化剂。

团队内部沟通常用的三大方法

企业内部沟通的方法很多，以下是三种常用的方法。

1.发布（或接受）指示

在指导下级工作或接受上级命令时，"指示"是销售经理或上级常用的一种沟通方法，"指示"类似于"指令"，具有强制性，它要求下属在一定的环境下执行某项任务或停止某项工作。"指示"的方式或性质可以有多种：

（1）笼统VS具体。上级对下级的"指示"可以具体，也可以笼统。"指示"是笼统还是具体，主要取决于上级对周围环境的预见能力及下级的响应程度。对授权持有严格观点的上级倾向于做具体的"指示"，而在对实施"指示"的所有周围环境缺乏预见的情况下大多做笼统的"指示"。

（2）书面VS口头。上级对下级发布指示时可以采用书面的形式，也可以采用口头的形式。究竟采用哪种形式，需要考虑上下级之间关系的牢靠性、信任度等因素。如果与下级之间的关系牢靠、信任度高，则不必采用书面指示；如果为了防止指令重复和避免争执，或为了对所有相关人员宣布某具体任务，则应该以书面的形式发布指示。

（3）正式VS非正式。上级对下级发布"指示"时，可以采用"正式"的方式，也可以采用"非正式"的方式。究竟选择哪种方式也是一种艺术，一般来说，采用"非正式"的方式来启发下级，用"正式"的书面或口述的方式来命令、指挥下级。

2.召开或出席会议

沟通的过程也是思想、情感交流的过程，会议为实现这种交流提供了机会和平台。会议是企业的日常活动之一，企业的运营和重大决策都离不开会议这种形式。通过开会，可以集思广益，与会者可以通过交流达成共识，并密切彼此之间的关系；可以使大家了解共同的目标及彼此之间的工作关系，从而可以更好地确定自己的目标及工作方法；通过开会可以发现未注意到的问题并认真考虑、研究。会议有工作汇报会、专题讨论会、员工座谈会等形式。虽然"会议"是经理人进行沟通的一种重要方法，但绝不能完全依赖这种方法，而且，在召开会议或出席会议之前一定要有充分的准备，以免流于形式。

销售会议是销售人员（包括销售经理、区域主管、业务代表）的会议，也叫"业务会议"，是企业销售工作中的一项重要活动。销售经理通过销售会议可以分配销售任务，可以掌控销售进度，可以及时发现存在的问题并提供建议或帮助，可以及时获取并反馈市场信息……销售会议可以不拘泥于形式，不限制人数，可以在任何地方以各种方式召开。需要提醒的是，明确会议目的很重要，销售经理开会时常犯的错误是未能把目的说清楚，有时甚至连自己也不清楚开会的目的。

3.个别交谈

这种形式大都建立在相互信任的基础之上，运用这种方式来沟通容易使双方产生亲切感，这对双方统一认识、体会各自的责任和义务都有好处。在这种情形下，双方往往都愿意表露真实的思想，提出不便在其他场合（如会议上）提出的问题，从而使上级能准确掌握下属的思想动态，并争取在认识、见解等方面取得一致。

拆除沟通壁垒，搭建沟通桥梁

销售经理在沟通中的常见障碍可以归结为两种：主观障碍和客观障碍。

1.主观障碍

销售经理本人或上下级的性格、气质、态度、情绪、见解等方面存在差异，这会使信息在沟通过程中受个人主观心理因素的制约。

在沟通过程中，如果双方在经验水平和知识结构上差距过大，就会产生沟通障碍。

信息、沟通往往是根据企业组织架构分层、逐级传递的，但信息在传递的过程中常常受到个人的记忆、思维能力的影响而发生遗漏或失真现象，沟通效率也会降低。

每个人对信息的态度可能不完全相同，有些人会忽视对自己不重要的信息，也不关心组织目标、决策等信息，只重视、关心与自身利益密切相关的信息，从而使沟通发生障碍。

上下级之间缺乏信任，这种相互不信任会影响到沟通的正常进行。

下级人员的畏惧感也会对沟通形成障碍。

2.客观障碍

沟通双方如果在空间上相距太远，接触机会可能会很少，这可能也会造成沟通障碍。

社会及文化背景的差异、种族差异等也会影响到沟通工作。

当企业机构过于庞大、中间层次太多时，信息从最高决策层到下级基层单位时易失真且费时，从而影响到信息的及时性，这是由企业组织架构所造成的障碍。

上述沟通障碍一般都会或多或少地存在，销售经理应该设法消除这些障碍，从而为有效沟通创造条件。

认识团队内部产生冲突的两面性

团队内部冲突并不都是危害，既有消极的一面，又有积极的一面，认识到冲突的两面性，有助于解决团队内部的冲突。

1.冲突的有害性

团队中的冲突有着明显的危害性，销售经理必须消除这种冲突。冲突的有害性主要表现在以下几点：

（1）导致人力、物力分散，团队凝聚力降低。

（2）造成人们的紧张与敌意，影响团队成员之间的友谊与协作，降低人们对工作的关心程度。

（3）冲突严重时，会影响组织和团队的寿命，甚至会造成整个团队的解体。

2.冲突的有效性

团队中的冲突并不完全有着危害性，有时有害冲突也可能会转化成有益冲突。其积极性主要表现在：

（1）内部的分歧与对抗能形成各部门相互支持的体系。

（2）冲突暴露能使对抗的成员将心中的不满发泄出来，否则压抑怒火反而会造成极端反应。

（3）与外部团队或者成员的冲突可以增加销售团队的内部凝聚力。

（4）冲突可以使冲突部门充分表现各自的实力，并最后达到权力的平衡，以防止无休止的争斗。

（5）冲突可促使联合，以求生存或对付更强大的敌人。

冲突的有害性和有效性是依据它对团队绩效的影响来衡量的，销售经理不能简单地把一项冲突划归到某一类，必须在现实中根据它的建设性和破坏性加以确定。既然冲突的发生有着其必然性，销售经理就应该认清冲突的性质，充分利用它的有效性，来为销售团队的目标服务；同时，尽量避免有害冲突的发生。

查找导致团队内部产生冲突的原因

造成团队内部的冲突原因错综复杂，查找导致冲突产生的原因并加以分析，可以有效地促进冲突的解决。

1.缺乏沟通

缺乏沟通会导致冲突。沟通渠道不顺畅、成员之间沟通的积极性不高，会造成团队成员之间存在误解，当这些误解积累到一定程度而无法被化解时，冲突就会出现。当然，沟通过程中的一些不良因素，例如语义理解困难、沟通中的噪声、多个渠道传播等也容易导致误解，出现冲突。

2.团队的内部结构

团队结构中的以下因素也会导致冲突的出现：

（1）分工细致程度。当团队的规模越来越大、任务越来越专业化的时候，团队成员的分工就比较细致，都有明确的工作范围和界限，如果其他成员有所涉及或进行干预，发生冲突的可能性就会加大。

（2）任职的时间长短。任职的时间和冲突成反比例，团队成员越年轻，在团队工作的时间越短，发生冲突的可能性也就越大。相反，团队成员越成熟，积累的相关经验越多，越不容易出现冲突。

（3）管理范围的明确程度。管理范围的模糊性也增加了团队间为控制资源和领域而产生的冲突。

（4）参与的氛围。参与的风格和冲突也有高度相关性。参与性强，鼓励团队成员提出不同的见解，这时冲突的可能性就会加大。

3.个人因素

有些销售成员对于其他成员存在偏见，以至于连带对相关人员的某个观点也不赞成，甚至看不惯他们的一言一行，此时冲突就在所难免。

此外，价值观方面的差异对冲突的影响也很大，来自不同背景下的销售人员可能会因为观念的差异而引发冲突；而专制、缺乏自尊或者自尊心太强也是冲突潜在的原因。以上三点会成为冲突的根源，构成了冲突的隐性或潜在因素。一旦遇到合适的机会，冲突的发生就在所难免。

根据冲突阶段的不同特点处理冲突

和任何事物的发展过程一样，冲突的产生也有阶段性，在每个发展阶段都有一定的行为特点，因此，销售经理也应该根据每个阶段的不同特点采取恰当的措施来处理团队中的冲突。具体来讲，冲突的发展可以分为五个阶段。

第一阶段：出现可能引起冲突的潜在因素。

在冲突过程的第一阶段存在一些因素，这些因素不一定会直接导致冲突，但它是产生冲突的必要条件，这些条件可以概括为沟通、团队的结构和个人因素。这三点会成为冲突的根源，构成了冲突的隐性或潜在因素。

第二阶段：冲突的外显。

在冲突外显之前，冲突的双方会产生冲突出现的认知。认知即当潜在的对立和不一致显现出来后，双方意识到冲突出现，它表明冲突问题明朗化。情绪因素对于认知起很大作用，消极的情绪会导致问题非理性的处理，从而使冲突更加激化；而积极的情绪会使团队成员以一种开阔的眼光来发现潜在的联系，从而制定出更具创新性的解决方案。但认知到冲突并不代表着冲突已经外显，个性化的处理将决定冲突的性质，因为此时团队成员个人的情感已经介入其中。同时，由于该阶段冲突问题明朗化，冲突双方对于冲突的看法和态度将决定冲突的性质及冲突的升级，因此，在此阶段对于冲突性质的界定在很大程度上影响着解决的方法。

第三阶段：产生行为意向行为。

意向是一个人产生认知、情感之后的想法，它指的是从事某种特定行为的决策，即个人认识到冲突已经发生和采取行为的意向。只有了解一个人的行为意向，才可能了解到下一步行为，但有时行为和行为意向之间会存在不一致的情况。就是说，团队成员也许想的是一套，而实际做的是另外一套。

第四阶段：冲突行为。

人们有了行为意向，就会采取一定的行为，有时候行为意向和实际行为之间也可能会表现出不一致。冲突的行为阶段包括冲突双方进行的说明、活动和态度。也就是说，冲突一方的行为，是为了看一看对方如何反应。冲突的行为带有明显的刺激性，由于判断错误和缺乏经验，有时外显的行为会偏离原本的意图。而且，冲突的行为直接决定着冲突的结果。不理智的冲突行为会导致严重的后果。当冲突发生后，销售经理可以采用以下技术进行处理：

（1）利用职权。团队管理成员用正式的权威来化解冲突，例如，销售经理通过官方命令来制止冲突，利用领导者的权威化解冲突。这要求冲突的双方遵循"矛盾上交"原则,即销售人员之间的冲突由销售经理解决。职权控制法是一种直接处理团队冲突的方法。

(2)存货缓冲。即进行冷处理,不急于处理冲突,待冲突双方均冷静后再来处理。

(3)暴露处理。此种方法就是干脆把矛盾展开,待充分暴露出问题的症结后再进行处理。采取此方法的前提是双方都有化解冲突、言归于好的意愿。当意见不一致时可以通过谈判来解决,必要时可以找第三方来调停。有的时候,参与的第三方在促成冲突双方和解方面起着重要的作用。通过第三方隔离的作用减少团队内一方在人员和权力方面对另外一方的威胁;当一方积极另一方冷淡时,中间人需要做大量细致的工作,消除双方的分歧;当一方对另一方的建议做出积极反应时,要适时把握时机,打破僵局并促成合作。

(4)引起冲突。它是一种对冲突主动积极的利用方式。销售经理在决策中可以有意识地引入两种对立的方案,鼓励大家进行讨论,在对立中找到统一性,从而使决策更全面。当销售团队没有生气、没有什么争议和新的观念出现时,就需要树立一个对立面,以一个方案作为蓝本,在这个基础上鼓励双方从反面或从不同的角度对这个方案提出批评,而不管这个方案是谁制定的,从而多角度、全方位地寻找方案的不足。

第五阶段:冲突产生结果。

团队发生冲突可以产生以下两种结果:

一种是有利的结果。有利的结果,主要是对那些功能正常的冲突而言。这种冲突能提高决策的质量,激发革新与创造,调动群体成员的兴趣,提供问题公开、紧张解除的渠道。促进团队成员的友谊,树立领导者的威严,培养自我评估与变革的环境。

另一种是有害的结果。有害的结果,主要是对那些功能失调的冲突而言。这种冲突带来的不良影响,可能会降低群体的绩效:造成沟通不畅,团队成员之间误会重重；使团队的凝聚力降低，缺乏合作的意识；使团队工作以明争暗斗为主，销售目标降至次位。极端情况下，还会威胁到整个销售团队的生死存亡。

方法招招见效，冲突一一化解

当团队发生冲突时，销售经理应首先对冲突的性质进行全面细致的分析，然后根据冲突的不同性质，采取适当的方法有针对性地加以解决。

冲突可分为工作上的冲突和人际关系的冲突。其中，工作冲突是围绕某项具体工作而产生的意见分歧。人际冲突是指团队成员之间的对立情绪。这两种冲突在某些情况下可能会相互转换。因为工作冲突，团队成员可能会争得面红耳赤，再进一步可能就会影响到人际关系；反过来，人际冲突达到一定程度，团队成员也会因为对个别成员的偏见而影响到对其观点的看法。

销售经理可以根据不同的情况采取不同的解决办法。总体来说，冲突发生后，销售经理可以采取以下措施来处理。

1.竞争法

在团队冲突处理中寻求自我利益的满足，而不考虑他人的影响。它适用于当需要团队做出快速的、重大的决策，执行重要但不受欢迎的行动计划等情况时。这种做法的缺点是冲突的真正起因得不到很好的解决，而且使用此方法还应当充分考虑受负面影响一方的情绪。

2.迁就法

在团队冲突中为了维持相互友好的关系，一方愿意自我牺牲，以服从他人观点。它适用当团队工作重点在于营造和谐、平静的气氛或为团队成员提供尝试错误的机会时。这种做法的不足之处是如果在主要问题上进行迁就，有可能让团队成员觉得领导者的做法过于软弱。

3.回避法

当发生团队冲突时，由于希望抑制冲突而采取的既不合作，也不维护自身利益，使其不了了之的做法。它适用于当团队冲突起因只不过是琐碎小事或冲突带来的潜在利害关系得不偿失时。这种做法的缺点在于只能缓解团队冲突，而无法主动化解。

4.合作法

在团队冲突中，通过与对方一起寻求解决问题、进行互惠互利的双赢谈判来解决冲突。它适用于冲突双方有着共同的目标，或冲突原因是误解或者缺乏交流等情况。缺点是需要一个漫长的谈判和达成协议的过程，而且有时在解决思想冲突问题上不一定有用。

5.妥协法

冲突双方都放弃一些应得利益，以求共同承担后果。它适用于为复杂问题寻求一个暂时的解决方案或冲突双方势均力敌的时候。但这种做法是不可能通过妥协达成最佳解决问题的方案。

上述五种冲突处理方法各有优缺点。销售经理面对冲突情况时，应当具体问题具体分析并加以妥善解决。

第9章 激励产生正能量
——销售团队的激励机制与方法

很多企业都面临着销售团队激励随着队伍的成熟在逐渐弱化的问题,进而影响整个营销系统的工作效能,使企业产品要么还没有成长为一个市场的主流产品,便快速凋零;要么在成为主流产品,并开始大规模赢利之后,迅速地进入衰退期。

这一切问题的根源就在于这个队伍的激励体系中,缺少一台能够为其提供永续动力的"永动机"——销售激励。销售激励,是销售动力的能量来源,销售激励的有效性直接关系着销售团队的整体战斗力,关系着产品生命周期的延续、市场的掌控,甚至关系到企业的未来。销售竞赛是企业激励销售人员的常用工具,它可采取多种形式,充分发挥销售人员的潜力,促进销售工作的完成。

理解激励——梯子理论

销售激励是一个引导销售人员和强化行为的过程。激,就是诱发动机;励,就是强化干劲。激励对于团队工作而言是不可或缺的必要条件。销售团队的激励是保持高绩效的一个重要方面。销售经理恰当地使用激励方式,可以使团队成员保持旺盛的斗志,积极地投入到销售工作中去,从而提升销售业绩。

为了有效地建立激励机制,可以用梯子定理形象地说明。

该定理认为:一个独立稳定的梯子必定由四个纵边组成。其中,由两个纵边组成两个相对应的横梯。这四个纵边包括两对:一对是由职务与职称为两纵边组成的晋升横梯等级即晋升激励。另一对是由物质与精神为两纵边组成的奖励横梯等级即奖励激励。而在现实中,不能过于强调某一种激励而忽略"梯子"的其他各边,否则就会导致激励这个"梯子"的不稳定。作为销售经理一定要把握好激励这架"梯子"四个纵边的平衡。

激励不外乎物质激励和精神激励。这里主要强调的是后者,也就是精神激励。因为物质的激励取决于整个公司的奖励制度,这不是团队管理者所能左右的。而精神激励却是团队管理者可以完全把握的,也是最有效、最低成本的方式。精神激励是最容易做的,也是最难做的,因为这取决于管理者的情绪和耐心。有时候一个小小的表扬,比奖励几百块钱更能激发成员的热情和斗志。

销售团队激励最常用十三大方式

如果销售经理真正要激励销售团队，他们就必须选择合适的激励方式，并把针对团队成员个人进行的激励视为自己的职责。激励方式为激励实施提供了具体指导方法的选择。一般而言，针对销售团队成员个人的激励方式主要有以下几种。

1.目标激励

所谓目标激励，就是销售团队把大、中、小和远、中、近的目标相结合，确定一些可以达到的销售目标，使销售人员在工作中时刻把自己的行为与这些目标紧紧联系，并以目标完成的情况来激励销售团队成员的一种激励方式。

作为销售经理，你应该让每个业务员感到，他的销售工作，对实现整体的团队目标同样重要。如果你忽视了哪怕一小部分销售人员，也就失去了他们产生销售收入的机会，重要的是，这些销售人员由于感到不被重视和认可，积极性和自尊心都会受到挫伤。让每个销售人员都感到他是这个团队的一部分，都在为团队目标的实现作贡献。销售经理在每次销售会议上，不能顾此失彼，要确切地体现"团队"销售的观念。

目标激励包括设置、实施和检查目标三个阶段。在制定目标时须注意，要根据团队的实际业务情况来制定可行的目标。一个振奋人心，切实可行的目标，可以起到鼓舞士气，激励团队成员的作用。相反，那些可望而不可即或既不可望又不可即的目标，会产生适得其反的作用。销售经理可以对团队或个人制定并下达切合实际的年度、半年、季度、月、日的销售目标任务，并定期检查，使其朝着各自的目标去努力，去拼搏。

普遍使用的销售目标有销售量、销售额、新客户数、货款回收率等，有时还可以将这些目标综合运用。

2.榜样激励

榜样的力量是无穷的。在团队中，大多数人都不甘落后，但往往不知该怎么做，或在困难面前缺乏勇气。因而，销售经理可以在一定时间段内对销售人员进行评选，把优胜者作为榜样；通过树立销售团队中的典型人物和事例，表彰各方面的好人好事，营造典型示范效应，使全体团队成员向榜样看齐，让其明白提倡或反对什么样的思想、行为，鼓励团队成员学先进、帮后进、积极进取团结向上。同时，可以为团队成员找到一面镜子，树立一个榜样，为其增添克服困难、实现目标、争取成功的决心及信心。此外，作为团队管理者，销售经理要及时发现典型、总结典型，并用好、用足、用活典型。

3.工作激励

用其所能，扬其所长，投其所好，避其不足，丰富工作形式、工作内容，合理安排工作任务，通过工作本身对销售人员产生有效的激励作用。

4.培训激励

如今，许多企业把培训作为一种激励手段，效果十分好。对团队内的销售人员进行培训是一项投资——针对人力资源的投资，针对未来的投资。随着知识经济的发展，企业和销售人员对培训的作用越来越重视，甚至在转换职业时都把曾接受的培训作为一项资历。

5.授权激励

大多数人都愿意承担责任，愿意掌握权力。因此，销售经理要善于向销售人员授权，实行授权激励，把本来属于销售经理的某些权力授予销售人员代为行使。授权要将责任、权力一起授予，使销售人员承担更多的任务，并享有相应的权力，完成得好还应给予奖励。不过，要记住，授权和分权是不一样的。

6.环境激励

环境激励是指创造一个良好的团队工作环境氛围，使销售人员能心情愉快地在团队内开展工作。环境激励可以直接满足销售人员的某些需要,还可以形成一定的压力和规范,推动销售人员努力工作,创造优良业绩。

7.民主激励

充分发挥销售人员的主人翁精神,邀请销售人员参与到企业的管理、重大决策当中去,邀请销售人员参与到销售计划的制订等销售管理工作当中去,让销售人员有归属感、荣誉感和责任感,从而充分调动销售人员的积极性和主动性。

8.物质激励

奖励就是对人们的某种行为给予肯定和奖赏,使这种行为得以巩固和发展。物质激励是最基本的激励手段,通常也是最有效的手段。在物质奖励状态下,能发挥自身能力的50%~80%。可以运用的物质激励手段很多,包括工资、奖金、加薪以及各种福利。但物质激励会养成人们的依赖心理,一旦把奖励的内容取消,销售人员就会失去工作的动力。

9.精神激励

当物质奖励到一定程度的时候,就会出现边际作用递减的现象,而来自精神的激励作用则更持久,更强大。在适当精神奖励的状态下,能发挥自身能力的80%~100%,甚至超过100%。精神激励包括表扬(尤其是公开场合的表扬)、发放荣誉奖品和奖章、与企业领导合影、授予称号等,这是对销售人员贡献的公开承认,可以满足销售人员的自尊需要,从而达到激励的目的。

在制定奖励办法时,最好本着物质和精神奖励相结合的原则。同时,方式要不断创新,要有新颖的刺激和变化的刺激。但反复多次地使用后,奖励的作用就会逐渐衰减;奖励过频,刺激作用也会减少。

10.竞赛激励

销售工作是一项很具挑战性的工作,充满艰辛和困难,因此,销售经理要不断地给予销售人员充电的机会。开展各类竞赛活动无疑是一个很好的方法。企业常用的竞赛激励有销售业绩竞赛、新客户开发竞赛、回款竞赛等。

11.进行工作调整

在识别销售人员的个人需求之后,销售经理就必须确认团队成员所从事的工作的确能使其受到激励。如果不能使其受到激励,则销售经理有以下几个选择:

(1)停止对他(或她)的任命,将其调到更满意的岗位上去。

(2)进行工作调整以提供其更多机会,或者意识到该工作不能满足其个人需求而宽容其业绩不佳。

(3)根据销售人员目前以及今后对工作的需求为其进行工作调整。

12.关怀激励

了解是关怀的前提,作为团队管理者,销售经理对团队成员要做到"八个了解",即了解成员的姓名、生日、籍贯、出身、家境、经历、特长、个性特征;"九个有数",即对成员的工作状况、住房条件、身体情况、学习情况、思想品德、经济状况、家庭成员、兴趣爱好、社会交往心里有数。经常与成员打成一片,交流思想感情,从而增进了解和信任,并真诚地帮助每一个人。如果销售经理能做到这些,定能让销售人员倍感亲切,有团队如家的感觉,因此,其责任感也会大大加强。

13.支持激励

销售经理要善于支持团队成员的创造性建议,充分挖掘成员的聪明才智;使大家都想事,都干事,想创新。支持激励既是用人的高招,也是激励销售人员的办法之一。常见的支持激励包括以下几个方面:

(1)尊重销售人员的人格、尊严、创造精神。

(2)爱护销售人员的积极性和创造性。

(3)信任团队成员,放手让其大胆工作。

(4)当销售人员工作遇到困难时,主动为销售人员排忧解难,增加销售人员的安全感和信任感;当工作中出现差错时,要承担自己应该承担的责任。

(5)向上级夸奖团队成员。当销售经理向上级夸赞团队成员的成绩与为人时,团队成员是会心存感激的,这样便满足了团队成员渴望被认可的心理,其干劲会更足。

设定销售竞赛目标及奖励方式

竞赛费用是企业常用的经费开支,西方企业调查表明,平均销售竞赛的费用占销售额的2.67%~3.25%。销售经理做销售财务计划时可以按销售额的3%左右来提取竞赛奖励费用。

企业划拨了竞赛奖励费用,就应设定相应的竞赛目标。根据大多数企业销售竞赛的实际经验,下面提供一些可行的竞赛目标及奖励方式。

1.提高销售业绩奖

达到目标或超过上次销售业绩、销售业绩名列前五名或团体销售名列前茅者都可以利用一定的积分或积点获得奖励。

2.特殊产品销售奖

对特殊产品,如新产品、库存滞销品的销售业绩较好者给予积分或增加点数予以奖励。

3.开发新客户奖

对开发新客户的数量及业绩量给予积分奖励。

4.新人奖

对新吸引来的销售人员中的业绩高者予以奖励。

5.培训奖

培训新人绩效最高者获得此项奖励。

6.账目完好奖

对坏账率最低者、即期结账比例最高者或总额最高者给予奖励。

7.淡季特别奖

在淡季、节假日可以举行定期定时竞赛，对优胜者给予奖励。

8.市场情报奖

对协助企业收集市场情报最多、最准、最快者给予奖励。

9.降低退货奖

对退货量最低者或退货占销售总额比例最低者给予奖励。

10.最佳服务奖

根据客户反应和企业考察记录，对服务态度最好、服务质量最高者给予奖励。

以上列举了几种常用的销售竞赛目标及奖励方式。事实上，竞赛目标多种多样，销售经理应根据实际情况，运筹帷幄，巧妙运用，以达到预期的目的。按行业和产品的不同，竞赛体系可以是网络式的或多层次的。如家用电器产品是通过销售人员拜访零售商店（或专卖店）销售的，所以就可用两层式的竞赛，即同时激励销售人员和零售商店；汽车零部件则可设立包括制造商的销售人员、经销店及汽车修理厂在内的三层次竞赛。

无论选用何种方式，目的是要把整个销售体系各有关人员同时纳入竞赛的激励对象。如果只以销售人员为竞赛对象，经销商或修理厂并不会积极参与产品的销售，就会造成负面效果或形成竞赛活动的障碍。所以，最好是让大家都来参与，调动大家的积极性。

将销售竞赛开展得如火如荼

销售竞赛对于促进销售员的积极性，提高团队的销售业绩有着重要的作用。销售经理要将销售竞赛作为一项常规活动来抓，作为激励整个团队的常用机制和手段。

1. 销售竞赛的内容

销售竞赛的实施涉及竞赛主题、规则的确定及注意事项，参赛对象及入围标准，时段、时机的选择，奖励方式及奖品的选择等内容。

（1）竞赛主题。任何竞赛都必须设想出一个主题，如新星奖、突破奖，或是南北对抗赛、周末大突击等。

（2）参赛对象。规定参赛资格，是只限外勤销售人员参加还是内外勤均可？还是经销商、销售网络人员都参加？

（3）入围标准。是按个人销售业绩累计？还是按个人业绩增长率？还是按团体业绩总额？是否考虑特殊情况或问题？

（4）奖励标准。获奖的标准是只取前几名还是凡达到标准者都给奖励？

（5）竞赛办法。制定详尽的竞赛规则，并附加解释及说明。

（6）评审过程。对竞赛的全过程进行追踪记录，评审工作要及时、合理、公平，防止执行漏洞和虚假现象的出现。

（7）奖品选择。奖品必须能有效地吸引参赛人员，可以是奖金、奖杯、奖章，还可以是抽奖券、购物券、汽车、电视机、录像机、手表、皮包、化妆品等。

2. 销售竞赛活动的管理

（1）专项管理。竞赛活动是企业的一项重要活动，在销售经理的指导下，自始至终要有专人负责管理，一旦出了问题能够及时发现和解决。

（2）预算管理。竞赛是花钱的大事，绝不是把奖品宣布、办法公开就算了事，首先要进行成本效益分析。现举例说明竞赛预算的一般方法。

假定竞赛的目标是希望在竞赛期间能比平时增加15%的销售额，若平常每月是200万元的业绩，则目标就是达到约230万元的销售业绩。若企业销售利润率为20%，则竞赛所能达到的利润应为46万元。假设盈利的20%用来举办竞赛，则需花费9.2万元的竞赛费用。设定获奖最低标准后，估计会有多少人入围得奖，假定有20人入围，则平均每人可得奖金4600元。组织竞赛的活动经费估计约为1万元，则每位获奖者平均可获奖金的实际金额为4100元。

当然，以上只是拟定竞赛费用方法的一种，销售经理还可采用其他认为合适的方法。

（3）时间管理。竞赛要注意时间的掌握及时期长短的安排。在时机或时间上，最好要和年度销售计划以及特殊季节、节假日等因素相互配合。一般小型竞赛以2～6周为宜，大型竞赛为1～3个月。时间太长，会使大家不愿太早冲刺或中途失去兴趣及热忱。

（4）组织管理。竞赛期间，为了引起大家的注意，应不断地宣传，创造竞赛气氛。销售经理应亲自到各销售单位宣布竞赛办法及奖励细则，以鼓励士气。在竞赛中应随时记录并公布竞赛的结果，如每日快讯、每周报道、倒计时、冲刺日报等。所有环节如存货的准备、后勤作业、送货及其他相关作业的配合都要谨慎安排，以免出现疏漏，影响竞赛效果。

（5）活动评估。许多销售经理在竞赛后仅把结果公布，成绩优良则风风光光颁奖表扬，成绩不佳则草草收场结束。竞赛结束应及时进行全面的评估与分析，检验目标是否达到，总结竞赛活动的经验和教训。发现有作弊行为，如开假订单、报假账、联合报账等，要严肃处理，树立诚信之风，提倡公平竞争。

竞赛激励中需要注意哪些问题

销售竞争能激发销售人员求胜的意志，提高销售人员的士气。销售竞赛的目的是鼓励销售人员做出比平时更多的努力，创造出比平时更高的业绩。竞赛要能激发销售人员的销售热忱，鼓励销售人员发扬不服输的拼劲，制造出积极争胜的活动氛围。

为顺利达成竞赛目标，在销售竞赛的实际操作中要注意以下问题：

（1）奖励设置面要宽，奖励面太窄，会使业绩中下水平的销售人员失去信心。

（2）销售竞赛要和年度销售计划相配合，有利于企业整体销售目标顺利地完成。

（3）要建立具体的奖励标准，严格按实际成果实施奖励，杜绝奖励不公正现象。

（4）竞赛的内容、规则、实施办法力求通俗易懂、简单明了。

（5）竞赛的目标不宜过高，应使大多数人通过努力都能达到。

（6）专人负责竞赛活动的宣传，并将竞赛情况适时公布。

（7）安排竞赛会议，并以快讯、海报等形式进行追踪报道，渲染竞赛的激烈气氛。

（8）精心选择奖品，奖品最好是大家都希望得到，但自己又舍不得花钱买的东西。

（9）奖励的内容有时应把家属考虑进去，如奖励全家旅行。

（10）竞赛完毕，马上组织评选，公布结果，并颁发奖品，召开总结会。

做贴心的主管，当销售员的知心朋友

销售经理要对每个销售人员详细了解，鼓励他们发挥自己的特长，以利于整个集体的发展和成长。

要注重销售人员最关心的事务，不要弄错了主题，从而不能抓住他们的心。

要注意销售人员未表现出来的欲求。销售人员有的希望升迁，有的寻求能力的认可，有的希望更多的培训发展，销售经理要考虑如何去满足下属的这些欲求。

要利用多种技巧去发掘部属的兴趣所在，并思考如何把他们的兴趣转移到工作上。时刻注意是否有人具有特殊才能可善加运用，是否有特殊的创意有助于团体目标的实现。

要多听部属的意见。要经常反省自己：部属说话时自己是否真正用心倾听？自己是否做结论太快？

在与部属交谈时，避免中断和打扰。不要心神不定，要全身心地倾听，这样才能通盘了解，避免以偏概全。

在与部属交谈时，观察他们的手势、眼光及其他隐藏性的信号，以了解他们真实的未表达出来的意图。

要能接受别人的看法见解，给人以改变看法或提出新见解的余地。

做多面手主管，充当起多种角色

销售经理是良师兼教练。要能增加部属的知识与信心，改变部属的态度，提高其销售技巧，给予各方面的指导，使其更有效地进行工作，达到目标。

销售经理是评审官。要能把部属表现的绩效加以评估，并给予适当的反馈，这样才能给人指明方向。

销售经理是团队的指挥官。指挥部属熟悉及使用每一种销售工具和技巧，使每个人充分发挥自己的才能，同心协力，步调一致，使全体人员都有突出的销售业绩。

销售经理是鼓舞者。要把部属的希望与梦想从内心激发出来，并用文字或图案表现出来，使每个人对自己及整体的目标永怀希望。

做高品质的主管,灵活运用各项管理技能

销售经理应具备洞悉部属内心世界的能力。认真思考怎样才能促使部属主动地把时间精力放在工作上,及时掌握部属的动向,为进一步采取措施做好准备。

销售经理应能以明确的方向指引部属。领导一个团队最重要的职责就是要制定一个合理可行的目标,使部属有明确的方向。要让部属了解全盘的计划及目标,并知道每个人的分量及应承担的角色,更重要的是要使每个人都有达到目标的决心,有完成所定目标的承诺。

销售经理应具有督导激励的能力。目标一经制定,要能督导部属全力以赴,使之达成。经常利用公开的机会对部属的小成就加以认定,鼓励部属更上一层楼。

销售经理应具有评估追踪的能力。目标经过共同讨论拟定后,销售经理要能在共同合作的气氛下解说明白。部属达到目标时,立即加以奖励和表扬;若有偏差,则应立即指出,并加以修正。

做开明的主管,以豁达的胸怀容人

销售行业是人员流动率比较高的行业,其人员流动率一般比其他性质的

工作都要高一些。从时间上说，每年新年前后的一段时间内，人员流动的数量要比平时多。从销售人员的离职原因看，有预期收入的不足、管理上的问题、销售人员的心态及其他环境或个人因素等。

在部属要求离职时，销售经理要认真分析其真正的原因。如能解决其问题，就加以挽留；如果部属执意要走，也不要找借口卡住不放，工作任务、账目交代清楚后，好聚好散，人虽然走了，但还是好朋友。常见在人员离职时企业和员工先弄得反目相向，继之不欢而散，甚至做出诬蔑对方的言辞或行动，造成两败俱伤，这是十分不好的结局。

销售人员对收入的不满意常常是他们离职的主要原因。至于能力的高低，通常不是流动的主要因素。如果真是能力不足或个性不适合，就不应留在销售岗位上，而应另择别的职业。

有些销售人员因心态不平衡，或由于长期工作的压力所造成的疲倦等因素导致做法上的僵化，销售经理应设法和这些有异动心的人好好谈谈，加以解说开导。可以请他们休息一段时间，待心情平静或问题解决以后再进行工作。

确实有些人在一个岗位工作时间长了以后会有异动之心，此时如有其他同行或性质接近的企业以高职或高薪挖墙脚，常常导致人事变迁。面对这个问题的对策是请他三思而行：一定要离开现有的工作及职位吗？有无其他可行的做法？新的工作及环境是否适合于你的发展？当然，最后决定离职与否完全是当事人自己的权利。

如出于企业制度或管理上的问题，或与其他人员的误会、纠葛、恩怨等原因，销售经理要抱着求教的态度，请欲离职人员指出自己的缺点和失误，以发掘问题，采取对策。销售经理如果都有这样的认识及做法，就可减少不必要的困扰和伤害。比较前瞻性的做法，就是把离职的人当做良师益友，保存对方的资料，在特殊日子或一段时间后，不断保持联系，表示关怀和致意，对过去共处的日子表示怀念及珍惜。这样，对方会有再次共同合作或替你效力的可能。人员流失对销售经理来说是一种危机，也是一种挑战，但只要有正确的态度，以有备无患的心理、坦诚又开明的作风及接纳和学习的心境来处理人员的异动，则危机可以转化为良机，人员的流失会转化为人员的增长，销售团队会不断壮大。销售经理要具备各种能力，充当不同的角色，目的是激励全体部属。一个有效激励的团体，应该有良好的合作精神，这样才能成为一个常胜的团队。

正面激励——赞美的技巧

不断地赞美销售人员是激励的有效办法之一。每一个销售人员都希望得到赞美，但是，随随便便褒奖销售员，可能会被销售员误解或轻看，会认为领导没有原则。夸奖员工，要因时、因人不同，而采用不同的方法，懂得赞美技巧才是一个成功的领导者，以下提出各种赞美的方式：

（1）赞美得很自然。刻意的赞美将导致销售员不愉快，故赞美时必须自然。重要的是主管要对销售人员心中的期望值有所了解，销售员每次达到期望值时，就予以夸奖。

（2）赞美要简单扼要。一句"太棒了"，才是简单扼要的赞美方式。有些销售经理还不厌其烦，解释赞美的原因和理由，变成说教，反而模糊要点。

（3）掌握时机。赞美销售员也要掌握时机，成果出现时立即夸奖。例如，销售员来电告知销售成功时，当场就给了赞美，不要等回公司才夸奖。

（4）小题大做地赞美。也可以采用小题大做，大肆夸张赞美法。没自信的销售人员销售成功时，主管可以夸大言词地给予赞美，羞涩的主管可能不善于表演，但表演也是主管的工作之一。

（5）间接赞美。在其他人面前赞美销售员，间接传到当事人耳中也是方法之一。间接得到赞美，比上司直接赞美，更能激发员工的工作意愿。

（6）在全体员工面前赞美。表扬便是典型的例子，不过还有另外一个方法，在销售会议时夸耀销售员的成功，让他发展成果。

（7）一对一赞美。上司对员工一对一的赞美，两人互相分享喜悦。例如，两人共同作战成功时，说句"这都要归功于你的努力"，互相确认彼此的秘密。

（8）自掏腰包请客。主管自掏腰包请客，庆祝部属的成功。这有别于公司内的交往，对保持上司和部属的信赖关系非常有效。

（9）对赞美内容要深思。面对有能力的销售员，赞美其表面成果是一大禁忌。他们的战略程序值得激赏，故要赞美其工作内容。

反面激励——批评的技巧

有奖励就有惩罚，有表扬就有批评。对销售人员不能只是给予一味的表扬，需要批评的时候也要批评。但是，作为一个管理者一定要记住批评的目的是为了更好地激励。批评是从反面激励，有些销售主管以批评为业，专挑销售员的缺点、错误做文章。批评要矫正缺点，提高销售能力，但一味地责备可能造成销售员的自卑和不满，甚至不打招呼走人。

批评的本质在于经由斥责，提高销售员的销售能力，故不能随意责备销售员。批评的方式根据内容和对象不同，可分五个阶段。

第一阶段是暗示：以态度暗示的方法，例如目光严厉，或态度不客气，或讨论失败的事例等。

第二阶段是忠告：模糊斥责对象的表现手法，例如"回去好好想想""会不会有问题"，让部属思考部门主管指的是什么。

第三阶段是引起部属的注意：明确指出具体的部分、方法，例如"那种方式行不通""考虑不够周详"。

第四阶段是申诫：情绪性的责骂，例如"笨蛋""重新进行""难道你都没干劲吗？"（主管无计可施时，往往会采用这种方式）。

第五阶段是制裁：不派工作给他，把负责的客户交给别人，让他从事别的工作，减薪或降低奖金。

这五种批评方式，应该从第一阶段开始，依序进行才正确。若突然跳到第四、第五阶段，只会造成部属心中的疙瘩。在此有一点必须注意，仅是主管按阶段批评还不行，要让销售员知道申诫的顺序，或是从周围的例子得知，主管以这五个阶段进行批评。但要注意以下几点：

（1）不要造成心中疙瘩。部属一旦有意改进，就要停止斥责。

（2）锁定一件事。锁定某一件事斥责，千万不要把其他事情牵扯进来。

（3）最后要提供线索。批评之后，应提供正确的做法、线索作为总结。

（4）要有爱心。批评之中要让部属感受到爱。

做最伟大的教练式经理

教练经理是销售经理的最好类型。"伟大的CEO就是伟大的教练"，通用公司前总裁杰克·韦尔奇如是说。在各种不同的公开场合，他不止一次地表达了类似的观点："好的管理者一定是一个好的教练"。

随着销售人员的业务进一步发展和销售量增加，销售经理应该深入到销售人员中去，教他们一些基本规则，悉心去培养他们，使自己成为一名成功的教练。

好的教练一定不是手把手教销售人员动作和技巧，而是帮助他们克服"我不会"的心理障碍，树立"一定能行"的信念，也就是心态的改变；在此基础上把握关键的地方，从整个过程来把握他们的不足。

第一，教练的本质是激发。教练不仅仅是教方法，仅仅给下属一个方法会限制下属的主观能动性，教练型管理者更重要的是激励下属去找到有效的方法。

第二，教练的重点是心态。心态是重点，如果总是斤斤计较、消极应付，怎么可能让客户满意？信念是决定能不能走向成功的一项重要素质。

第三，教练的关键是引导。教练不仅是提供所有工具和方法，更关键的是指引销售人员找到那些重要的工具和方法。

第四，教练要发掘下属潜能。发现下属的潜力和潜能是销售教练的另外的一项素质。每个人的适应能力、喜欢和擅长的东西都不一样，善于从中发现下属的特有品质并和岗位需求相结合是教练型管理者的需要具备的。在大多情况下，人都是不完全能够了解和认识自己的，需要教练型管理者从旁发现和发掘，并将此类信息传递给下属，调整下属的发展方向和适应性。

第五，教练要建立学习型团队。培养学习氛围，充分发挥下属的创造性，建立一种有机的、高度柔性的、可持续发展的组织，并体现出持续的进步、具有高于个人绩效的综合绩效。

第六，教练要能持续促进员工的进步。欣赏与鼓励，由行为到习惯，并提供持续的支持。销售经理尽量避免直接为下属承担他应该承担的责任，但不妨提供支持。比如，不仅仅是制定目标，还有达成目标过程中的支持策略和措施。对下属完成此项工作或目标提供人、财、物、情感等全面的支持。经常问："在完成这项任务或工作中，我还可以帮你什么？"这样，下属就在你的教练型管理中得到了持续的进步。

第10章　打造团队的生命线
——销售团队的市场开拓与客户维护

销售所有的活动最终都要归结到业绩上，都要通过市场的营销来实现销售目标。市场营销是个人和集体通过创造提供出售，并同别人交换产品和价值，以获得其所需之物的一种社会和管理活动。营销是每一位销售经理都必须认真对待的，销售经理对营销的认识和理解，决定着团队和企业的营销战略、计划、控制和管理。

销售经理要根据营销环境的分析结果，在确定目标市场的基础上，制订详细可行的销售目标和具体的销售计划。在实施目标和计划的过程中，要引导和帮助销售人员灵活运用各种销售策略，开发和维护好客户关系，为客户提供最优质的服务，最终为企业带来稳定而高效的收益。

设计销售团队目标管理框架

销售团队的目标管理,是指依据公司整体策略,制订目标计划,安排进度,将目标额分配到各单位、个人切实执行,并使其有效达成。同时,对其成果加以严格考核。

1.设定目标并加以执行

要想使销售团队达成公司的销售任务,就必须实行"设定目标,并加以执行"的"目标管理"方式;所设定的目标,必须与公司总体目标、部门目标有关联。设定目标具有下列好处:

(1)提供方向。目标可以清楚地指出销售部门所要的最后结果,如当年销售量要比往年增长20%。目标就如同是灯塔的灯光,可以作为导引航行安全的工具。销售部门和人员可以依据目标提供的方向而努力。

(2)指引绩效标准。有了目标就可以用来作为衡量绩效的标准,比较实际成果与目标间的差距,了解自己执行的成效。例如,今年的销售量预估要比上年增长20%,到年底再衡量实际的绩效,就可知有没有达到预期中的增长。

(3)作为激励因子。目标可以激励销售同人努力去达成最后的理想。员工若知道目标所在,知道达到目标的好处,如奖金、红利,就可激励他们努力工作,以获取这些好处。

以"销售部门的销售目标"而言,当年度开始,管理者依据上年度经营业绩、市场需求消长、逐年成长率、竞争对手动向、新产品推出、市场预测等,配合施政方针与经营政策而制定;各销售单位的目标则依企业总目标分别拟定。

2.制定目标销售额的方法

制定与分配销售目标是销售经理的重要职责之一。合理的销售目标能激励销售人员努力去工作，而要制定一个合理的销售目标，需要充分了解市场、准确地预测市场，考虑区域的销售潜力。销售潜力可以反映企业销售额的成长机会，但销售潜力的预测费用高、时间长并且具有主观性。

总体而言，决定目标销售额的方法，有下列几种：

一是分配法，又称为根据经营负责人意见推测法或经营者意见交换法，是自经营最高阶层起，依据销售经理经验与知觉，通过一个人或所有参与者的平均意见求出销售预测值，往下一层一层分配销售计划值的方法。

此方法不需要经过精确的设计即可简单迅速地预测。当预测资料不足而预测者的经验相当丰富的时候，采用这种方法较为适宜。但是，这种方法以个人经验为基础，不如统计数字精确和令人信服。

二是上行法，又称为根据销售人员意见推测法。由第一线的销售人员估计销售计划值，然后再一层一层往上呈报。

上行法具有如下优点：

（1）简单明了，容易进行。

（2）一线人员对市场的感觉更敏锐，预测值可靠性较大，风险较小。

（3）适应范围广，各行各业均可应用。

（4）销售人员直接参与公司预测，从而对公司下达的销售分配额有信心完成。

（5）运用这种方法，也可以按产品、区域、客户，或按销售人员划分各种销售预测值。

其缺点主要是：

（1）销售人员可能对宏观经济形势缺乏了解。

（2）销售人员受知识、能力、兴趣的影响，其判断总会有误差。

（3）如果由销售人员"自己申报"，并"自己加以执行"，将导致隐瞒本身实力，或是低估销售目标，这将是必然的缺失。

（4）"目标管理法"计划销售额，一种常见的草率做法，是主管根据销售员目前销售情况，明年任意加若干百分比得出计划销售额的方法，没有预算根据，没有整体搭配，难怪会"你定你的，我做我的"，目标管理形同虚设。

三是综合法。即先"由上而下"，再"由下而上"，最后，双方沟通协调而成。因此，在实际操作上，先根据经营最高阶层者所提的基本方案，然后再编制到营业部门为止的"计划草案"，营业部门内各销售员以此计划草案为指标，依照产品别、月别编订"计划销售额"，呈报至销售经理，以作为拟订计划之参考；销售经理再调节"计划草案"与"计划销售额"间之差异，据以编订未来目标。

先"由上而下"，是为了保护公司的整体目标，以公司的生存、发展为首要，避免各单位本位主义，明确示意公司的整体目标与方向。再"由下而上"，是为了提升各单位的参与感，取得各单位的配合执行意愿，让部属参与规划和决策，能提升目标的达成效率。但是此法花费时间长，制订计划成本高。

四是根据客户及客户意见推测法。通过征询客户或客户的潜在需求或未来购买商品计划的情况，了解客户购买商品的活动、变化及特征等，然后在收集消费者意见的基础上分析市场变化，预测未来市场需求。

一般征询的意见方法：

（1）销售现场直接询问法。

（2）电话调查法。

（3）入户调查法。

在生产资料商品、中高档耐用消费品的销售预测中常常用到此方法，这种方法不仅可以发挥预测组织人员的积极性，而且预测的客观性、准确性大大提高。但是，本方法涉及市场调查方面的知识，较复杂。

3.目标管理必须考虑的因素

（1）区域产品的历史。

（2）区域购买力指数。

（3）各个产品的市场目标。

（4）各个产品的促销时间。

（5）各个产品的广告。

（6）每个区域前50名客户的收支分析。

（7）销售人员及区域收支分析。

（8）产品和产品组合收入分析。

4.合理的目标销售额的特点

（1）公平：定额真实地反映销售的潜力。

（2）可行：定额可行并具有挑战性。

（3）易于理解：易于理解定额数量及其分配理由。

（4）完整：与销售定额相关的各种定额明确。

（5）灵活：依据环境的改变而改变才能保持士气。

（6）可控：检查执行情况，以便采取措施。

制订正确而有效的销售计划

销售计划的制订与管理是销售经理的首要职能。

有效而又正确的销售计划应当是切实可行的，并指导和组织企业的全部营销活动，生产活动，采购供应活动，贮存活动，财务活动与管理活动；激励着企业供销人员和其他人员目标一致，同心协力，千方百计地去扩大销售,完成销售任务,实现企业的销售目标和利润目标。同时,也是评价企业销售业绩、经营绩效,考核供销人员和其他有关人员绩效的主要依据。如果一个企业没有有效而又正确的销售计划,就不能正确地指导和组织企业的营销活动和其他一切活动,也不能激励销售人员去努力扩大销售,完成销售任务。所以,有效而又正确的销售计划是开展销售业务、扩大销售额的重要条件。

销售计划是指直接实现销售收入的一连串的过程与安排。具体地说,就是根据销售计划预测,设定销售目标额,进而为具体的实现目标而实施销售任务的分配作业,随后编制销售预算,支持一定时期内的目标达成。

综上所述,销售计划应包括下列几项内容:

(1)决定销售收入的目标额。

(2)分配销售目标。

(3)销售费用预算。

(4)编制实施计划。

(5)销售计划的控制。

将销售目标合理分配给销售人员

为了达到预定销售额目标,需要将销售任务分配给销售人员。但如何将这预定的销售额交给销售人员,是一项颇为重要的工作,如果不得要领地交给销售人员,在他们的心里容易产生一种压迫感及被驱使感。因此,如何分配销售额,是销售经理必须重视的问题。

1.分配原则

将销售部整体的目标销售额,分配给相关的销售人员时,要合理地分

配,才能使销售员心平气和地从事销售工作。因此在分配目标销售额时要遵守如下原则:

(1)销售辖区大小的原则。销售辖区大小的原则,包括"销售辖区的大小"、"销售辖区的价值"。销售地区之大小,直接地影响到销售人员的销售成绩,并能直接地决定销售人员是否能够达到预定销售额目标。如果公司在分配销售额时,不能考虑每位销售员所拥有的销售地区大小,那么,拥有地区较小的销售人员,就不能达到预定的销售目标,而拥有地区较大的人员,由于容易达到预定的销售目标,将疏忽(或懒于)开拓潜在的客户。

其次是"销售辖区的价值"。销售地区内人口,由于各行业密集度不同,很难决定其地区价值的大小。例如,对于百货行业来说,营业人员所拥有的地区,如在北京的王府井、西单,则其地区虽小,但其价值却很高。而营业人员所拥有的地区如在市郊一带,则其地区虽广大,但其价值却低。因此,在考虑销售地区大小之原则时,也应同时考虑所拥有的地区价值大小。

(2)潜在客户多寡的原则。在分配销售额时,必须考虑销售人员所辖区域内潜在客户多寡的原则。如果不考虑潜在客户多寡,则无法刺激及促进销售人员去从事开拓新客户的工作。如果销售人员分配的销售额易于达成,将不会再去寻找潜在客户,则公司的销售额无法有高幅度的进展。若产品是透过"经销店"代为销售,所分配的销售额必须考虑本公司经销店的店数多寡,这是影响辖区内销售绩效的重要指标。

(3)销售员能力高低的原则。在分配目标销售额时,销售部门应该依销售员能力高低的原则,加以分配负担目标销售额,这是一个合情合理的原则。如果公司在分配销售目标额时,能够考虑到销售员能力的高低,不但能使所有销售员觉得合情,同时能力高的销售员,在心理上也较能获得满足;而能力较低之销售员,在心理上也较能有努力向上的愿望。如此,销售员在心理上觉得合理,那么所有销售员对于预定目标销售额的努力,应当能收到良好的效果。反之,如果公司在分配销售额时,不考虑销售员能力的高低，能力高的销售员易于达到目标，不力求更高的目标；而能力低的销售员，难以达到预定目标，工作情绪低落。这会造成所有营业人员的工作热情低落，那么预定目标销售额也难以达到，这对公司及营业人员都是很可惜的事情。

（4）商品类别市场需求性的原则。销售部门在分配销售额时，要考虑商品类别市场需求性的原则，因为市场对各个商品的需求性有高有低，这会直接影响到商品销售量多寡。如果在分配销售额时，能够考虑市场对商品类别的需求弹性，对于分配的销售额，能有较公正的决定，销售员的工作情绪会较高昂，销售预定的目标也较易于达成；如果不考虑商品类别的市场需求性，对于商品类别的销售预定目标无法掌握，则无法公正且合理地分配销售额给销售人员，最终必将无法达到目标销售额。

2. 分配的依据

（1）根据月份别（期别）分配。将年度目标销售额，纯粹分配到一年12个月或四季中，如此，由12个月或四季来分摊目标销售额。

按月份类别分配销售额，对于销售员来说，是一种较不被欢迎的方法，完全忽略了销售员所拥有地区的大小，及客户多寡之问题，只注重目标销售额之达成。如此，销售员对于自己所分配的销售额，不但不感兴趣，同时对于销售额达成信心不足，那么商品的销售，将无法达到预期的目标，也失去了分配销售额的意义。

但按月份类别分配销售额的优点在于公司当局较易掌握年预定销售额目标，同时对于所分配给销售员的月（或期）责任销售额，也较易于达成，这是目前公司所乐于采用的方法。

因此，改进的方法是公司当局应将月别分配方法，再加上配合销售地区，或客户类别或商品类别分配的特性，将目标销售额，分摊给各销售员负责。如此，销售员的销售目标，在两种方法的配合之下，应会更加努力达成。

（2）根据销售单位类别分配。根据销售单位类别分配销售额的方法，是指在分配目标销售额时，纯粹以组为单位加以分配，也就是说，以某一营业单位为中心，分配销售额。

根据销售单位分配销售额方法的优点，是在于强调销售单位的团结合作，利用销售单位的力量，达成预定目标销售额；它的缺点是重视单位目标达成，而忽略了销售员个人的存在。

解决问题的方法是，当公司将销售额分配到销售单位时，必须考虑到这个单位所辖的地区特性，如地区大小、潜在客户多寡、代销的经销店、商品多寡，市场的成长性等，如此销售单位才会为分配到的目标销售额而努力完成。

（3）根据地区类别分配。所谓根据销售地区类别分配目标销售额的方法，是指在分配销售额时，纯粹依销售员所拥有销售地区的大小及潜在客户多寡，来制定应分配的销售额。

按销售地区类别分配销售额的方法，优点在于充分运用销售地区的价值，发掘销售地区内所潜在的客户，使商品在消费市场上的占有率能逐日提高，因此，较易为销售人员所接受。但是它的缺点是难以去判定销售地区内所需消费商品数量及销售地区内潜在的消费能力。这的确是一项相当困扰的问题。

针对依据销售地区类别分配销售额的问题，在分配目标销售额时，应考虑销售地区内的人口户数、经济状况、生活水准及客户的消费能力，如此才能了解销售地区内客户的消费能力趋向及客户潜在的消费能力。如此，对于分配给销售员的销售额也较趋向于公平合理。

（4）根据商品类别分配。客户很容易受其他商品销售之影响，以至于改变消费需求。这样已分配的销售额，较易失去其价值性，那么，销售员要完成销售额，将是一件相当困难的事情。因此，依商品类别分配销售额时，如何去判定消费市场及客户对商品消费需求的高低，以及应如何杜绝（或减少）消费需求的转移，将直接影响到预定销售额目标的完成。

针对依据商品类别分配销售额方法的问题，最主要的解决途径就是主管要实施地区性市场调查工作，以了解地区性消费者对于商品的看法，随时将市场的消费趋向传递给公司。如此，才能控制消费市场，了解商品需求的变化情况，并了解本单位承担的目标销售额，正确分配目标销售额。

（5）根据客户类别分配。所谓根据客户类别分配目标销售额的方法，是指分配目标时，纯粹依客户数的多寡及客户性质的要素加以决定。它的优点在于以客户为导向。因为客户的多寡及消费程度，对于商品销售目标达成与否，有直接的影响。依照此因素而分配销售额，销售员也较易于达成。它的缺点是销售员会疏于开发新客户和准客户。

针对依据客户类别分配目标销售额的问题，要深入了解产品在该市场的接受度、市场空间的成长性，开发出新经销店。

（6）根据销售员类别分配。所谓根据销售员类别分配责任销售额的方法，是指纯粹依照销售员能力的高低，制定销售目标。也就是说，将年预定销售额目标，依各销售员销售能力的高低加以分配。

根据销售员类别分配销售额的目的，在于激发能力高的销售员的工作热情，而对于能力低的销售员，能鼓励辅导其提高销售能力。这种分配方法的缺点是，易将销售员有形地划分等级，致使销售员的心理蒙受等级的影响。销售员如果受了这种心理的不良影响时，能力高的销售员较易养成骄傲，且不服从主管指挥的不良态度；而能力低的销售员易于养成自卑，且不求进步的不良工作态度，这种现象，与分配销售额的目的相矛盾。

针对依据销售员类别分配目标额的问题，一是要依照能力高低而分别给予达到目标的奖励，高目标达成后，获得高奖金，低目标达成后，获得较低奖金。二是所分配的目标销售额，要再按商品类别目标细分，避免大量销售低利润、好销的产品。主管在督促销售员时，应有"个人目标"与"团体目标"的进度管理。

全程监督销售计划的完成状况

由于销售计划在实施过程中会发生许多意外的事件,销售经理必须对销售活动进行控制。销售控制是销售部进行有效营销的基本保证。

为达成计划,必须强调"过程控制"。以"年度销售目标"而言,若到年底才清算实际达成状况,总有"时不我予"的遗憾,过程管理强调将工作拆开,缩小管理周期、管理幅度。

例如,一年12个月,故一年销售考核,应为"逐月考核"。每个月业绩考核,众多产品混杂其内,无法区分优劣,应将每个月的业绩依产品别加以区分;销售团队人数众多,也必须区分每个人的优劣胜败,加以奖惩;为了提升管理效果,原来每个月的个人业绩评估,可以缩短改为每半个月评估一次,虽然相对耗费更多时间成本,但优点是保持机动性,了解计划执行进度,可随时加以跟踪改善。

1.每日的销售活动检查

有每日、每周的业绩,才能创造每月的销售业绩。只要每日按照计划执行,必可获得当日的业绩,逐日加总即可成当月业绩。将每日的目标计划数字累计起来即成为月目标计划数字。因此,其计算方式是:月目标计划数字÷当月的实际营业日数=每日目标计划数字。

每日的检查,即是为了及时检讨营业员的状况,了解每日实绩与每日目标的差距。为了达到目标,主管应督促销售员,并坚持下去。每日的销售活动检查,能够确实地实施,可给销售员紧张感,尤其对新手,更有监督作用。

2.每周的销售活动检查

周检查,一个月实施四次,对于该月的业绩推进管理有重要的价值。

销售计划以周为单位加以分割,但其方法并非以月成绩除以四的实际数字来计算,而是以第一周占月计划的15%、第二周累计40%、第三周累计70%、第四周累计100%等比例来分配。

周检查要召集各销售员开会。它不像月检查那样有强烈的反省意识。相反的,周检查要具有临场感。在管理者的领导下,能提升营业员的斗志。管理者可根据每周的检查,为下周的销售执行提出建议。

3.每月的销售活动检查

每月的销售告一段落时,在"业绩报告会议"上,将当月的实际绩效加以检讨评估,提报主管审核。每月的销售活动检查,应列出重点评估项目。例如,"销售目标完成率"、"原因为何"、"下个月的计划完成"等。

4.善用"图表管理"

计划一旦执行,必须了解执行效果的好坏,而其中管理的奥妙在于善用"图表管理"。如果深刻了解了图表管理的好处,企业将在经营过程中受益匪浅。

5.建立销售团队与销售个人挑战目标

了解上级要求本单位达成的门标,并自我挑战,努力执行自己期许的目标,并且落实个人目标销售额到经销店(客户)。

各销售员将各产品月份应完成的销售额,依责任区内的各经销商性质、过去业绩、市场特性,加以分配,以备未来目标额与实际额加以比较,以考核业绩。

6.监督销售计划的完成状况

销售经理对部属的实际业绩必须加以了解与关心,并分割时间,加以督促。例如,按"日、周、月"为单位来考核目标销售计划的进度,比较实绩与目标值,并依产品别、部门别、地域别、客户别进行销售控制,分析差异所在,将考核成果回馈到下次销售行动,以得知"今后应如何达成目标"。销售经理还应利用销售会议、本月销售报告会议等机会,加以督促部属。

及时修订、完善销售计划

在销售计划的执行过程中,如果发现销售额的分配有不均衡现象时,要进行调整。这是一项相当困难的问题。一方面,一定会获得无法完成目标的销售人员的支持与赞同;另一方面却无法获得已完成目标的销售人员的谅解。

但是如果不加以协议调整,分配不均的不良后果将长期存在,不但影响商品销售的前途,同时也将造成销售员流动率提高。

对于分配销售额实施后的监督与检查,其处理方法甚多,其中之一,就是通过协议,将"销售地区"或"客户"有限度移转,但必须不影响已完成目标人员的工作情绪,同时不影响完成销售目标。

这样做有两个好处,既不影响容易完成目标销售人员的积极性,对于无法完成目标的营业人员却有很大影响。

1.落实销售计划后的工作重点

(1)分配决定后,其检讨要点,应着重在分配是否公平合理。

(2)分配决定后,销售员如口有异议,应让销售员于某一时限内申请重新分配,并列明要求申请重新分配销售额的原因。

(3)分配销售额决定之后,如所有销售员没有异议,应请所有销售员对于该分配的销售额加以承认。

(4)除了把具体化的数字(目标销售额)分配到销售员,更应该在精神上加强销售员信心。

(5)分配决定之后,应同时公布达成销售额将获得何种奖励,以刺激销售员努力。

（6）公布的销售额目标完成奖金，其内容及幅度，应具有某种弹性。

2.销售计划执行后，需要修正时的工作重点

（1）分配销售额实施后，如发现有分配不均衡的现象，应重新加以调整；一定要获得有关销售员的支持。

（2）对于已完成销售额目标人员，应先在精神上予以鼓励，然后再协议调整。

（3）对于已完成销售额目标人员，当销售目标提高，应给予某种幅度的津贴，但该津贴的幅度不能太高，以便日后有调整可能。

（4）对于未能完成销售目标人员，销售目标减少时，应同时予以暗示，必须努力完成未来销售目标，否则不可能再有调整的机会。

把销售员训练成促销的尖兵

促销是指提供产品和劳务的企业以多种多样的方式，向消费者、中间商以及其他公众传播信息，树立形象，赢得好感，以影响和促进人们的购买行为和消费的活动。促销是企业营销活动的基本策略之一，促销的实质是一种沟通活动，是信息提供者发出作为刺激物的信息，并把信息传递到一个或更多的目标对象，以影响其态度和行为。在分配通路上促进产品或服务销售的沟通活动，不仅要传播信息，并且要说服消费者接受这些产品或服务。

促销必须依靠销售人员来完成。销售人员直接面对广大消费者，是连接生产者和消费者的桥梁和纽带。他们的主要工作就是寻求客户、沟通技术和服务信息、提供便利服务、销售产品、收集市场状况资料。销售人员的工作直接关系到人员销售活动的成败，关系到企业生产和经营的好坏。作为销售

经理，要充分认识到促销的意义和作用，引导和帮助销售员做好促销活动，实现预定的销售目标。

1.人员销售的基本步骤

（1）发掘客户，是销售工作的第一步。销售人员首先要做的就是寻找可能愿意或正准备购买的潜在消费者，即确定目标客户。在寻找客户时，可以使用细分标准，根据年龄、性别、收入、受教育程度等对客户进行识别区分。例如，年轻父母是婴儿服装、食品和玩具市场的客户，新婚夫妇会寻求房子、家具、电器和银行贷款。另外，还可以根据消费者的爱好、生活方式来选择目标客户，如旅游爱好者当然是旅游用品市场的理想客户。

销售人员获取潜在客户信息的途径主要有以下几种：

途径一：市场调查。

市场调查既可以由企业自己进行，也可以委托专门的市场调查咨询公司来进行。根据对调查结果的分析，可以发现潜在的客户。

途径二：资料查询。

现有的各种信息资料是销售人员可以利用的最便捷的信息来源。如工商企业名录、各种统计资料和年鉴、电话簿、有关的信息书报杂志等。

途径三：客户介绍。

现有客户的推荐、介绍是招徕新客户的一种很重要的方式。这种方法的关键在于销售人员首先要获取现有客户的信任，然后利用现有客户的社会关系，找到更多的潜在客户。

寻找到潜在客户后，还需要对他们进行评估，以确认是否真正值得开发。只有那些需求比较强烈且具有支付能力的潜在客户，才是理想的目标客户，是销售人员花费时间和精力关注的重点。这样，可以减少不必要的支出，提高销售的效益。

（2）事前准备。在走出去销售之前，销售人员必须知己知彼，掌握三方面的知识：

产品知识——关于本企业、本企业产品的特点、用途、功能等各方面情况。

客户知识——包括潜在客户的个人情况，所在企业的情况，具体用户的生产、技术、资金情况，用户的需要，购买决策者的性格特点等。

竞争者知识——竞争者的能力、地位和它们的产品特点。同时，还要准备好样品、说明材料，选定接近客户的方式、访问时间、应变语言，等等。

（3）接近客户，即开始登门访问，与潜在客户面对面交谈。这一阶段销售员要注意：

给客户一个好印象，并引起客户的注意。因而，穿着、举止、言谈、自信而友好的态度都是必不可少的。

验证在准备阶段所准备的全部情况，为后面的谈话做好准备。在接近时，注意使自己有一个正确的心态：友好，自信。友好：自己与对方是进行利益交换，是互惠互利的交换；自信：你不是低人一等求别人，你的企业产品是能经得起考验的。

（4）介绍情况。这是销售过程中的重要一步。任何产品都可以也必须用某种方法进行介绍。即使那些无形产品（如保险，金融，投资业务），也可以采用图形、坐标图、小册子等形式加以说明。要注意通过客户的视、听、触摸等感官向客户传递信息，其中视觉是最重要的。在介绍产品时，要特别注意说明该产品可能给客户带来的利益，要注意倾听对方的发言，以判断客户的真实意图。

（5）应付异议，即克服障碍。销售人员应随时准备处理不同意见。客户在听取介绍的过程中，总会提出一些异议，如怀疑产品的价值，不喜欢交易的条件。这就需要销售员应当具有与持不同意见的买方洽谈的语言能力和技巧，要善于倾听反对意见，能解释、协商，随时有应对否定意见的措施和论据。但必须注意，应付异议要有理有据，娓娓道来，切忌激烈冲突和争吵。

（6）签约成交，即销售人员要求对方采取行动，订货购买阶段。有经验的销售人员认为，接近和成交是销售过程中两个最困难的步骤。在洽谈、协商过程中，销售人员要随时给予对方能够成交的机会。有些买主不需要全面的介绍，介绍过程中如发现客户表现出愿意购买的意图，应立即抓住时机成交。在这个阶段，销售人员还可以提供一些优惠条件，以尽快促成交易。

（7）事后跟踪。达成交易不是销售的结束，而是下一轮销售的起点。如果销售人员希望客户满意并重复购买，希望他们传播企业的好名声，则必须坚持售后追踪。售后追踪访问调查的直接目的是了解客户是否满意已购买的产品，发现可能产生的各种问题，表示销售人员的诚意和关心。另外一个重要的目的，是促使客户传播企业及产品的好名声，听取客户的改进建议。

2.人员销售的基本策略

人员销售具有很强的灵活性。在销售过程中，销售经理要引导销售人员审时度势，并巧妙地运用销售策略，促成交易。人员销售的策略主要有以下三种：

第一种是试探性策略。

试探性策略即"刺激—反应"策略，是销售人员利用刺激性的方法引发客户的购买行为。销售人员通过事先设计好的能够引起客户兴趣，刺激客户购买欲望的销售语言，投石问路地对客户进行试探，观察其反应，然后采取相应的措施。因此，运用试探性策略的关键是要引起客户的积极反应，激发客户的购买欲望。

第二种是针对性策略。

针对性策略即"配方—成交"策略，是通过销售人员利用针对性较强的说服方法，促成客户购买行为的发生。针对性的前提必须是销售人员事先已基本掌握了客户的需求状况和消费心理，这样才能够有效地设计好销售措施和语言，做到言辞恳切，实事求是，有目的地宣传、展示和介绍商品，说服客户购买。让客户感到销售员的确是真正为自己服务，从而愉快地成交。因此，运用针对性策略的关键是促使客户产生强烈的信任感。

第三种是诱导性策略。

诱导性策略即"诱发—满足"策略，是销售人员通过运用能激起客户某种欲望的说服方法，唤起客户的潜在需求，诱导客户采取购买行为。运用诱导性策略的关键是销售人员要有较高的销售技巧和艺术，能够诱发客户产生某方面的需求，然后抓住时机，向客户介绍产品的功效，说明所销售的产品正好能满足客户的需要，从而诱导客户购买。

优质的服务就是优良的销售

有些销售员认为自己服务那么多，也不一定得到对方的回报，还让自己浪费那么多的时间，还不如趁此时间自己多找几个客户划算。销售经理作为团队的管理者，一定要让销售员认识到这是一种短浅的想法，这种观点是完全错误的。

在现代社会中，想要在产品上超过其他公司并占有绝对优势，是不太可能的。而更多的公司能够脱颖而出，能够获得客户的认可，都是因为更周到的服务。一旦你确实为客户提供了优质的服务，无疑你比你的竞争对手更具优势。

另外，即便你的产品质量非常好，但如果服务上不完善，也无法令客户真正满意，当服务方面有缺陷时，会引起客户的不满，从而丧失自身的信誉。

销售员每一次周到的服务其实就是一次销售自己产品的过程，优质的服务会赢得优良的销售效果。并且，产品的质量越好，其服务工作越少，但是，如果需要服务的话，那么这种服务也应该是最好的，这样服务才会为你的产品增色，而不是减色。

虽然当客户在向销售员发牢骚、对产品抱怨的时候，你即便给其提供优良的服务，立即补救自己的一些失误，能够得到客户的谅解，但在客户心理也会多多少少留下疙瘩。如果销售员没有注意到这些细节，以后没有经常联系这位客户，对方就很可能不再购买你的产品，你也就流失了一个客户。所以，与其事后抱怨，不如事先就把服务做好，以免留后患。

销售员要想做好服务工作，要与其他部门（比如生产部门）勤沟通，更清楚、全面地了解产品的性能，做到对自己所销售的产品了如指掌，这样才能保证良好的服务。但是，有些销售员没有全面地了解产品，没有给客户全面的说明，结果招来了不必要的麻烦。

一名售卖自动邮费机的销售员把一台已经装配好的机器推荐给一名客户，并且对客户进行了指导，让客户能够自行操作，而且将其所需应用的货品，如皮带、墨水等也都在第一次订货时为客户完全提供了。

这名销售员本以为，从此高枕无忧了，自己的服务已经很到位了，肯定没有问题了。但是，过了不久，客户投诉的电话打过来了。说是机器停止工作了，经过维修人员的检验发现，客户使用了一般的墨水纸，而这种机器要使用专门的墨水纸才可以。结果，维修人员耗时4个多小时，把整个机器拆开，装上一卷新的墨水纸，洗涤了零件，然后又在机器上擦了一些油。而客户也因此耽搁了上班，让客户很不悦。

如果销售员在装置产品的时候能够给客户以真正的服务，将一切情况都告诉他，就不会出现这种情况了。

所以，在工作中每个销售员都需有作详细记录的习惯，把对客户的服务项目都列下来，以免漏掉。

销售经理要使销售员明白，在销售产品的时候，站在客户的角度，考虑使用产品时遇到的种种细节问题，然后，注意仔细告诉客户，这样才不至于因为一点点小疏漏而损害公司和自己的形象，才能赢得客户的信赖和尊重，建立持久而稳固的客户关系，为公司创造更多利润。

全面撒网，开发客户资源

客户开发是团队营销不中必不可少的一环，只有找到企业所需要的客户，销售产品才能卖出去，销售目标和计划才能实现。开发客户的方法不而足，具体来说，可从以下几方面着手。

1.逐户访问

逐户访问法又被称为"地毯式寻找法"，指销售人员在所选择的目标客户群的活动区域内，对目标客户进行挨家挨户的访问，然后进行说服的方法。一般来说，销售人员采用此法成功开发客户的数量与走访的人数成正比，要想获得更多的客户，就得访问更多数量的人。

2.会议

会议寻找法是指到目标客户出席的各种会议中，如订货会、采购会、交易会、展览会和博览会，捕捉机会与目标客户建立联系，从中寻找开发客户的机会的方法。如出版社利用"全国书市"聚集全国各地的大小书店、图书馆等的机会，与他们接触、交谈，争取把他们培养成为自己的客户。运用会议寻找法时要注意技巧，否则有时容易引起对方的反感。

3.俱乐部

物以类聚、人以群分，每个人都有自己的小圈子和自己特定的活动场所，因此，如果能够进入目标客户的社交圈子，对其的开发工作也就容易进行了，胜算也大一些。

例如，打高尔夫球的一般是高收入阶层的人士，有个叫小张的保险销售员为了能够接触到这类人士，很用心，也花了不少钱，参加了一家高尔夫球俱乐部，这使他有机会经常与这些高收入人士交流球技，与他们做朋友……

结果，他签到了许多大额的保险单。

4.在亲朋故旧中寻找

在亲朋故旧中寻找是指将自己接触过的亲戚、朋友列出清单，然后一一拜访，争取在这些亲朋故旧中寻找自己的客户的方法。每个人都有一个关系网，如同学、同乡、同事等，可以依靠关系网进行客户开发。

5.资料查询

资料查询法是指通过查询目标客户的资料来寻找目标客户的方法。可供查询的资料如下：

（1）电话号码簿——记录了公司或机构的名称、地址和电话号码。

（2）团体会员名册——如刊物订阅者的名册、协会会员名册、股份公司的股东名册、行业的公司名册、工商企业名录等。

（3）证照核发机构——如企业经营许可证、烟酒专卖证、驾驶执照等。

（4）税收名册——有助于确定一定财力范围的人员名单，可向他们营销诸如汽车、楼房一类的高档品。

（5）报纸、杂志登载的信息——如新公司的成立、新商店的开业、新工程的修建等，往往需要多种产品，它们都可能会成为企业的客户。

6.咨询寻找法

咨询寻找法是指利用信息服务机构所提供的有偿咨询服务来寻找目标客户的方法。

（1）咨询寻找法的优点是方便快捷，节省时间。

（2）咨询寻找法的缺点是咨询机构的可靠性很难判断，此外，成本比较高——咨询机构都是有偿服务。

7."猎犬"法

"猎犬"法又称委托助手法，指委托与目标客户有联系的人士协助寻找目标客户的方法。委托的助手所从事的职业都是在直接使用销售品的行业或与之对口、相关的行业，这有利于捕捉有效信息，扩大信息情报网，甚至可用职业关系,并且又以第三者的公正形象出现,说服力可能更强。

8.介绍法

介绍法是指通过老客户的介绍来寻找有可能购买的客户的一种方法,又称"介绍寻找法"或"无限寻找法"。

人与人之间有着普遍的交往与联系,消费需求和购买动机常常互相影响,同一个社交圈内的人可能具有某种共同的消费需求。只要取得现有客户的信任,就可以通过现有客户的自愿介绍,寻找到可能成为客户的其他人,而且说服的可能性较大。此外,商业伙伴也可以帮助介绍和推荐。企业是无法单独生存的,至少它必须有进货的上家和销货的下家。由于大家都处在同一利益链中,很容易因"唇亡齿寒"的"同伴意识"而"互相照顾"、"互相捧场",如果能利用这种心态和利害关系,请上家和下家帮助介绍客户,将会有不小的收获。另外,有的企业客户很多,甚至没有时间招呼客户,如果我们与这类企业搞好关系,就可能得到他们的帮助——将自己来不及照顾、顾不上招呼的客户介绍给我们。当然,这里的关键点在于处理好与这类企业的关系,这样他们才可能做介绍。

9."中心开花"法

"中心开花"法是指在某一特定的目标客户群中选择有影响的人物或组织,并使其成为自己的客户,借助其帮助和协作,将该目标客户群中的其他对象转化为现实客户。

一般来说,可作为"中心"的人物或组织,如政商要人、文体巨星、知名学者,名牌大学、星级酒店、知名企业等,往往在公众中具有很强的影响力和很高的社会地位,拥有很多的崇拜者,其购买与消费行为有示范作用和先锋作用,从而引发甚至左右崇拜者的购买与消费行为。

10.电话寻找法

电话寻找法是指以打电话给目标客户的形式来寻找客户的方法。电话最能突破时间与空间的限制,是最经济、有效的接触工具之一,若是能够坚持，每天找出时间至少打5个电话给新客户，一年下来就是1500个与潜在客户接触的机会。

11. 信函寻找法

信函寻找法是指以邮寄信函的方式来寻找客户的方法。如向目标客户寄送邮购产品目录、宣传单、插页等，向他们介绍公司的产品或者服务以及订购和联系的方式。同时可以邮寄适用品，如DHC公司的宣传信函就会附带各种新产品的小样，以供潜在客户试用。

12. 网络

网络是借助互联网宣传、介绍自己的产品从而寻找客户的方法。随着上网人数的日渐增多，企业很容易在网络上找到客户，因此网络寻找法前景广阔，其方式如下：

首先，根据自己的经营范围登录专业网站，浏览国内外的需求信息，并与这些有需求的客户联系，还可以在网上发布供应信息，吸引客户，进而积累客户资源。

其次，登录专门的商务网站，例如，登录阿里巴巴的商务通、贸易通去寻找客户并与客户即时沟通，从而挖掘和开发客户。

再次，还可以进入聊天室，广交海内外的朋友，从中寻找客户，或者请结交的朋友帮忙介绍客户。

最后，企业可以自建网页，吸引和方便潜在的客户主动与自己联系。

13. 抢夺对手的客户

抢夺对手的客户是指企业运用各种竞争手段，如通过创新的产品、免费的培训和优惠的价格等方式，从竞争对手手中抢夺目标客户的方法。当对手的产品、服务明显不能满足目标客户的需求时，此法最适合采用。例如，2002年中国联通推出CDMA时，采用"预存话费、赠送手机"的销售方式，吸引了众多其他通信企业的客户跳槽到联通，使联通当年实现了新增700万客户的目标。又如，有家企业想把自己的高档写字楼租出去，而当时写字楼出租市场处于严重的供过于求状态。经过分析，公司认为客户来源只能来自在其他写字楼办公的公司，于是派销售人员收集客户情报，与这些客户保持密切联系，并赠送一些内部刊物——即把工作做在前而，以使自己处在"替补"地位。果然，有些租期已满、而又对现租的写字楼不满意的客户纷纷选择了这家"替补"的写字楼。

建立客户信息档案，维护客户关系

客户关系的维护是指企业通过努力来巩固及进一步发展与客户长期、稳定关系的动态过程和策略。客户关系的维护不只是现有关系水平的维持问题，而且是一个驱动客户关系水平不断升级发展的过程。

客户关系的维护需要企业与客户的相互了解、相互适应、相互沟通、相互协调、相互满意、相互忠诚，这就要求企业必须全面掌握客户信息、对客户进行分级管理、与客户进行有效沟通、让客户满意、最终实现客户的忠诚……围绕客户开展工作是维护良好的客户关系的基石，没有这个前提，谈维护客户关系就是空中楼阁。

1.个人客户的信息

对于个人客户，应当包括以下几个方面的内容。

（1）基本信息：姓名、户籍、籍贯、血型、身高、体重、出生日期、性格特征、身份证号码、家庭住址、电话、传真、手机、电子邮箱、所在单位的名称、职务、单位地址、电话、传真等。

（2）教育情况：高中、大学、研究生的起止时间、最高学历、所修专业、主要课程、在校期间所获奖励、参加的社团、最喜欢的运动项目等。

（3）事业情况：以往就业情况、单位名称、地点、职务、年收入、在目前单位的职务、年收入、对目前单位的态度、对事业的态度、长期事业目标是什么、中期事业目标是什么、最得意的个人成就是什么等。

（4）家庭情况：已婚或未婚、结婚纪念日、如何庆祝结婚纪念日，配偶姓名、生日及血型、教育情况、兴趣专长及嗜好，有无子女，子女的姓名、年龄、生日、教育程度、对婚姻的看法、对子女教育的看法等。

（5）生活情况：过去的医疗病史、目前的健康状况，是否喝酒（种类、数量）、对喝酒的看法，是否吸烟（种类、数量）、对吸烟的看法，喜欢在何处用餐、喜欢吃什么菜，对生活的态度、有没有座右铭，休闲习惯是什么、度假习惯是什么，喜欢哪种运动、喜欢聊的话题是什么，最喜欢哪类媒体，个人生活的中期目标是什么、长期目标是什么。

（6）个性情况：曾参加过什么俱乐部或社团、目前所在的俱乐部或社团，是否热衷政治活动、宗教信仰或态度，喜欢看哪些类型的书，忌讳哪些事、重视哪些事，固执吗、重视别人的意见吗，待人处世的风格，自己认为自己的个性如何、家人认为他的个性如何、朋友认为他的个性如何、同事认为他的个性如何。

（7）人际情况：亲戚情况、与亲戚相处的情况、最要好的亲戚，朋友情况、与朋友相处的情况、最要好的朋友，邻居情况、与邻居相处的情况、最要好的邻居，对人际关系的看法。例如，房地产企业在收集客户信息时，通常关注客户目前拥有房地产的数量、品牌、购买时间等，而这些在结合家庭人口、职业、年龄和收入等数据进行分析后，往往能够得出该客户是否具有购买需求、预计购买的时间和数量、消费的档次等结论。

2.企业客户的信息

对于企业客户，应掌握的信息内容应当由以下几个方面组成：

（1）基本信息：企业的名称、地址、电话、创立时间、组织方式、业种、资产等。

（2）客户特征：规模、服务区域、经营观念、经营方向、经营特点、企业形象、声誉等。

（3）业务状况：销售能力、销售业绩、发展潜力与优势、存在的问题及未来的对策等。

（4）交易状况：交易条件、信用状况及出现过的信用问题、与客户的关系及合作态度等。

（5）负责人信息：所有者、经营管理者、法人代表，及其姓名、年龄、学历、个性、兴趣、爱好、家庭、能力、素质等。

客户资料表如表10-1所示。

表10-1　客户资料表

客户		地址		电话			
经营者状况							
姓名		性别		年龄		籍贯		住址	
学历		语言		性情		爱好		社会关系	
配偶影响程度		其他职位		有否前科		曾倒闭否			
以往信誉							
法人代表		实权者				与经营者的关系			
金融状况							
往来银行		账号		记事		现况情况			
资金银行	□丰裕		□充足		□紧张		□短缺		□危险
付款态度	□爽快		□普通		□尚可		□迟延		□为难	□欠款
备度							

加强对各类客户的管理

客户关系管理是销售经理的重要职责之一，通过对客户科学而有效的分析与管理，可以从中了解客户的需求状况及其发展趋势，从而对市场需求做出正确的判断，同时采取相应的对策满足客户的需要，真正做到以客户为中心，提升团队的销售业绩。

忠诚客户来源于重复购买客户，重复购买客户来源于初次购买客户，初次购买客户来源于潜在客户和目标客户。可见，企业要获得尽量多的忠诚客户，就必须对重复购买客户加强管理，而要获得尽量多的重复购买客户，又必须对初次购买客户加强管理，而要获得尽可能多的初次购买客户，就必须对潜在客户和目标客户进行管理。

1.对潜在客户和目标客户的管理

潜在客户和目标客户虽然没有购买过企业的产品或服务，但是他们是有可能在将来与企业进行交易的客户。当他们对企业的产品或者服务产生兴趣并通过某种渠道与企业接触时，企业应当详细介绍产品或者服务，耐心解答他们提出的各种问题，帮助潜在客户和目标客户建立对企业及其产品或者服务的信心和认同，这是促使其与企业建立交易关系的关键。对潜在客户和目标客户的管理目标是先将他们发展为初次购买客户，再培养其成为重复购买客户，乃至忠诚客户。

虽然潜在客户和目标客户还没有与企业发生过交易关系，企业无从记录和跟踪他们的交易行为数据，但并不等于企业就不能对潜在客户和目标客户的价值进行合理的判断。企业仍然可以通过交易以外的其他途径收集反映潜在客户和目标客户基本属性的数据（如年龄、性别、收入、教育程度、婚姻状况等），然后利用这些属性数据，分析他们的潜在价值。

2.对初次购买客户的管理

对初次购买客户的管理目标是将他们发展为忠诚客户或重复购买客户。

虽然初次购买客户已经对企业有了初步的认同并接受了企业的产品，但是，初次购买客户在与企业初次交易过程中的体验以及对所购买的产品的价值判断，将会影响到他们今后是否愿意继续与企业进行重复的交易——第一次购买如果感觉不好,很可能就没有第二次了。

初次购买是客户成长的一个关键性的阶段,企业要抱着与客户建立终生关系的目标与客户进行第一次交易,让产品和服务符合或超过初次购买客户的期望。另外,企业还要跳开针对大众的媒体广告,与初次购买客户进行个性化的交流,保持与他们的联系和沟通,呵护和关心他们,并且尽量提供满足其个性化需求的产品或者服务,努力与他们建立起一种互相信任的关系,这是让初次购买客户再次与企业交易的基础。

通常,企业很难在第一次交易时就收集到完整的客户信息,而需要在反复的交易过程中对客户信息进行完善。因此,相对于忠诚客户来说,企业很难对初次购买客户的价值进行有根据和有效的判断。此时,企业应该注意收集和积累初次购买客户的后续购买的每次交易数据,并跟踪和完善初次购买客户的其他信息,以便为今后的客户价值评价做好准备。

3.对重复购买客户和忠诚客户的管理

研究表明,销售给潜在客户和目标客户的成功率为6%,而销售给初次购买客户,即新客户的成功率为15%。销售给重复购买客户和忠诚客户,即老客户的成功率为50%,可见,对重复购买客户和忠诚客户的管理是客户管理工作的重点。企业应努力加强与这些客户建立联系,听取他们的意见,与他们进行沟通,然后根据其要求及时对产品或者服务进行改进。同时,对这些客户提供"特殊关照",甚至可以成立专门的部门来负责管理和服务这些客户,以加深与他们的感情交融,这样,企业就有可能将重复购买客户培养成忠诚客户,并且使忠诚客户继续对企业及其产品或者服务保持最高的信任度和忠诚度。

反之,如果企业对重复购买客户和忠诚客户关注不够,就可能使他们流失,甚至成为非客户——再也不购买企业的产品或服务,那企业就会出现危机了。

总之,对各类客户的管理必须环环相扣,从潜在客户、目标客户开始,直到对初次购买客户、重复购买客户及忠诚客户都必须加强跟踪管理，绝不能放松。

及时发现并处理客户的抱怨与投诉

客户的购买需求和心理多种多样，对产品的认识和评价各有不同，就难免产生不满情绪；同时由于公司的促销活动或销售人员的服务态度等方面不周的原因，都有可能引起客户的不满情绪，造成客户的抱怨，甚至出现投诉的情况。销售经理要对此引起重视，查找客户抱怨的原因，及时采取有效措施，消除客户不满情绪，避免投诉的情况产生。

1. 客户抱怨与投诉的原因

（1）产品或服务的质量问题，如质量没有达到标准，或者经常出现故障。例如，其他通信企业给客户提供越来越多的功能，网络覆盖不断扩大，接通率提高，掉线率下降。而本企业提供的通信服务却在很多地方打不通，或者经常掉线，那么客户的埋怨就会不断增加，从而产生投诉。

（2）服务态度或服务方式问题，如对客户冷漠、粗鲁，表情僵硬，或者表示出不屑；不尊重客户，不礼貌，缺乏耐心，对客户的提问和要求表示烦躁；服务僵化、被动，没有迅速、准确处理客户的问题；措辞不当，引起客户的误解。

（3）受骗上当，企业在广告中过分夸大宣传产品的某些性能，引诱客户上当，造成客户预期的落空；或者企业对客户作了某种承诺而没有兑现，使客户的期望没有得到满足。例如，有的商场承诺包退包换，但是一旦客户提出退换要求时，商场总是找理由拒绝。

2. 处理客户投诉与抱怨的程序

（1）建立客户意见表（或投诉登记表）之类表格。接到客户投诉或抱怨的信息，在表格上记录下来，如公司名称、地址、电话号码，以及原因等；并及时将表格传递到售后服务人员手中，记录的人要签名确认，如办公室文员，接待员或业务员等。

（2）售后服务人员接到信息后即通过电话、传真或到客户所在地进行面对面的交流沟通，详细了解投诉或抱怨的内容，如问题电脑名称，规格，生产日期，生产批号，何时使用，问题表现状况，在使用此品牌前曾使用何种品牌，状况如何，最近使用状况如何等。

（3）分析这些问题信息，并向客户说明及解释工作，规定与客户沟通协商。

（4）将处理情况向领导汇报，服务人员提出自己的处理意见，申请领导批准后，要及时答复客户。

（5）客户确认处理方案后，签下处理协议。

（6）将处理协议反馈给企业有关部门实施，如需补偿油品的，通知仓管出货，如需送小礼物的，通知市场管理人员发出等。

（7）跟踪处理结果的落实，直到客户答复满意为止。

3. 处理客户抱怨与投诉的方法

（1）确认问题。认真仔细，耐心地听申诉者说话，并边听边记录，在对方陈述过程中判断问题的起因，抓住关键因素。

尽量了解投诉或抱怨问题发生的全过程，听不清楚的，要用委婉的语气进行详细询问，注意不要用攻击性言辞，如"请你再详细讲一次"或者"请等一下，我有些不清楚……"

把你所了解的问题向客户复述一次，让客户予以确认。了解完问题之后征求客户的意见，如他们认为如何处理才合适，你们有什么要求等。

（2）分析问题。在自己没有把握情况下，现场不要下结论，不要下判断，也不要轻下承诺。最好将问题与同行服务人员协商一下，或者向企业领导汇报一下，共同分析问题。

（3）互相协商。在与同行服务人员或者与公司领导协商，得到明确意见之后，由在现场的服务人员负责与客户交涉协商。进行协商之前，要考虑以下问题。

公司与抱怨者之间，是否有长期的交易关系？

当你努力把问题解决之后，客户有无今后再度购买的希望？

争执的结果，可能会造成怎样的善意与非善意口传的影响（即口碑）？

客户的要求是什么？是不是无理要求或过分要求？

公司方面有无过失？过失程度多大？

作为公司意见的代理人，要决定给投诉或抱怨者提供某种补偿时，一定要考虑以上条件。如果属公司过失造成的，对受害者的补偿应丰厚一些，如果是客户方面不合理，且日后不可再有业务来往，你大方明确地向对方说"NO"。

与客户协商时同样要注意言辞表达，要表达清楚明确，尽可能听取客户的意见和观察反应，抓住要点，妥善解决。

（4）处理及落实处理方案。协助有了结论后，接下来就要作适当的处置，将结论汇报公司领导并征得领导同意后，要明确直接地通知客户，并且在以后的工作中要跟踪落实结果。处理方案中有涉及公司内部其他部门的，要将相关信息传达到执行的部门，如应允客户补偿油品的，要通知仓管及发货部门，如客户要求油品特殊包装的或附加其他识别标志的，应通知相应的生产部门。相关部门是否落实这些方案，售后服务一定要进行监督和追踪，直到客户反映满意为止。

寻找客户流失原因，堵住客户流失缺口

市场竞争就是企业争夺客户的竞争，吸引和保持客户是企业生存和发展的使命。企业既要不断争取新客户，开辟新市场，提高市场占有率，又要努力保持现有客户，稳定市场占有率。

然而，在实际经营运作中，由于受传统思想的影响，绝大多数企业把主要的资源都用在了对新客户的开发上面，只关心如何获取新客户、招揽新客户，而忽略了如何保持已有的老客户，如何从老客户身上挖掘更多的价值。于是伴随着新客户的到来，老客户却流失了，这就是西方营销界所称的"漏桶"现象——一方面企业开发新客户就像是往桶里添水，另一方面老客户不断流失就像桶里的水因为漏洞而不断流失，漏洞的大小实际上代表着企业客户流失的速度。客户流失是指企业的客户由于种种原因不再忠诚，而转向购买其他企业的产品或服务的现象。

客户流失已成为很多企业所面临的尴尬问题，实际上，客户流失的原因一般表现在以下几个方面：

（1）企业产品质量不稳定，客户利益受损。

（2）企业缺乏创新，客户"移情别恋"。

（3）企业内部服务意识淡薄。

（4）市场监控不力，销售渠道不畅。

（5）员工跳槽，带走了客户。

（6）客户遭遇新的诱惑。

一般来讲，客户的需求不能得到切实有效的满足，往往是导致企业客

户流失的最关键因素。销售经理应从以下几个方面入手来堵住客户流失的缺口：

1. 实施全面质量营销

客户追求的是较高质量的产品和服务，如果企业不能给客户提供优质的产品和服务，终端客户就不会对他们的上游供应者满意，更不会建立较高的客户忠诚度。因此，企业应实施全面质量营销，在产品质量、服务质量、客户满意和企业赢利方面形成密切关系。

另外，企业在竞争中为防止竞争对手挖走自己的客户，战胜对手，吸引更多的客户，就必须向客户提供比竞争对手具有更多"客户让渡价值"的产品，这样，才能提高客户满意度并加大双方深入合作的可能性。为此，企业可以从两个方面改进自己的工作：一是通过改进产品、服务、人员和形象，提高产品的总价值；二是通过改善服务和促销网络系统，减少客户购买产品的时间、体力和精力的消耗，从而降低货币和非货币成本。

某企业为了更好地吸引客户，将销售收入的3%用于新产品的研制开发，生产市场上有良好需求的产品，还投入了大量的费用改进产品的各种性能，提高产品的价值。而且把全国市场划分为华东、华西、华中、华南、华北五个部分，出资建立了五个仓库，每个仓库都配备专门的送货车。另外企业承诺客户不管什么时间要货，只要一个电话，保证24小时内送到。解决了客户缺少货源问题，节省了货物运输的时间、费用，客户购买产品的成本大大降低，受到众多客户的好评，企业当年的销售额就比往年增加了23.5%。

很多企业为了发现自身存在的问题，经常雇一些人，装扮成潜在客户，报告其在购买公司及其竞争者产品的过程中发现的优缺点，并不断改进。

著名的肯德基快餐店就经常采用这种方法。美国的肯德基国际公司的子公司遍布全球60多个国家，达9900多个，但如何保证它的下属能循规蹈矩呢？一次，上海肯德基有限公司收到了3份总公司寄来的鉴定书，对他们外滩快餐厅的工作质量分3次鉴定评分，分别为83、85、88分。分公司中外方经理都为之瞠目结舌，这三个分数是怎么定的呢？原来，肯德基国际公司雇用、培训一批人，让他们佯装客户潜入店内进行检查评分，来监督企业完善服务。

这些佯装客户甚至可以故意提出一些问题，以测试企业的销售人员能否适当处理。例如，一个佯装客户可以对餐馆的食品表示不满意，以试验餐馆如何处理这些抱怨。企业不仅应该雇用佯装客户，经理们还应经常走出他们的办公室，进入他们不熟悉的企业以及竞争者的实际销售环境，以亲身体验作为"客户"所受到的待遇。经理们也可以采用另一种方法来做这件事，他们可以打电话到自己的企业，提出各种不同的问题和抱怨，看企业的员工如何处理这样的电话。从中我们很容易发现客户是不是由于员工的态度而流失，发现公司的制度及服务中存在哪些不足，以便改进。

2.提高市场反应速度

（1）善于倾听客户的意见和建议。客户与企业间是一种平等的交易关系，在双方获利的同时，企业还应尊重客户，认真对待客户提出的各种意见及抱怨，并真正重视起来，才能得到有效改进。在客户抱怨时，认真坐下来倾听，扮好听众的角色，有必要的话，甚至拿出笔记本将其要求记录下来，要让客户觉得自己得到了重视，自己的意见得到了重视。当然光听还不够，还应及时调查客户的反映是否属实，迅速将解决方法及结果反馈给客户，并提请其监督。

客户意见是企业创新的源泉。很多企业要求其管理人员都去聆听客户服务区域的电话交流或客户返回的信息。通过倾听，我们可以得到有效的信息，并可据此进行创新，促进企业更好的发展，为客户创造更多的经营价值。当然，还要求企业的管理人员能正确识别客户的要求，正确地传达给产品设计者，以最快的速度生产出最符合客户要求的产品，满足客户的需求。

在一次进货时，某家具厂的一个客户向其经理抱怨，由于沙发的体积相对大，而仓库的门小，搬出搬进的很不方便，还往往会在沙发上留下划痕，客户有意见，不好销。要是沙发可以拆卸，也就不存在这种问题了。两个月后，可以拆卸的沙发运到了客户的仓库里。不仅节省了库存空间，而且给客户带来了方便。而这个创意正是从客户的抱怨中得到的。

（2）客户流失分析。对于那些已停止购买或转向另一个供应商的客户，公司应该与他们接触一下以了解情况，区分客户流失的原因。客户流失的原因，有些是公司无能为力的，如客户离开了当地，或者改行了、破产了，除此之外，其他的因素有：他们发现了更好的产品；供应商的问题或产品没有吸引力。这些都是公司可以改进的，如客户流失是因为服务差、产品次、价格太高等。

对流失的客户进行成本分析。部分的企业员工会认为，客户流失了就流失了，旧的不去，新的不来。而根本就不知道，流失一个客户，企业要损失多少。一个企业如果每年降低5%的客户流失率，利润可增加25%~85%，因此对客户进行成本分析是必要的。

美国蜂窝电话的经营者每年为失去的25%的客户支付20亿~40亿美元的成本。据资料记载，美国一家大型的运输公司对其流失的客户进行了成本分析。该公司有64000个客户，某年由于服务质量问题，该公司丧失了5%的客户，也就是有3200个客户（64000×5%）流失。平均每流失一个客户，营业收入就损失40000美元，相当于公司一共损失了128000000美元（3200×40000）的营业收入。假如公司的盈利率为10%，那这一年公司就损失了12800000美元（128000000×10%）的利润，但是随着时间的推移，公司的损失会更大。

面对单个客户的流失，很多企业或许会不以为然，而一旦看到这个惊人的数字，不由会从心中重视起来。获取一个新客户的成本是保留一个老客户的5倍，而且一个不满意的客户平均要影响5个人，依此类推，企业每失去一个客户，其实意味着你失去了一系列的客户，其口碑效应的影响是巨大的。

（3）建立强力督办系统，迅速解决市场问题，保证客户利益。如窜货问题导致客户无利可图，企业应迅速解决。某分销商是A品牌在东南地区的销售大户。有一段时间，该分销商为谋取年底丰厚的扣点返利，自恃在A品牌销售体系中的销售地位及预期利润回报，开始以低价向邻近省市窜货，给相邻的经销商带来了很大的损失。A品牌及时发现了该经销商"图谋不轨"的行为，并果断采取了断货的措施。除此之外，还以年终扣点向该分销商提出了严厉的警告。没想到A品牌会动真格的，该分销商眼见自己的大批下游客户因拿不到货倒戈相向、另投明主，迫于内外交困的言论，迅速恢复了正常的区域分销及价格体系。而A品牌为了保证其他客户的利益，承诺承担因窜货而导致的损失，有效防止了客户的流失。

定期派出业务人员到市场上进行巡查，一旦发现有窜货迹象，要及时向企业反映，以争取充足的时间来采取措施控制窜货的发生，从而降低经营风险。因为，在很多情况下，猖獗的窜货往往致使客户无利可图，最后客户才无奈放弃产品经营而离企业而去。

对窜货的监督是必要的，而对业务员来说，检查客户在有关如何使用产品方面是否得到了适当的指导、培训和技术性的帮助也是其职责。

（4）建立投诉和建议制度。95%的不满意客户是不会投诉的，仅仅是停止购买，最好的方法是要方便客户投诉。一个以客户为中心的企业，应为其客户投诉和提建议提供方便。许多饭店和旅馆都备有不同的表格，请客人诉说他们的喜忧。宝洁、通用电气、惠而浦等很多著名企业，都开设了免费电话热线。很多企业还增加了网站和电子信箱，以方便双向沟通。这些信息流为企业带来了大量好创意，使它们能更快地采取行动，解决问题。3M公司声称它的产品改进建议有超过2/3的是来自客户的意见。

长春一宾馆用品商店的老板就接到了客户的一个建议，建议其销售的卫生纸纸卷小点。原来商店的客户是一家低档宾馆,入住的客人素质很差,服务员每天放在卫生间的一大卷卫生纸,客人用不完也都全部拿走了。本来可以用两三天的卫生纸,当天就不见了踪影,第二天只好再上新的,结果导致管理成本上升。商店老板了解到这个情况,立即从造纸厂订购了大量小卷卫生纸,派人去本市各低档宾馆销售。由于小卷卫生纸解了宾馆经理的烦心事而受到欢迎,销量大增。

(5)建立预测系统,为客户提供有价值的信息。商丘一饲料厂的厂长曾谈到这个问题,企业真正为客户着想,在预测到饲料价格短期内将上浮的消息时,总会及时告诉经销商,而了解到这个消息的经销商就会大批量地进货,以赚取更多的差价。而一旦预测到近期内,市场的需求量将下降,企业在减少生产量的同时,也通知经销商降低库存,以减少不必要的资金积压和成本费用。信息就是财富,客户对厂家自然是感激不尽。

培育持久、稳定和庞大的忠诚客户

客户是企业的上帝,是企业赖以生存的支柱。只有拥有数量众多并稳定的客户资源,企产品销售才能得到有效的保障。销售经理要将维护客户有关系作为长期的工作来做,通过各种途径营造持久稳定的客户关系。

1.向客户灌输长远合作的意义

企业与客户合作的过程经常会发生很多的短期行为,这就需要对客户灌输长期合作的好处,对其短期行为进行成本分析,指出其短期行为不仅给企业带来很多的不利,而且还给客户本身带来了资源和成本的浪费。应该向老客户充分阐述自己企业的美好远景,使老客户认识到自己只有跟随企业才能够获得长期的利益，这样才能使客户与企业同甘苦、共患难，不会被短期的高额利润所迷惑，而投奔竞争对手。

某兽药厂的一位区域经理，面对市场上众多的竞争对手和别的厂家的高额返利，他没有盲从，而是与经销商进行推心置腹的谈话："很多厂家以高利润和高返利来吸引客户，但我们可以分析一下，差异化程度不大的产品，成本相差不大的情况下，其高额利润从哪里来呢？'羊毛出在羊身上'，厂家一定不会做亏本买卖的，一定在产品的质量上打了折扣。我们的产品虽说价格高了点，但产品质量可以保证，而且我们生产的这种饲料还有一定的科技含量，企业发展潜力非常巨大，返利也可以顺利地返还到经销商的手中，你经营我们兽药厂的产品保证你会得到稳定的收益。"这样做的结果是很多经销商放弃了眼前的利益，追求更为长远的打算，该企业也赢得了一大批稳定的老客户。

2.深入与客户进行沟通，防止出现误解

第一，将厂家的信息及时反映给客户。

应及时将企业经营战略与策略的变化信息传递给客户，便于客户工作的顺利开展。同时把客户对企业产品、服务及其他方面的意见、建议收集上来，将其融入企业各项工作的改进之中。这样，一方面可以使老客户知晓企业的经营意图，另一方面可以有效调整企业的营销策略以适应客户需求的变化。当然，这里的信息不仅包括企业的一些政策，如新制定的对客户的奖励政策、返利的变化、促销活动的开展、广告的发放等，而且还包括产品的相关信息，如新产品的开发、产品价格的变动信息等。

第二，加强对客户的了解。

很多销售人员跳槽带走客户，主要原因就是企业对客户情况不了解，缺乏与客户的沟通和联系。只有详细地收集客户资料，建立客户档案，进行归类管理并适时把握客户需求才能真正实现"控制"客户的目的。还要确保客户的订货能正确及时地得到满足，收集客户有关改进产品服务方面的意见，并将其反馈到团队的各个部门。

第三，经常进行客户满意度的调查。

一些研究表明，客户每四次购买中会有一次不满意，而只有5%的不满意客户会抱怨，大多数客户会少买或转向其他企业。所以，不能以抱怨水平来衡量客户满意度，应通过定期调查，直接测定客户满意状况。可以在现有的客户中随机抽取样本，向其发送问卷或打电话咨询，以了解客户对公司业绩各方面的印象。也可以通过电话向最近的买主询问他们的满意度是多少，测试可以分为：高度满意；一般满意；无意见；有些不满意；极不满意。在收集有关客户满意度的信息时，询问一些其他问题以了解客户再购买的意图将是十分有利的。一般而言，客户越是满意，再购买的可能性就越高。衡量客户是否愿意向其他人推荐本公司及其产品也是很有用的，好的口碑意味着企业创造了高的客户满意度。了解了客户不满意所在才能更好地改进，赢得客户满意度，防止老客户的流失。

3.优化客户关系

感情是维系客户关系的重要方式，日常的拜访、节日的真诚问候、婚庆喜事、过生日时的一句真诚祝福、一束鲜花，都会使客户深为感动。交易的结束并不意味着客户关系的结束，在售后还须与客户保持联系，以确保他们的满足持续下去。某公司销售总经理会在每年的大年三十拿上漂亮的鲜花和丰盛的年货，到公司最优秀的客户家中，并和客户家属围坐圆桌包饺子、畅谈公司愿景。

维护客户关系工作既是一门艺术，又是一门科学，它需要销售经理带领整个销售团队，不断地去创造、传递和沟通优质的客户价值，这样才能最终获得、保持和增加客户，锻造企业的核心竞争力，使企业拥有立足市场的资本。